KB201526

한국 개신교 초기

그리스도를 나눈 의료선교사

초판 1쇄 발행   2013년 5월 31일

지은이   차신정
펴낸곳   캄인
펴낸이   조명순
출판등록   제 25100-2010-000003호
등록   2010년 7월 22일
주소   경기 의왕시 내손동 791
전화   070-7093-1202,3
디자인   디자인 생기

국립중앙도서관 출판시도서목록(CIP)
한국개신교초기 그리스도를 전한 의료선교사 / 지은이: 차신정.
-- 의왕 : 캄인, 2013 p. ; cm. -- (KAM연구에세이 ; 4)

ISBN 978-89-965044-5-0 93230 : \10000
개신교[改新教]
선교(종교)[宣教]

236.911-KDC5
275.19-DDC21 CIP2013004808

캄인은
Korean Aspect Mission의 약자인 KAM(캄)과 인(人)의 합성어로
한국형 선교의 중요한 동력인 '한국인 선교사' 들을 존중하는 사랑의
마음을 담고 있습니다.

'Come In' 의 뜻도 포함하여 '하나님께서 한국 선교를 이끌어가시는
모습을 와서 보라' 는 의미도 담고 있습니다.

한국 개신교 초기
그리스도를 나눈 의료선교사
(1884~1924)

Medical Missionaries in Korea for Christ

차신정

c o n t e n t s

Medical Missionaries in Korea for Christ

여는글

한국 개신교 수용사는 다양한 측면에서 다루어 볼 필요가 있다. 개신교가 한국 내에 뿌리내리는 초기에는 의료사역과 교육사역이 함께 어우러지면서, 효과적인 복음 전파에 큰 역할을 하였다는 것은 모두가 다 아는 사실이기 때문이다. 특별히 한국 개신교 수용사 중에서 의료 선교와 의료선교사들의 역할은 사회 변혁까지 가져오는 놀라운 일들을 이루어 내었다. 랄프윈터 박사는 그의 책 비서구선교운동사에서 의료선교사들이 한국에서 3천명이 넘는 양질의 의사들을 길러내었다고 지적하고 있다. 민간적인 방법이나 미신적인 요소로 병을 고치는 것이 전부인 줄 알았던 시대에 선교사들이 베푸는 서양 의술은 당시 조선 사람들에게는 신기라고 느낄 만큼 효과가 있었다. 그리고 이러한 의료사역은 복음 전도자들과의 연합, 또는 의료선교사들이 독자적으로 직접적인 복음 전파를 하는 전략 등을 통해 조선에 복음이 뿌리는 내리면서 확산되는데에 큰 역할을 하였음을 부인할 수 없다. 그래서 한국 개신교 수용 역사에서 의료 선교는 매우 중요하고 의미가 크다. 이 글이 의료 선교에 주목하는 이유가 여기에 있다. 글을 통해 의료 선교를 수행하였던 의료선교사들의 역할을 조명해 보고자 한다. 왜냐하면 오늘날 세계 선교를 위해 많은 부분을 기여하는 한국 선교가 초기 한국에서 활동하였던 의료선교사들이 의료 선교와 복음 전파의 관계를 어떻게 형성하였는가에 대한 통찰력을 얻을 수 있을 것이기 때문이다.

한국 개신교 수용사 중에서 의료선교의 범위는 방대하다. 개신교 초기에 해외선교사에 의한 의료선교를 시기적으로 구분해 본다면 다음과 같이 다섯 시기로 분류될 수 있다. 즉 1884-1889년의 개척기, 1891-1903년의 기반 조성기, 1904-1909년의 확충 심화기, 1910-1924년의 정책 전환기, 1924-1940년의 토착화 모색기와 같다.[1]

본 글은 오늘날의 세계 의료선교와 유사한 흐름을 갖고 있다고 볼 수 있는 1884년의 개척기에서부터 뿌리내리고 정책의 전환을 가져오기 시작한 1924년까지의 40여 년 간을 다루었다. 40년이라는 한 세대의 시간은 새로운 것이 도입되고 뿌리내려서 '특징 있는 한 세대'로 규명될 수 있는 기간이라는 점에서 의미가 있다. 서양 의술과는 전혀 다른 의료 행위가 있었던 조선에 선교사들을 통해 서양 의술이 처음 소개되고 자리매김한 40년 동안 누가 어떻게, 무엇을 하였는지, 그리고 복음 전파와 어떤 관계를 갖고 있었는지와, 더 나아가 한국 초기 개신교의 성격까지도 생각해 볼 수 있을 것이다. 본 글은 주로 40여 년 간의 내한 의료 선교사의 사역들을 통하여 의술의 내용에 관한 정보와 복음 전파의 좋은 전략들을 살펴보면서, 의술과 복음 전파의 본이 될 만한 상호관계들을 고찰하였다. 또한 선교지에

1) 이만열,「한국기독교의료사」(서울: 아카넷, 2003), 24-30.

서 의료 선교사들이 가지고 있었던 고유의 질병관, 치료 상황 등이 복음 전파와 어떤 관계[2] 가 있었나를 관찰하였다. 그리고 의료선교사들이 지닌 서구의학의 어떠한 요소가 복음 전파에 효과적인 부분이었는지를 보면서 동시에 이들의 의료선교가 한국 초대교회 형성과 사회에 미친 영향들을 다루었다. 이러한 고찰의 목적은 오늘날 시행되고 있는 한국 선교의 해외 의료사역에 있어서 실제적인 전략 구축[3] 에 일조를 하기 위함이다.

---

2) Ruth A. Tucker, *From Jerusalem to Irian Jaya*(Michigan: Zondervan Publishing house, 1983), 342-344

3) Shinjung Cha, *The Developmental Strategy for Future Overseas Mission*(Seoul: YoongSung Press, 1999) 31-41.

Medical Missionaries in Korea for Christ

1

1
개화기의 의료 상황

본래 한국의 전통의학은 중국에 뒤지지 않는 훌륭한 의술을 지니고 있었다. 그러나 정규 한의사는 그 숫자가 너무 적어서 주로 궁내나 궁궐 주위의 고관들에게만 시술을 베풀었고, 거의 모든 백성들은 민간 신앙이 섞인 민간의료에 의해 의료혜택을 받았다. 서민들의 생활은 질병에 쉽게 걸릴 수 있는 환경이었는데 가난으로 인한 영양부족으로 질병에 쉽게 걸리고 또 병들어도 잘 낫지 않았다. 서민들은 작은 한 방에서 같이 지낸 경우가 많아 한 명이 아프면 가족이 모두 다 아팠다. 특히 전염병에 대해서는 정부조차도 속수무책이었다. 철학적인 요소를 포함했던 동양의학은 우선 몸을 좋게 하는 쪽으로 시술을 접근했기에, 실제적이고 과학적인 질병관 및 치료는 약했다. 제일 취약했던 점은 동양문화가 몸에 칼을 댈 수 없었기에 작은 병도 크게 되어 쉽게 목숨을 잃기도 했다는 것이다. 또한 일반 민중들 사이에서는 미신적인 치료를 받기위해 무당과 점쟁이가 난무하기도 하였다. 예를 들어 감기로 열이 오른 환자를 치료하기

위해, 땅을 녹이려고 불을 피우고 칼을 땅에 꽂으며 병 낫기를 밤새 기원하기도 하였다.[4]

당시의 의료문제와 의료제도

1859년에서 1860년에 콜레라가 발생하여 40만 명이 사망하였고, 다시 1895년에 콜레라가 전국적으로 번져[5] 30만 명가량이 사망하였다. 또한 장티푸스, 천연두, 이질, 성홍렬 등으로 인한 민중의 피해와 기근도 뒤따랐다. 농촌의 분해로 인해 도시가 급성장하였고 부족한 식수, 그리고 닭, 오리, 돼지 등을 마당에서 기르고 동물의 분뇨가 그대로 우물에 유입되는 등의 불결한 환경은 질병의 전염을 촉진시켰다. 국가는 의학적 차원에서 전염병의 의서나 벽온방僻瘟方도 편찬하였으나[6] 전염병에는 크게 도움이 되지 못했으며 역병 전문 의료기관인 '동서활인서' 조차도 병자에 대한 약물치료보다는 죽음을 면키 위한 최소의 영양을 공급하는 것뿐이었다.[7] 천연두[8]는 18세기에 서양에서 전래되어 중국을 거쳐 이 병을 효과적으로 통제하는 인두법과 우두법이 조선에 소개가 되어, 인두법은 다행히 한의학

4) 이관숙, 「중국기독교사」(서울: 쿰란출판사, 1997), 417.

5) 영남 교회사 편찬 위원회, 「한국 영남 기독교사」(서울: 양서각, 1987), 50.

6) 이키 사카에, 「朝鮮醫書誌」(오사카: 오사카학술도서간행회, 1973), 104. 신동원, 「한국 근대보건 의료사」, (서울: 한올아카데미, 1997), 26–27 재인용.

7) 신동원, "일제의 보건 의료 정책 및 한국인의 건강상태에 관한 연구", (석사학위논문, 서울대학교 보건대학원, 1986) 87.

체계 안에 포함되어 각종 약물 치료와 결합하는 형태를 띠었다. 그러나 우두법은 보다 우수한 치료방법이었음에도 불구하고 한의학 체계와는 다른 사악한 시술로 인식되었는데, 1800년 이후 심화된 서학 탄압의 분위기로 인해 위축되고 말았다.[9] 이렇게 전염병에 대한 치료가 어렵게 되자 전염병을 병으로 인식하지 않고 종교적 재앙으로 인식하여 역신疫神으로 여겼다. 일부에서는 똥개고기, 호랑이 눈썹, 이슬내린 여름 아침에 잡힌 여러 종류의 딱정벌레로 처방된 탕약으로 천연두를 치료했지만[10] 당시 대부분의 사람들은 천연두가 중국의 남쪽에 사는 귀신이 가끔씩 음식을 바꾸어 먹기 위해 한국에 와서 일으키는 병으로 믿고 귀한 손님으로 여겨 존칭을 붙였다.[11] 또한 콜레라라는 병은 쥐 귀신이 발을 통하여 몸 안에 들어와서 다리를 타고 올라와 내장에까지 침범하여 괴롭힘으로써 설사를 일으키고, 다른 근육에도 경련을 일으킨다고 믿고 있었다.[12] 이렇듯 대부분의 평민들은 질병을 민간 신앙으로 고치려고 하였다. 따

---

8) 조선 후기에 가장 무서운 질병이었다. '마마'로 불리는 천연두는 어린이에게 치명상을 입혀 죽거나, 나아도 얼굴에 흉칙한 곰보 흔적이 남는다. 한 중년 여성은 11명의 자녀들을 천연두로 다 잃은 경우도 있었다. 당시에는 천연두 증세가 있으면 바로 무당에게 가서 귀신 숭배 의식을 치렀다.

9) 신동원, 『한국근대보건 의료사』(서울: 한울아카데미, 1997), 35.

10) Arthur J. Brown, 『韓 · 中 · 日 宣敎史』, 김인수 역 (서울: 쿰란출판사, 2003), 107.

11) Allen DeGray Clark, 『에비슨 전기』, 연세대학교출판부 역 (서울: 연세대학교출판부, 1983) 253.

12) Ibid., 266

라서 복숭아 가지로 때리거나, 불을 이용하여 역신을 겁주어 쫓아내거나, 각종 굿이나 여제厲祭[13]로 하여금 역신을 살살 달래서 풀어주거나, 길에다 장승을 세우거나, 산천이나 성황 등에 기원하여 뛰어난 신령의 힘을 빌려 여러 역귀로부터 벗어나려고 하였다. 심지어 정식 한의사가 있음에도 불구하고 정부조차도 전염병에 대하여 취할 수 있는 유일한 방법은 제사를 지내서 어수선한 백성들의 마음을 달래는 것뿐이었다.[14]

당시의 국가 의료 기구를 살펴보면, 내의원에서는 국왕과 왕비의 건강을 맡았으며, 각종 필요 약재를 각 도에 배분하여 취득하였고, 50여종의 약재는 중국에서 구입하였다. 전의감典醫監에서는 의원교육[15], 치료관 파견, 궁중의 약재공급 및 시여 업무를 맡았으며 각종 의학서적을 만들었다. 이곳에서는 국가의 행사, 전염병을 관리하였고, 승정원 등의 궁내 기관의 구급을 맡았다. 혜민서惠民署에서는 의학 교육, 약재 관리, 일반 백성의 질병과 치료 등의 업무를 맡았으며, 형조 등의 죄수들의 건강 관리, 각 궁궐과 의정부 등에 약재를 진상하는 일을 담당하였

13) 본래 여제는 마을에 떠도는 귀신을 제사 지내는 일을 하였지만 전염병이 돌고 있는 상황에서는 전염병을 일으키는 역신을 달래주거나 죽은 사람들을 제사 지내주고 살아 있는 사람을 위무하는 기능을 하였다.

14) 변정환, "조선시대의 역병에 관련된 질병관과 구료시책에 대한 연구" (박사논문, 서울대학교, 1984), 15-30.

15) '대전회통'에 따르면 전의감 생도 수는 56명이었다.

다. 활인서活人署에서는 성안의 병자의 치료를 책임졌으며, 병자 수를 한성부에 보고하고 약물을 보급 받았다.[16] 조선 후기의 의료체계는 이전보다도 더 위축된 상황이었고, 제도에 대한 폐단이 심하여 활인서가 살인서殺人署라는 속담이 유행할 정도였다.[17]

민간 의료상황을 보면, 18세기 이후에는 정부기관의 의료가 위축되면서 민간의료가 크게 성장하였다. 약제의 유통제한이 풀어지면서[18] 약령시藥令市 개설도 늘게 되어, 중국인들과 같이 많은 약국을 통하여 약초를 이용한 의약을 복용하는[19] 약재 이용자가 일반인에게까지 확대되었다. 그러나 약제 가격이 당시 사람들에게는 부담스러웠다. 이유는 이 시기에 전문적인 한의사 수가 늘어나게 되면서 중인이 의학을 세습하게 되었다. 그러나 관직 정원의 한계로 인하여[20] 정부의 의과 취재를 통하여 의관과 의원으로 진출하지 못한 이들이 약국을 경영하게 되고, 한의사와 한약업자 노릇을 하면서 민간에서 시술하였기 때문

---

16) 신동원, 「한국근대보건의료사」, 36-40.

17) 허재혜, "18세기 의관의 경제적 활동 양태", 「한국사연구」 71, (1990): 90-95.

18) 대부분의 약제가 서울로 모여 국가에서 관리되었고 전의감과 혜민서를 통해서만 전매제도로 유통되었기에 양이 제한적이었고 일반인들은 구하기 어려웠다. 「광해군일기」, 36권, 광해군 2년 12월 신사. 김대원, "18세기 민간의료의 성장", (석사논문, 서울대학교 국사학과, 1998) 14 재인용.

19) 신동원, 「한국근대보건의료사」, 40-41.

20) 혜민서에서는 62명의 생도가 교육받았다.

이다.[21] 이때 17세기 초에 나온 허준의 동의보감[22]을 쉽게 풀어쓰고, 또 새로운 의학을 첨가하여 17세기말에 편찬된 산림경제의 의약부분과 18세기말에 나온 제중신편濟衆新編 등의 여러 의서들로 인하여 의학의 대중화가 이루어졌다. 1908년 통계에 의하면 한의사인 의자醫者로 자처하는 사람이 2천6백여 명, 한약업자라고 하는 사람이 3천여 명에 달하였다.[23]

의술내용을 살펴보면 18세기 이후에는 주로 산림경제山林經濟의 의약분야를 다룬 구급救急 · 벽온辟瘟 · 치약治藥에 의해 의술이 시행되었다. 치약에서는 향촌에서 재배하고 구할 수 있는 약재를 이용한 치료법을 중심으로 그 효능도 설명하고 있다. 제중신편에서도 동의보감의 복잡한 이론보다는 처방전 위주의 내용을 수록하였고, 만병회춘, 수세보원, 의학입문 등을 인용했고 영추경靈樞經도 인용을 했는데 이는, 황제내경黃帝內徑을 구성하는 책이며, 의학의 경전으로 평가받는 최초의 본격적인 의서이다. 이 책에서 인용한 경악전서景岳全書도 18세기 조선의 유학자들에게 상당히 인기가 있었다. 제중신편은 동의보감과 함께 중

---

21) 김대원, "강명길의 제중신편", 「한국보건사학회」 제3권 1호(1995): 5.

22) 동의보감은 허준 이전까지 내려온 산만하고 방대한 의서를 자신의 사상에 따라 일괄된 흐름으로 정리하여 의학계의 반향을 일으켰다. 무엇보다도 향약제鄕藥劑를 이용할 수 있도록 되어 있으나, 의학에 일정한 수준이 있는 고급 의자醫者들이나 의학에 소양이 있는 유의儒醫들이 이용할 수 있는 책으로 일반인들이 쉽게 이용할 수는 없었다.

23) 「대한 매일 신보」 1910년 1월 26일자.

국에까지 소개되어 발간된[24] 책이고, 동의보감의 처방들이 실험되어 그 효과를 입증 받은 정화된 책이다.

당시 질병치료의 중심역할을 한 정식 한의사[25]는 매우 귀했다. 그들은 중국 한의사들로 공식적으로 의학교육을 받았고 관직으로 진출하여 국가의료의 중추가 되었다. 그들은 출세가 보장되었던 관직생활을 지향하였는데 이는 의과가 다른 관직에 비해 고위직으로 진출할 기회가 많아 지방의 수령으로 발령을 받는 경우가 많았기 때문이다.[26] 그들은 사행무역에 참가하거나, 진상약제 심사 등을 하거나 일반인들에게 처방전을 내면서 비교적 부유한 생활을 하였다. 그 결과 의과지망이 늘었고 민간의료에서 정식 한의사들이 큰 역할을 하였다. 그러나 그들의 대부분은 서울에서만 의료시술을 행하였다.[27] 그러므로 대부분 사람들은 약방을 의존하였으며, 약방 주인 같은 민간의료인들은 정규적인 의학교육을 받지는 못했지만 어느 정도 기본 의술은 알고 있었다. 그러나 자신들이 치료할 수 없는 경우에는

---

24) 淸 嘉慶22년(1817)에 간행

25) 관직이 일종의 의사자격증 역할을 하였다.

26) 중인 출신 중 의관출신의 수령직이 18세기에는 42%, 19세기에는 36%였는데, 조선 후기에는 경기도 지역에 70%를 차지하였다. 이는 왕실이나 朝官에서 급한 병이 나면 치료하기 위해 서울로 와야하므로 경기도 인근에 많이 파견되었기 때문이다.

27) 김대원, "18세기 민간의료의 성장" (석사학위논문, 서울대학교. 1998), 22−23.

한의사에게 처방전을 받아올 것을 요구했다. 한편 민간의료인 중에는 뛰어난 의술을 가진 자도 있었는데 그는 한의사 집안에서 의술을 익힌 후에 내의원까지 진출하여 악창으로 고생하고 있는 정조임금을 치료하여 6품직을 특제 받기도 하였다.[28] 또한 민간의료 인력으로 유의(儒醫)가 있었는데 이들은 의술이 본업이 아니었으므로 돈을 벌기 위해서가 아닌 말 그대로 인술을 펼쳤다. 유의 중에 뛰어난 의술을 베푼 자가 있었는데 그의 치료는 유명하였고, 독자적으로 연구를 하였다. 한양에 진(疹)이 크게 유행하여 죽어 가는 사람들이 많았을 때, 그가 치료한 사람들마다 효험을 보았다.[29] 이러한 유의들은 직업적으로 한 것이 아니고 한시적이었는데, 이렇게 유가의 각 가문에서는 자신들의 정리된 처방들을 갖고 있기도 했다.[30]

민간의료의 확대는 성리학적인 질서의 확장으로 인해 사회의 합리성이 일반민에게까지 펴져서 의료에 대한 합리적인 인식이 어느 정도 싹텄다. 정부에서도 무속을 비롯한 모든 미신

---

28) 집안 대대로 종기를 치료하는 가문출신의 皮載吉이 1793년 여름에 正祖의 頭腫을 고쳤다. 靑邱野談, 進神方皮醫壇名. (김대원 , 35)

29) 이름은 이헌길이었고 황실 가문의 후예였다. 정약용, 「麻科會通」, 오견편, '李蒙叟傳'. (김대원 논문, 38 재인용)

30) 김대원 석사논문, 44 참조, 18세기에는 유럽과 미국도 자율적으로 치료하려고 했다. Paul Star, 「The Social Transformation of America Medicine」, Basic Books, 1982, 「의사, 권력 그리고 병원, 명경」, 이종찬 역, 1996.

적인 것을 금하려 하였고, 무당을 도성 밖으로 쫓아내는 조처를 여러 번 단행하였다. 그럼에도 불구하고 병이 나면 무속에 의존하려 했고 특히 북쪽지방에서는 더욱 무속적으로 치병하려 했다.[31] 이러한 무속인 혹은 마술사들은 병으로 추정되는 귀신을 쫓아내거나 죽이기 위해 몸에 철로 만든 침을 찌르는데 이 침들은 보통 녹슬어 있었고 사용 후 적절한 소독을 하지 않았기 때문에 흔히 감염된 상흔을 남겼으며 이는 보기 흉한 상처로 발전되었다.[32] 평양의 경우에는 하찮은 병을 위해 양잿물을 마셔 심한 염증이 일어났고, 눈에다 침을 놓아 실명하기도 하였고, 종양을 고친다고 3일간 굿을 하였으나 종양은 그대로 있었는데 무당 앞에 돈이 무려 15엔이나 되었다고 한다.[33]

당시의 질병 상황

닥터 에비슨은 한국인의 질병은 불결한 생활습관과 청결의 결핍, 빈약한 음식, 협소하고 빽빽한 안방에서 여럿이 함께 자는 것 때문이라고 분석하였고[34] 소화불량이 많은 이유는 한국인이 많은 양의 식사를 매우 빨리 먹고,[35] 또한 못 먹는 것이 없을 정

31) 김대원 석사논문, 49.

32) Brown, 「韓·中·日 宣敎史」, 108.

33) 김진영, 「북한교회사」(서울: 기독교대한감리회홍보출판국, 1999), 99

34) O. R. Avison, "Disease in Korea," *The Korean Repository*, (March 1897): 90.

35) Ibid., June. 21.

도로 잡식가라고 비숍은 평하였다.[36] 1886년에 콜레라가 전국을 휩쓸 때 제중원의 의사들은 도시를 청소하고 음식을 익혀 먹을 것을 권고하였으나, 사람들이 예방조치를 게을리 하거나 아예 무시해버렸다. 한국인들은 콜레라에 대한 전통적인 퇴치로 시내 곳곳에 사당을 세우고 콜레라 귀신에게 굿을 하고,[37] 궁궐 뜰에서는 콜레라 귀신을 죽인다고 총을 쏘아대기도 하였다.[38]

콜레라는 청일전쟁(1894-1895)과 러일전쟁(1904)이 끝난 후에 만연하여 수 천 명의 목숨을 앗아갔다. 한국에서 콜레라는 5-6년마다 으레 발생하는 전염병으로 간주되었다. 한국인들은 콜레라는 병 귀신이 일으키는 것으로만 이해하고 있었기 때문이었다.

천연두는 이 전염병에 걸린 아이를 아무 곳에나 데리고 다님으로써 쉽게 번졌다. 뿐만 아니라 죽은 아이를 땅에 묻으면 아이들의 귀신을 노하게 한다는 미신 때문에 천연두로 죽은 아이를 그냥 거적에 싸서 땅에 두거나 나무에 매달아 두기도 하여 전염성을 높였다.

또한 사람들은 수술을 받아본 적이 없어서 수술 후 관리에 대

---

36) I. B. Bishop, *Korea and Her Neighbors*. (London: John Murray, 1898), 154.

37) 브라질 아마존에서 사역하는 양혜한 의료선교사에 의하면, 원주민들에게 콜레라를 예방하기 위해 물을 끓여 마시라고 하였으나 물에 불을 가하면 물에 있는 정령이 노하여 재앙을 일으키기 때문에 죽어도 물을 안 끓여 마신다고 한다. 이렇게 함으로서 소수의 희생을 택하고 정령의 재앙으로 올 다수의 희생을 줄이는 것이라고 한다.

38) I. B. Bishop, 277.

한 상식을 전혀 몰라 붕대를 찢어내고 상처를 노출시켜 수술 부위가 감염되어 죽기도 하였다. 그것은 당시 한국인들은 수술을 통해 병을 잘라 버리는 것으로 이해하였기 때문에 수술만 하면 다 나은 줄로 이해하였다. 또한 수술이라는 의료방법이 생소하였던 한국인들이라서 수술하는 것을 꺼렸으나 성공적인 수술 결과가 알려지자 수술을 간청해 왔다.[39] 1905년에는 발진티푸스, 장티푸스 같은 열병이 번졌는데, 이는 시내의 하수구가 막혀 있었던 탓이었다. 도시의 오물은 언제나 개천을 통해 흐르고 있었고 그 개천은 성벽 밑의 텅 빈 커다란 배수관으로 흘러 나갔다. 이 작은 개천들은 거름을 모으는 사람들이 정기적으로 깨끗이 치우기도 하고 또 햇볕과 공기로 맑아지기도 하고 비에 씻기기도 해서 보기와는 달리 그렇게 험악하지 않았다. 그러나 지나치게 깔끔한 일본지배자들이 그것을 도저히 그냥 보아 넘길 수 없어서 개혁의 일환으로 이 개천들을 모두 복개하라고 명령을 했다. 서울에 있는 모든 선교 의사들은 개인적으로나 공식적으로 항의를 했지만 헛일이었다. 오히려 개천에 뚜껑을 씌우고 거기에 잔디를 덮었지만 그 안에서는 이루 헤아릴 수 없이 많은 세균이 발효하고 번식하여 득실거리게 되었기 때문이었다.[40]

---

39) O.R. Avison. "Some High Spots in Medical Misson Work in Korea—Part Ⅲ", *KMF*, Jun (1939): 121.

40) 릴리아스 호튼 언더우드, 「언더우드부인의 조선생활」, 김철 역 (서울: 뿌리깊은나무, 1984), 218-220.

질병상황의 대처

1906년 주시경은 위생교육을 하였는데 그의 과학적 실용주의를 잘 나타내 주는 것으로 그가 〈가명잡지〉에 위생에 대해 쓴 글들이 있다. 보구녀관 간호원 양성소 교사시절에 습득했을 것으로 여겨지는 위생과 질병 관계 지식이 담긴 글들이다.[41] '물독을 자조 가실 일' 이란 글을 읽어 보면 그의 과학적 지식의 정도를 알 수 있다.

> 물을 독에 붓고 그냥 두면 세 가지 해로운 물건이 생기나니 한 가지는 그 물에 잇는 무수한 미생 동물(넘어 적어서 눈으로 보기 어려운 버러지)이 그 독안 가에 붓고 미테 처져 싸여서 썩는 것이요 또 한 가지는 그 물에 잇는 무수한 미생 식물(넘어 적어서 눈으로 보기 어려운 풀)이 그 독안 가와 미테 싸여 자라기도 하고 썩기도 하는 것이요 또 한 가지는 그 물에 잇는 몬지가 가라안는 것이라.[42]

위생 관념이 희박했던 시절 물동이를 자주 씻어야 할 이유를 과학적으로 설명하고 있다. 같은 논리에서 그는 대동강 물을 마시는 평양 사람들에게 다음과 같이 권면하였다.

> 여보 평양 사시는 여러분들이어 강 가 더러운 물 먹고도 사천여년을 잘 지내엇다 마시고 배라도 타고 들어가서 중류수 정한 것을 길어다가 잡수시며 우리 잡지 이호에 긔재한 물독 다스리는 정사도 자조 행하시오.[43]

---

41) 이덕주, 「초기한국기독교사연구」, 494.

42) 주시경, "물독을 자조 가실 일", 「가명잡지」 2권 2호(1906.7): 20~21.

43) 주시경, "대동강 물지게", 「가명잡지」 1권 4호(1906.9): 19~20.

이처럼 그는 '위생의 근원은 만복의 성취'라는 전제하에 '아해 업는 해', '병 다스리는 근본', '샹한 음식을 앗기지 말 일', '숫불의 해', '불이 언 몸에 해됨' 등의 제목으로 실제생활과 밀접한 위생 관련 지혜를 소개하였다. 그리고 독립신문과 매일신문에서 병에 대한 바른 이해와 공중보건과 질병예방에 심혈을 기울여 사람들은 과학적인 건강 개념을 갖기 시작했다.[44]

외국 의료선교사들은 사람들에게 공중위생, 보건, 육아법 등을 가르침으로써 많은 아이들의 생명을 구했다. 그들은 조선인들에게 실제적인 의학적 도움을 주는 것 외에도 집에서 할 수있는 간단한 치료법과 함께 퀴닌 사용법을 전국적으로 가르쳤다. 간호사들을 양성하기 위한 학교가 설립되어 환자들에게 많은 혜택을 주었고 사람들은 돈을 절약할 수 있게 되었으며 점성가와 무당들의 수입은 줄어들게 되었다.[45]

미국 남장로회의 의료선교사들은 파리, 음료수, 유아질병 그리고 전염병 등에 관한 낱장의 인쇄물들과 소책자들을 출판해왔는데 이러한 자료들은 한국인들을 교육하는데 있어 더할 나위 없는 큰 가치를 발휘했다. '파리를 잡아라'라는 말은 조선에서 전혀 통하지 않는 이야기였다. 왜냐하면 파리는 음식을 아주 조금 먹기 때문에 잡을 필요가 없다고 사람들은 생각하였기

---

44) 이덕주, 「초기한국기독교사연구」, 495.

45) 호레이스 N. 알렌, 「알렌의 조선 체류기」, 윤후남 역 (서울: 예영커뮤니케이션, 1996), 188-190.

때문이다.[46] 닥터 알렌은 전통 의료시술자인 무당에 대하여 다음과 같이 평하였다.

조선인들은 천연두와 같은 몇 가지 질병은 악귀 때문에 생기는 것이고 이 악귀들을 쫓아내는 것은 정상적인 일이라고 믿고 있다. 이러한 악귀는 장님이나 무당 같은 여자의 말에 따라 내쫓는다. 음식과 돈이 제물로 바쳐지고 주술을 행하는 사람들이 모여 꽹과리와 장구를 두드리며 기이한 춤과 노래로 된 주문을 왼다. 이러한 푸닥거리는 병든 환자 옆에서 행해지는 경우가 있는가 하면, 산자락에 있는 무당의 작은 집에서 행해지는 경우도 있다. 이때는 환자를 옆에 데려다 놓지 않고 치료하는 경우이다. 때때로 업무상 밤에 밖에 나갈 때, 거리에서 멀리 떨어진 외딴 집에서 들려오는 북소리를 자주 듣게 되는데, 이런 경우는 약으로 치료될 수 있는 병이 아니었다. 그럴 경우, 나는 조선인들이 도와달라고 나를 찾아오는 것을 방해하는 저들의 정신적 믿음에 흥미를 느끼게 되었다. 그리고 나는 나의 동료 의사들이 주문을 잘 외우기를 바랬다. 이러한 전통시술은 전혀 효과가 없어서 얼굴에 마마 자국이 없는 조선인은 거의 없었다.[47]

1886년에는 선교사들이 콜레라를 퇴치하려고 최선을 다 했지만 이때는 별 성과를 얻지 못했다. 그때까지도 관민의 무지가 숱한 사람들을 죽음으로 몰았으며, 정부가 보건 정책에 깨어있지 못해 제중원에서의 예방에 관한 충고를 조직적으로 실천하지 못하고 있었다. 그러나 서울에서 개시된 의료사역이

46) 에너벨 니스벳, 「호남초기선교역사」, 한인수 역 (서울: 도서출판 경건, 1998)
47) 이덕주, 「초기한국기독교사연구」, 218-219.

1890년에 전국적으로 확장되어 선교 병원이 직접 본격적으로 시행하게 되면서 기독교 병원들은 병원에서 진료활동을 하는 한편, 당시 한국인에게 빈번히 발생하는 전염병인 천연두, 콜레라, 말라리아, 장티푸스, 재귀열, 이질 등의 퇴치에 많은 힘을 기울이기 시작하면서 조금씩 좋아지기 시작하였다.[48]

---

48) O. R. Avison, "Some High Spots—Part I," 72.

Medical Missionaries in Korea for Christ

2

2
내한 의료 선교사 개관

종교 사회적 상황

19세기 중반에 미국에서는 사회적 다원주의가 새롭게 가미되면서 해외진출에 대한 사회·문화적 관심이 커지게 되었다. 신앙적으로 뉴잉글랜드의 청교도적인 신정神政정치는 이미 과거가 되어버렸고 정통 캘빈주의도 경색이 되어버렸고, 많은 사람들이 계몽사조나 공리주의에 친근감을 느끼는 반면, 종교에 관하여는 무관심해지며, 불신앙을 가진 사람들이 늘어나게 되었다. 이런 상황에 미국 기독교계가 큰 충격을 받고 방향을 전환하려고 시도한 것이 대각성 운동이었다. 이 운동을 통하여 하나님의 섭리와 지배의 질서 중에서 인간에게 관심을 가졌고, 전적 타락에 의한 죄책이 강조되면서 그리스도에 의해 죄로부터 구원을 얻는다는 엄격한 윤리가 주장되었다.[49]

---

49) 土肥昭夫, 「일본기독교사」, 김수진 역 (서울:기독교문사, 1991), 21.

선교동기

대각성 운동의 참여자들은 원주민과 서부 개척자들에 대한 전도, 성서의 보급, 교육과 사회사업을 위해 여러 조직을 결성했다. 또한 여러 교파의 상호협력을 통한 복음적 공감대가 형성되면서 해외 선교에 대한 열망이 이루어지기 시작하였다. 그들은 기독교 복음을 더 널리 해외에 확장시키고, 죄에 빠졌던 이교도들을 회심시켜 그리스도 앞으로 인도하고, 하나님의 나라를 이루려고 했던 것이다. 그들 중 일부가 자신들의 활동을 하나님의 사역으로 믿고, 하나님의 사역을 위해 적극 참여하는 선민의식과 사명감을 가지고 해외에 파송되었다.[50]

선교사들

당시 미국 해외선교기관 경영자들, 후원자들, 그리고 선교사의 세 가지 주요 요소들이 모두 미국의 중산층 사람들이었다. 이러한 중산층의 특징과 성격은 안정된 빅토리아적 가정이었다. 가정은 남자들의 세계, 즉 험한 자본주의적 세속적 사회를 정화시키고 유지시키는 개인적 삶의 중심지로, 여성들이 만들

---

50) Ibid., 24-26. 미국의 초기의 대각성 운동은 미국 유니테리언협회의 영향을 받았는데 이들은 하버드 대학을 거점으로 인본주의 신학을 발전시켜 그리스도의 대속설, 삼위일체론 등을 부인하고 인간의 자유의지와 도덕적 능력이 하나님을 감화시켜 자기의 신성을 진화 발전시킨다는 견해를 주장하였다. 그러나 19세기 후반의 대각성운동은 무디를 중심으로 일어났는데 그는 예수 그리스도의 구원과 하나님의 사랑을 역설하였고 죄인들의 회개에 대한 복음을 외쳤다. 그리스도를 받아들인 영생의 약속은 개인과 사회의 구원을 이룬다고 호소하였다.

고 책임지는 세계였다. 따라서 비도덕적인 세계로부터 가정을 지키는 여성들은 도덕적이고 종교적이고 아름답고 부드러워야 했다. 이와 같은 사회적 가치들은 자발적인 사회봉사기관을 만들었는데, 금주, 매춘금지, 주일학교 교육 등을 위한 조직들과 더불어 해외선교단체들이 중요한 사회 봉사기관이었다. 내한 했던 선교사들의 대부분은 평안한 삶을 살던 중산층 출신으로 하층계급이 아닌 대학을 나온 젊은이였고, 95%이상이 개신교 주류 종파 출신이었으며, 선교사의 경우 선교지에서 육체적 고난을 견딜 수 있는 체력, 그리고 현지 언어를 배울 수 있는 능력 등에 의해서 선발된 주로 25세부터 30세 사이의 젊은이들이었다.[51]

신앙 및 신학

한국선교는 처음부터 선교부의 일꾼들이 신학적으로 분명한 보수주의적 견해를 견지하였다고 볼 수 있다. 찰스 클라크가 예로든 신학적 보수주의는 인간의 죄인 됨, 그리스도의 피 흘림을 통한 구원, 성경에 기록된 초자연적 사실에 대한 믿음, 유일하고 최종적인 종교로서의 기독교에 대한 믿음 등이었다. 아더 브라운에 의하면 내한 선교사 중에 신학이나 성경해석에서 현대적인 견해를 가진 사람들이 있기는 했으나 그 수는 상대적으로

51) 류대영, 「초기 미국선교사 연구」(서울: 한국기독교역사연구소, 2001), 41-42.

적었고, 이들은 보수적인 대다수의 동료들 사이에서 험한 길을 걸어야 했다. 그 당시 미국 장로교회의 경우 웨스트민스터 신앙고백은 20세기 초까지 그대로 교회에 신경으로 받아들여졌다. 변화된 사회와 신학을 반영하기 위해 1903년이 되어서야 수정을 하였지만 그것도 성령론을 약간 추가하고 구원의 보편성을 강조한 정도의 변화에 불과했으며, 감리교의 경우도 크게 다르지 않았다. 미국에서 복음적이라는 말은 부흥운동을 지칭하거나 그것과 관련된 어떤 것을 말하는 용어이다. 이것은 그 시기 동안 대서양을 사이에 두고 북미 대륙과 영국을 중심으로 일련의 대규모 부흥 혹은 대각성운동이 일어난 것과 관계가 있다. 이 부흥운동은 미국의 경우 식민지 시대였던 18세기 중엽에 뉴잉글랜드를 중심으로 처음 발생한 이후 19세기 초, 19세기 말과 20세기 초 등에 일어났다. 부흥운동의 핵심은 예수 그리스도의 십자가 사건을 통한 구속을 개인적인 믿음으로 받아들이는 것이었고, 이러한 믿음의 수용은 종종 극적인 회심경험으로 나타났다. 1846년 복음연맹에 창립총회가 개최되었을 때, 이 복음연맹이 신학적 기초로 채택한 9개 조항은 각종 복음적 신앙고백의 공통점을 요약한 것이었다. 이것들은 루터교의 아우구스버그 신조, 장로교의 웨스트민스터 신앙고백, 개혁주의의 하이델베르그 요리문답, 성공회의 39개 조항, 감리교의 25개 조항 등 개신교의 전통적 신앙고백을 일컫는 것이었다. 초기 미국 선교사들이 한국 내에서 초교파적인 복음적 선교부 공의회를 결

성할 수 있었던 것도 이러한 배경에서 이해할 수 있다.[52]

    한국에서의 의료 · 교육 · 문서 사역은 사역의 효율성을 위해 어떤 형식으로든지 연합하는 것이 필요한 상황이었다. 19세기 후반, 미국을 중심으로 한 영어권 개신교계에 도시 중산층을 중심으로 크게 부흥 운동이 일어났다. 이것을 주도한 사람은 부흥사 조시아 스트롱이었는데 그는 효과적인 복음전파 활동을 위해 초교파적인 힘의 결집이 꼭 필요하다고 확신한 사람이었다.[53]

내한 선교사들의 청교도적인 유산

    한국이라는 광야에 왔던 선교사들은 200년 전에 뉴잉글랜드 해안가에 도착한 청교도들과 비슷한 환경에 놓이게 되었다. 절박한 외로움 속에서 철두철미하게 하나님을 의식하며 모시고 있던 청교도들에게 하나님은 위로하고 격려하는 존재일 뿐 아니라 감시자였다. 하나님은 늘 함께 있으면서 자신들이 겪는 실존적 어려움에 초월적 의미를 부여해 주는 유일한 존재였다. 그 초월적 의미는 덧없어 보이는 광야에서의 고달픈 삶을 견디게 해주는 거의 유일한 힘이었고, 청교도들로 하여금 더욱 깊은 관계에 들어가게 만들었다. 내한 선교사들과 그들의 청교도

---

52) Ibid., 91-99.

53) Ibid., 104.

선조들 간의 차이점이라면, 선교사들은 한국에서 자기들의 종교를 전하고 가르치는 선생이었다는 사실이다. 뉴잉글랜드의 청교도 목회자들은 교회의 순결을 위하여 세속화, 자본주의화되어 가는 사회와 힘겨운 싸움을 했지만 결국 실패했다. 이에 반하여 내한 미국선교사들은 한국 교회 내에서 교회의 순결성을 유지하고 싶은 마음을 갖고 있었다.[54]

또한 내한 미국 선교사들이 공통적으로 보여주었던 신학적 보수성과 개인구원에 대한 절대적 관심은 사실상 학생자발운동[55]의 기본적 특성이기도 했다. 이 운동이 가진 특징인 성경 중심적, 부흥회적, 감성적 신앙의 모습을 선교사들이 그대로 가지고 있었다. 부흥회 분위기에 감성적 성경공부와 경건주의, 그리고 개인전도에 대한 미국선교사들의 강조는 이런 점에서 특히 눈에 띤다. 이 가운데서도 성경은 처음부터 한국선교에서 가장 돋보이는 위치를 차지하고 있었다. 선교지 한국에서 성경이 담당했던 역할의 중요성은 아마도 세계사에서 그 유래를 찾을 수 없을 정도였다.[56] 따라서 성경은 사실 한국교회의 탄생과 성

---

54) Ibid., 105

55) Student Volunteer Movement(SVM)는 1888년 전후부터 40여년 동안 북미지역에서 일어난 것으로 20,500여명의 젊은 대학생들을 세계 복음화에 헌신하게 한 운동이다.

56) 성경이 초기 한국 교회사에 끼친 영향에 대한 가장 광범위한 연구는 이만열·옥성득, 「대한성서공회사Ⅰ」, 1993, 이만열·옥성득·류대영, 「대한성서공회사Ⅱ」, 대한성서공회, 1994를 참조.

장에서 독보적으로 중요한 요인이었다. 선교사들은 한국기독교의 성격을 일러 '성경 기독교'라고 불렀고, 또 한국 그리스도인들을 '성경을 사랑하는 그리스도인'이라고 묘사했다.[57]

---

57) 류대영, 「초기 미국선교사 연구」, 138.

Medical Missionaries in Korea for Christ

3

3
내한 의료선교사 열전

　의료사역은 순수 의료행위 자체를 말하며, 의료선교란 의료사역이 직접, 혹은 간접적으로 복음 전파에 관련되어 있을 경우에 지칭하는 용어이다. 이 글에서는 내용상 의료와 복음 전파사역을 같이 기술하기 좋은 경우에는 의료선교사역으로 표현하였다. 몇몇 선교사의 경우에만 의료사역을 복음전파사역과 분리하여 서술하였는데, 그 이유는 의술의 내용을 보다 깊이 고찰하기 위해서이다.

　1882년 5월 한미수호통상조약이 체결되자 미국 선교사들은 한국에서의 선교를 계획하게 되었다. 1883년 5월에 루치아스 푸트가 초대 주한 미국 제 1대 전권공사Envoy Extraordinary and Minister Plenipotentiary로 임명되었는데, 고종은 미국공사의 신임장을 받고 1883년 7월에 민영익을 견미사절단으로 파견하였다. 이때 존 가우쳐 목사가 민영익을 만나게 되어 선교를 논의하였고, 두 차례에 걸쳐 5천 달러의 금액을 선교를 위해 헌금하였다. 그러면서 일본주재 감리교 선교국에 있는 로버트 맥클레이 목사[58]로 하여금 한국에 가서 선교사업의 착수를 부탁하였고,[59] 결국 1884년 7월3일 김옥균을 통하여 고종으로부터 미국 선교사들이 한국에 병원을 설립할 수 있는 윤허를 받아내게 되었다.[60] 이로부터 미국의 각 단체들이 한국에서 의료선교를 시작하게 되었다.

1. 각 선교단체의 의료 활동 개요

1) 미국 북장로교

미국 북장로교는 서울, 부산, 평양, 대구, 선천, 재령, 청주, 강계, 안동의 9군데 병원에서 사역을 하였는데 안동을 제외한 8곳에는 현대식 병원을 설립하였다. 북장로교는 1909년 세브란스병원에 2명의 의사가 있었으며, 다른 지역에는 각각 1명의 의사가 일했다. 1910년에 간호사가 임명된 곳은 서울, 평양, 선천, 대구 등 4곳 이었다.[61] 1913년부터 연합으로 운영하던 세브란스가 계속 발전하면서 대구, 선천, 재령, 강계 등의 의료사역도 활발하였다. 반면에 평양, 청주, 안동의 사역은 답보상태

---

58) 윤춘병, 「맥클레이 박사의 생애와 사업」(서울: 한국기독교문화원, 1984), 22-23.

59) 배재학당 편, 「배재백년사」(서울: 배재학당, 1989)

60) 閔庚培, 「알렌의 宣敎와 近代韓美外交」(서울: 연세대학교출판부, 1992), 77-81.

61) 북장로교선교보고(N. P. Report for 1910), 285-286.

였고 부산에 개척된 병원은 1914년에 중단되었다. 1912년에서 1923년의 11년간 북장로교 병원의 수는 7개, 진료소는 8개로 1개씩 감소하였으나 병상은 193개에서 309개로 1.5배가 증가하였고 진료환자는 62,489명에서 157,188명으로 2.5배나 증가하였다. 한국 기독교 의료사역은 시작 35년 만에 양적인 발전보다는 질적 향상을 나타냈다. 이 시기 의료사역은 외래보다는 입원환자의 진료 비중이 높아져, 소수의 힘든 질병을 치료하는 기관으로 변화되고 있었다.[62]

2) 미국 북감리회

미국 북감리회 선교부는 서울, 평양, 해주(1908), 영변(1908), 공주(1909), 원주(1913) 의 6개 지역에서 의료사역을 전개하였다. 1902년의 사역 규정을 보면, 새로운 선교지부를 개설할 때는 반드시 전도사역과 의료사역을 병행한다고 했지만,[63] 3년 후에는 의료사역 없이도 전도사역을 가능하게 하였다.[64] 1904년에는 원산의 의료사역이 중지된 상태였고 일반병원으로는 기홀병원만이 정상적으로 운영되고 있었고, 해주와 공주에서 의료선교가 시작되었다. 여성의료사역은 서울의 보구녀관과

---

62) 이만열, 384~385.

63) 백낙준, 「한국개신교사」(서울: 연세대학교출판부, 1985), 346.

64) 감리교선교보고서(M. E. C. Report for 1905), 309. 1909년 폴웰 의사의 보고서에 의하면, 일반적 분위기가 의료사역의 불필요성을 주장하고 있었다. 스크랜튼 감리사도 "지금부터 우리의 주된 사업은 이미 모은 교회를 교육시키는 것이어야 한다."고 주장했다.

동대문 진료소, 그리고 평양 광혜여원에서 순조롭게 진행되고 있었다. 후에 기홀병원은 1920년 장로회 병원과 통합하였고 1923년에는 광혜여원과도 통합하였다. 또한 1913년에 원주 서미감병원과 해주 구세병원 등 벽돌로 된 현대식 병원을 신축하였다. 그러나 영변은 1913년에 폐쇄 하였고, 공주는 1913년부터 7년간을, 원주는 1920부터 4년간 운영하였다.[65)

3) 미국 남장로교

전라도 지방의 선교를 맡은 미국 남장로회는 군산(1895), 전주(1896), 목포(1898), 광주(1905), 순천(1913)등에서 사역을 하였다. 1904년 3명의 의사가 부임해 오면서 새롭게 출발하게 되었다. 닥터 대니얼이 군산에, 닥터 포사이드가 전주에, 그리고 닥터 놀런이 목포에 각각 의료선교사로 자리 잡게 되었다. 또 1905년에는 닥터 윌슨이 광주를 개척하였다. 그러나 1910년이 되서야 거의 모든 병원에서 의사들이 상주하게 되면서 안정적으로 진료사역을 할 수 있게 되었다.[66) 선교부는 1923년까지 12명이나 되는 많은 의사들을 파송하였으며, 간호사는 8명이 파송되어 왔다. 의료사역 규모가 대폭 증대함에 따라 의료선교사들의 과로가 가장 큰 문제로 대두되었는데, 광주의 윌슨, 군

65) 이만열, 414.
66) 이만열, 205.

산의 패터슨, 목포의 리딩햄, 순천의 로저스 등은 10년 이상을 근무했다. 이 시기의 각 병원은 현대화된 입원실을 갖추게 되면서 수술환자나 입원환자의 비중이 높아지고 있었다. 3개의 병원에는 전기발전기를 가설하였고 2곳에는 X선 촬영 시설도 있었다.[67] 미국 남장로회는 200개가 넘는 크고 작은 유인섬 전도 과정에서 의료선교와 복음 전도의 연합사역을 통해 많은 열매를 맺어서 다른 선교부보다 큰 효과를 거두었다. 그들이 활동하였던 사역지의 섬 주민들의 수는 모두 20만 명이 넘었다. 선교사들이 바친 노고의 열매의 흔적이 각 섬들의 몇몇 교회 안에 남아 있다.[68]

4) 미국 남감리교

미국 남감리교는 선교초기부터 전도 사업에 중점을 두고 활동한 점이 특징적이었다. 선교의 자유가 주어진 상황에서 진출한 남 감리회로서는 전도사역에 우선적으로 치중하면서 교육과 의료선교를 부수적으로 추진하였다. 그러나 점차로 교육사역과 함께 의료사역도 성장해 갔다. 1890년 이후에 개성(1890)과 원산(1890)에 진료소를 개설하였고 춘천(1911), 개성에서는 근대식 입원실을 갖춘 남성병원이 현대화를 이루었다. 남성병

---

67) R. M. Wilson, "Medical Work in Kwang Ju," *KMF*. (1912), 226.

68) Ibid., 131-132.

원은 1915년에는 의료선교 사업을 확장하기 위해 병원지원을 남대문 근처에 설립하였다. 초기에 시작된 의료선교사업은 대부분 병원지원을 시작하여 완전히 독립된 병원으로 전환되었는데 이 경우에는 얼마 되지 않아 문을 닫았다. 1922년에 닥터 게이트가 남성병원에 파송되어 병원사업에 합류하였다. 그리고 그 해 남성병원에서는 전도대를 조직하여 전도인 2인의 보수를 지불하기로 하고 지방에 가서 활동하도록 하였다. 병원에 찾아오는 환자들에게 복음을 전하는 소극적 방법에서 탈피하여 직접 전도대를 파송한 것이다. 이렇게 남성병원은 개성을 중심으로 고통당하는 이들을 섬기는 그리스도의 정신을 훌륭히 수행하면서 점차 그 기반을 넓혀갔다.[69] 또한 남감리교 선교회는 1910년 이전에 설립된 3개의 병원 또는 진료소만을 계속 운영하였고 개성과 원산의 의료사역은 점차 번성하고 갓 개척한 춘천은 점진적으로 성장하고 있었다. 1916년부터 원산 구세병원을 캐나다장로회와 연합하여 운영하고, 춘천 병원 새 건물 신축(1920), 원산 구세병원 확장과(1922), 분원 고저진료소 설치(1924)가 있었고, 또한 개성의 남성병원에서 개시하여 원산에 간호사 양성학교를 운영한 것이 특징으로[70] 1914년에 첫 졸업생 3명을 배출하였다.

69) 이위만, "남감리교회의 의료사역." 「남감리교 삼십주년 기념보」, 70.
70) 이만열, 442.

5) 호주 장로교

호주 장로교의 의료선교는 1902년 부산에서부터 시작하였다. 1905년에 닥터 커렐이 진주를 개척하고 나서 1909년에 켈리와 스콜스가 이 병원에서 의료 업무를 시작하였고, 1910년에 간호선교사 클러크가 사역하였다. 1911년에는 닥터 맥라렌이 진주에서 의료사역을 하다가 3년 후에 세브란스병원으로 옮겨갔다. 1913년에 배돈병원을 세웠는데 초기에는 서양의학의 이해부족으로 환자가 적었으며 유능한 의료조수를 구하기 어려워서 병원을 원활히 운영하기 어려웠다.[71] 1914년에는 닥터 테일러가 통영 진료소를 세우고, E.M.에버리가 거창에 모녀상담소를 설치하면서 사업을 확대하지만, 의료진의 부족과 재정 부담 때문에 활발한 사업을 전개하지는 못하였다. 또한 선교부는 부산 나환자수용소를 운영했으며 각 선교지부에 유아복지건강센터를 설치 운영했다.[72]

6) 캐나다 장로교

캐나다 장로교 선교회는 1898년 푸트, 맥래 선교사 등과 함께 닥터 그리어슨을 파송하여 의료선교와 아울러 한국 선교를 시작하였다. 협약에 의해 원산을 근거지로 삼고 함흥, 성진 등

---

71) William Tayler, "Paton Memorial Hospital", *KMF*. (July 1934): 142.
72) 이만열, 449-450.

의 함경도 지역을 맡아서 사역하였다. 이때는 이미 복음 전파를 자유롭게 할 수 있어서 의료사역보다는 전도사역에 비중을 두었다. 1910년대 이후부터 본격적인 의료사역을 하였는데,[73] 그 전에는 준비하는 과정이었다. 캐나다 장로회 선교부의 선교 사역으로 1898년부터 1902년까지 세례교인 160명, 학습교인 159명이 있었고, 6개 교회 건물이 있었다.[74] 1910년까지 캐나다장로회 선교부는 맥밀런 여의사가 원산과 함흥의 진료소를 운영하다가 1908년에는 원산에서 철수하고 함흥 진료소에 집중하였고 그리어슨 의사가 성진 진료소를 책임져서 사실상 2개 지역에서만 진료소를 운영하였다.[75] 캐나다장로회가 관장하고 있던 함경도 지역에는 교회의 대부분이 해안지역에 집중되어 있어서 해안에서 24km 떨어진 곳에서부터 내륙산간지역에는 교회가 거의 없었다. 또한 두만강 남쪽지역인 회령 근처에는 교회가 적고, 용정 등 두만강 북쪽에는 많은 한국교회들이 분포되어 있었다. 특히 북간도 지역의 기독교인들은 선교부에 대해 복음전도자를 보내줄 것을 간곡히 요청하고 있었다. 회령지부는 산간지대였고 성진은 많은 인구가 분포되어 있었으나 역시 높은 산지에 있어 순회전도자의 사역이 어려웠던 반

---

73) 미국해외선교보고서(Report of Foreign Mission Committee, 1898), 175.

74) Elizabeth A. McCully, 「케이프 브레튼에서 소래까지」, 유영식 역 (서울: 대한기독교서회, 2002), 211.

75) 이만열, 223.

면에 함흥에서는 사역이 활발히 진행되었다. 캐나다선교회의 최초 지부인 원산은 비교적 규모도 작고 보수적인 곳이지만 1920년경에는 변화의 조짐이 보이고 있었다. 캐나다 장로회의 의료선교는 함흥, 성진에 국한되어 있었으나[76] 회령(1912)과 간도 용정(1915)에도 의료사역이 착수되어 4개 지역으로 확대되었다. 그러나 1915년 닥터 맨스필드는 회령의 의료사역을 중단하고 원산으로 가서 미국 남 감리회와 함께 '연합기독교병원'을 공동으로 운영하였다. 1913년 캐나다장로회는 함흥에 선교회 최초의 현대식 병원 제혜병원濟惠病院을 세웠고, 1917년 성진 제동병원濟東病院, 1918년 용정 제창병원濟昌病院(St. Andrew Hospital)을 건립했다.[77]

2. 각 선교단체소속 의료선교사

1) 미국 북장로교 선교회

미국 북장로교는 일본을 통해서 한국에 대한 관심을 갖게 되었는데 조지 녹스 목사가 한국선교 계획을 세웠다. 선교 책임자인 F. 엘린우드 박사가 이를 적극적으로 추진하였고, 평신도로서 장로교 해외선교본부의 위원인 데이빗 맥윌리암스가 한국선교를 위해 5,000달러를 기탁한 이후에 많은 선교기금이

---

76) 당시 원산은 사업이 중지된 상황이었다.
77) 이만열, 454-455.

쇄도하였다. 그리하여 '의술이 훌륭하고 헌신적인 정신을 가진 젊은 의사' 닥터 존 헤론이 선교에 자원하여, 1884년 봄에 장로교파 해외의료선교사로 임명되었다.[78] 1883년 가을에는 커네티컷주 하트포트에서 열린 신학교연맹The Inter-Seminary Alliance 대회에서 미국 화란계통인 뉴 브런스윅 신학교 출신인 호레이스 언더우드가 참석하여 한국 선교에 헌신하였다. 언더우드는 일본 선교사인 앨버트 올트만스가 신학교에 와서 은둔의 나라[79]에 대한 선교의 필요성을 역설하는 것을 듣고, 인도선교에 소명이 있었지만 한국으로 마음이 바뀌게 되었다. 그리하여 1884년 여름에 한국 최초의 선교사로서 임명을 받고 일본에서 기본 훈련을 거친 후, 1885년 4월 5일에 한국에 도착함으로서 한국에서의 선교가 시작되었다.[80] 미국 북장로교는 1885년부터 1903년까지 19명의 의료선교사가 사역을 하였는데 남자 의사가 11명, 여자 의사는 6명, 간호사가 2명이었다. 사역 지역은 서울(1885)을 비롯하여 부산(1891), 평양(1895), 대구(1898), 선천 (1901), 재령(1903) 이었다.

미국 북장로교는 1904년 이전에 개시한 5곳의 의료사역에 이어 1904년에 황해도 재령에 도 선교지부 설치를 결정하였다. 주로 서울과 평양에서 황해도 지부로 활동하였지만 위치를

---

78) 백낙준, 「한국개신교사」(서울: 연세대학교출판부, 1985), 84-85.
79) 조선을 말한다.
80) 백낙준, 113-116.

고려하고 또한 철도가 놓여져서 해주와 안악에서 옮긴 것이다. 재령은 1890년에 마펫 선교사가 한국인 조사 한치순과 전도를 시작하면서 선교가 시작되었다.[81] 그리고 청주(1907), 강계(1908), 안동(1909) 등 4곳에서 의료사역을 개시하여 모두 9개 지역에서 의료사역을 전개하였다. 동시에 병원시설의 현대화를 시도하였는데 부산(1904), 서울(1904), 대구(1904, 1906년에 개축), 선천(1905), 평양(1906), 재령(1908), 강계(1910) 등 7곳에 현대식 병원을 신축하여 청주(1912)까지 포함한다면 이 무렵 8개의 병원을 신축하였다. 미국 북장로교 선교회는 의료 사업의 주목적을 전도에 두고 있음을 명기하고 있으며,[82] 그러한 목적 하에 파송된 선교사들과 그들의 활동을 소개해 본다.

Dr. 호레이스 알렌 HORACE NEWTON ALLEN, 1858-1932

닥터 알렌은 미국 오하이오주 델라웨어에서 태어나 오하이오주 웨슬리안 대학 신학부를 졸업하였다. 콜럼버스에서 의학을 전공하고 마이애미 의과대학을 졸업하고 1883년에 중국 선교사로 파송 받았지만, 그곳에서 1년 동안 여러 가지 좌절을 맞

---

81) 이찬영 편, 『황해도 교회사』(서울: 황해도 교회사 발간위원회, 1995), 184-185.

82) 선교회 규정 11조 : 의료사업/ 첫째, 의료사업의 주목적은 전도이며, 모든 사업은 사람들이 하나님의 말씀을 기꺼이 받아드릴 수 있도록 마음의 준비를 하도록 하는데 있어야 한다. 둘째, 가장 효율적인 전도는 최선의 의료사업으로 이루어진다는 신념으로, 선교부의 정책은 보통상황에서는 단 한 사람의 의사만으로도 모든 봉사를 할 수 있을 정도의 시설을 갖춘 병원이나 진료소를 설립하는 것이다. 클라크 A. D. 『에비슨 전기』(서울: 연세대학교 출판부, 1979)

보았다. 남경에서 중국인의 벽돌 공격으로 옆구리를 다쳤고, 상해에서도 양귀洋鬼라고 외치는 중국인에게 돌벼락을 맞았으며, 남경에서는 다 죽어 가는 군인을 치료했으나 죽는 바람에 재판까지 받았다. 한번은 환자에게 스트리키닌을 처방하였는데 환자가 빨리 나으려고 한꺼번에 복용하는 바람에 해독시키는데 무척이나 고생한 일도 있었다.[83] 그는 1884년 9월 한국 최초의 의료선교사로 입국하였다. 중국에서와 달리 조선에서 외국인들은 양반같이 존경 받았고, 닥터 알렌은 한국인의 따뜻한 인정과 친절로 인하여 감격적으로 한국 생활을 시작하였는데[84] 그는 한국에서 미국, 영국, 유럽, 일본공사관의 공의公醫로 근무하였다. 그리고 곧 갑신정변으로 중상을 입은 민영익을 3개월에 걸쳐 치료하여 낫게 함으로써 1885년 4월 14일 한국 최초의 선교병원인 광혜원廣惠院(House of Extended Grace)의 설립 인가를 얻어 내었다. 그가 민영익을 치료한 한국 최초의 외과적 시술 내용은 다음과 같다.

자상의 상처를 소독하고, 27군데를 꿰매고 한 군데는 혈관을 묶었으며, 드레인을 넣고 상처마다 거즈와 붕대를 감았다.[85]

광혜원[86]의 설립은 1882년에 정부 의료기관인 혜민서와 활

---

83) H. N. Allen, 「朝鮮見聞記」, 신복용 역 (서울: 박영사, 1979), 119-120.

84) Ibid., 118.

85) F. H. Harrington, 「개화기의 한미관계」, 이광린 역 (서울: 일조각, 1973), 26.

인서가 파괴된 형편이어서 한국정부로서는 백성을 위해서도 인가를 허락한 셈이었다. 광혜원은 2주 후에 공식명칭이 제중원(널리 민중을 치료하는 곳)으로 바뀌었고 선교사들은 광혜원을 The Korean Government Hospital, the Royal Corean Hospital, Chai Chung Won, The house of civilized virtue 등으로 기록했다. 광혜원은 병상 수 40개의 소규모 종합 병원의 형태를 갖추었다. 정부는 건물, 제반 설비, 관리 운영 경상비, 약재 값으로 연 삼백달러를 책임지고, 자선기관인 미국 북장로교 해외선교본부는 의료인을 파견하고 빈곤한 환자는 무료시술 하기로 합의하였다.[87]

사역 초기의 알렌은 조수나 간호원의 도움 없이 하루 최고 265명을 진료하였다. 2개월 후에 참여한 닥터 헤론과 함께 첫 해에 치료한 환자 수는 입원 265명, 큰 수술 환자 150명, 작은 수술 400여명 등으로 총 진료자 수는 일만명을 웃돌았다.[88] 이때는 내과 수술 보다는 외과 수술이 많아서 외과 환자가 밀리는 바람에 바로 낫지 않는 내과 환자는 잘 돌볼 수 없는 상황이었다. 그럼에도 키니네로 말라리아를 많이 치료했고, 천연두 바이러스 접종을 비롯한 예방 접종을 보급시켜 커다란 효험을 보았다.[89]

---

86) 박형우, 「제중원」(서울: 몸과 마음, 2002), 73-75.

87) 의학백년편찬위원회, 「의학백년」(서울: 연세대학교 의과대학, 1986), 18.

88) Allen의 보고서(1908), 201.

알렌은 치과시술과 관련하여 이 시기 조선인의 구강상태와 치과치료에 대한 첫 번째 기록을 남기었다. 자신의 '조선체류기' 에서 조선인들은 '아침에 일어나 소금을 손가락에 묻혀 이를 닦으며, 이를 뽑기 위해 찾아 온 조선인의 이를 자신이 받았던 외과수업을 기억해서 뽑아주고', '조선인들이 어떤 주막에서 미국인 선원이 틀니를 뺐는데, 잇몸과 치아가 있는 틀니를 보고 두려움에 떨며 도망했다' 고 보고하였다.[90] 1886년 알렌과 헤론의 왕립병원 보고서에는 충치 60건, 구내염 55건, 치통 15건, 구개종양 1건, 하마종 1건, 하악골괴사치료 6건, 구개열 1건, 순열 30건, 구강저로부터 분리된 혀 1건, 구강폐색 3건, 볼 농양 3건, 치아농양 5건, 입술궤양 2건, 치아발치 15건이었으며 발치는 적합한 집게를 골라 치아를 깊게 꼭 집어 비틀면서 잡아 뽑았다.[91]

그는 제중원에서 시술한지 1년이 안 되어 고종 임금의 어의御醫로 임명받아 의료 시술뿐 아니라 임금의 자문 역할까지 맡게 되었다.[92] 이로써 그는 미국의 선교사들이 한국에서 선교할 수 있는 교량 역할을 감당하게 되는데, 언더우드 선교사로 하여금

89) F. Ohlinger, "The Beginning of the Medical Work in Korea," *The Korean Repository*, (December 1892): 356-358.

90) Allen, 「알렌의 조선체류기」, 25-26·216-217.

91) Allen, 「朝鮮見聞記」, 182.

비록 두 달 동안이었지만 제중원의 약제사 일과 병상 옆에서 환자를 돌보는 업무를 하게 하였다. 언더우드[Rev. Horace. G. Underwood]는 뉴욕 대학교와 Dutch Reformed Theological Seminary를 졸업하였지만 1년간 의학도 공부하였다. 언더우드는 병원근무를 조건으로 하여 선교사로 입국하였다. 시약소와 내과에서 일하면서, Allen의 수술을 돕다가 두 번이나 졸도를 하였다.[93] 알렌은 1886년 4월에 병원의 조수와 간호 역할의 필요성 때문에 교육 목표를 세우고, 제중원에서의 의학교육[94]을 닥터 헤론과 언더우드 선교사와 함께 시작하였다. 교육 내용은 임상의학 수련, 해부학, 생리학, 영어, 물리학, 화학이었다. 학생들은 졸업 후에 제중원에서, 일부는 다른 국가 기관에서는 주사로 일했고, 해군 군의관으로도 활약하였다.[95]

알렌은 상류사회 여성들도 치료하기는 했으나 상당히 힘이 들었는데 당시 부녀자들이 외국 백인에게 자기 몸을 보이느니 차라리 죽어 버리겠다고 완강하게 진찰을 거부하였기 때문이었다. 이러한 상황 때문에 알렌은 미국 선교본부에게 여의사를

---

92) F. Ohlinger, "The Beginning of the Medical Work in Korea," *The Korean Repository*, (December 1892): 356-358.

93) Lillias, H. Underwood, *Underwood of Korea*(Seoul: Yonsei University Press, 1983), 44.

94) 학교 이름은 왕립 조선 의학교(Royal Korean Medical College)였고 정부의 外務衙門을 통하여 정식인가를 받았으며 12명 전원을 국비로 교육시켰다.

95) 민경배, 「알렌의 宣敎와 近代韓美外交」(서울: 연세대학교 출판부, 1992), 211

보내달라고 요청을 하게 되었는데, 그 결과 닥터 앨러스가 오게 되었다.[96)]

알렌은 제중원에서 2년 5개월간 의료사역을 했으며 1887년 가을, 주미 한국 공사관 참찬관參贊官으로 임명받아 한국을 떠났다. 그 후 1889년 초여름에 선교사로 재임명 받고 부산과 서울 제중원에서 잠깐 동안 의료사역을 하다가, 1890년 7월부터 미국 주한 공사관 참찬관, 공사, 미국 특명전권대사 등 15년간 한미외교관으로 일하면서 한국자주독립을 위해 힘썼다.[97)] 5년간의 짧은 의료선교 사역이었지만,[98)] 그가 해놓은 일은 무에서 유를 창조했다고 할 수 있을 정도로 의료선교의 초석을 잘 닦아 놓았다.

✄ Dr. 존 헤론 JOHN W. HERON, 1856-1890

닥터 헤론은 영국에서 태어나 14세 때 미국의 녹스빌로 이민, 부친이 목회하는 교회에서 15세 무렵부터 본격적으로 신앙생활을 시작하였으며, 메리빌 대학을 졸업하고 공립학교에 4년간 교직으로 있었다. 테네시종합대학 의과대학을 수석으로 졸업하고 의사가 되어 죤스보로 시에서 개업하였다. 개업하고

---

96) 이철, 「세브란스 드림스토리」(서울: 꽃삽, 2007), 47-48.
97) 민경배, 「알렌의 선교와 근대한미외교」(서울: 연세대학교출판부, 1992), 423-427.
98) 이한수, 「치과의사학」(서울: 연세대학교 출판부, 1988), 319.

나서 18개월 동안 진료하다가 한국 선교를 준비하기 위하여 뉴욕 의대에서 다시 1년간 의학 수업을 받고 블랙웰스 섬[99] 병원에서 근무하였다. 그는 영국 더비셔에서 회중교회 목회를 하였던 스코틀랜드 출신 부친과 신앙심이 강한 모친의 영향으로 의료사역의 목표는 복음 전파에 있음을 강하게 의식하였다.[100] 그래서 테네시 의대 교수로 초빙되었지만 한국에 선교사로 나가기 위해 거절하였고, 1884년 봄에 미국 최초의 장로교 선교사로 임명받았지만, 한국에서의 복음 전파가 시기상조였던 상황이었으므로 일본에 가서 한국말을 배운 후 1885년 6월에 내한하였다.[101] 닥터 헤론은 도착 3일 후부터 닥터 알렌이 원장으로 있는 제중원에서 사역하였다. 제중원에서 사역하기 전에 다음과 같은 말을 하였는데, 의료선교사로서의 그의 생각을 알 수 있다.

나는 〈위대하신 의사〉이신 예수님에게 대하여 말하는 것이 나의 사명이요 선교란 것을 잊을 수가 없다. 내 의술을 베푸는 것만이 나의 선교가 아닌 것이다. 나는 우리 구세주께서 이 많은 백성들을 위하여 돌아가셨다는 말을 하고 그 구원의 길을 선포하고 싶다. 진리의 소식을 외치고 싶다.[102]

---

99) 블랙웰스 섬(Blackwells Island)은 뉴욕 동쪽에 있는 섬으로 현재의 이름은 Welfare Island이다.

100) Martha Huntley, *TO START A WORK*, (Seoul: Presbyterian Church of Korea, 1987), 86.

101) 백낙준, 85 .

제중원 근무 2년 후에 알렌의 후임으로 제중원 2대 원장이
되어, 부녀婦女의료부 이외의 모든 의료 사역을 3년간 도맡아서
담당하였다. 힘든 상황에서도 40km나 떨어진 곳에 왕진을 가
기도 하였는데, 헤론의 의술은 탁월했던 것으로 평가받았으며
특히 백내장의 수술로 진가를 발휘하였다.[103] 그는 자신의 집
에서도 진료를 하며, 동료 선교사들의 건강까지도 책임졌다.
알렌의 후임으로 왕실의 주치의로 근무했으며 참판의 직책을
받아 정이품의 관직까지 받았다.[104]

제중원에서 닥터 헤론이 알렌과 같이 한 수술 보고서는 다음
과 같다. 마취제로는 에테르, 코케인, 클로로포름 등을 사용했
고, 처음엔 언더우드 선교사가, 나중엔 주로 조선인 조수가 도
왔다. 환자들은 몸에 칼을 대는 것을 꺼리는 경우가 많았는데
이러한 수술이 전에 없었던 생소한 시술이기 때문이었다. 더욱
이 15일에는 결코 수술을 받지 않으려 했는데 그 이유는 다음
과 같다. 조선인의 귀신이론에 의하면 귀신들은 하늘의 사 분
의 일을 차지하고 있는 왕초 귀신으로부터 도깨비에 이르기까
지 수없이 등급이 매겨져 있다. 대부분의 귀신은 집 귀신이기
때문에 대문이나 부엌, 안방, 벽, 천장 또는 집 뒷간에도 있다.

102) Martha Huntley, 87.

103) D. L. Gifford, Heron, J. W., *The Korean Repository*, (1897), 442.

104) 承政院日記, 高宗 22년 정월 13일條.

또 누구에게나 수호신이 있는데, 그 귀신은 한 달 동안 매일 거처를 옮긴다. 조선의 역법에 따르면, 그 귀신은 초하루에는 사람의 엄지발가락에 거하고, 십이일에는 앞 머리칼 뿌리에 거하고, 십오일에는 온몸에 퍼진다고 한다. 조선인들은 각 날짜마다 그날의 귀신이 거하는 부위를 다치지 않으려고 각별히 조심하는바, 귀신이 온몸에 퍼지는 십오일에는 결코 수술을 하지 않는 것이다.[105]

겨울에는 난방을 하기가 어려워 수술을 봄으로 연기하기도 하였다. 제중원 개원 이전의 최초의 수술은 팔을 절단하는 수술이었는데, 환자는 호랑이에게 물려 팔꿈치의 뼈와 살이 썩고 있었다. 수술은 성공적으로 이루어졌고 상처의 회복은 순조로웠다.[106] 제중원의 첫 입원 수술환자는 12년간 오그라든 다리의 상처로 고름이 흐르는 환자였다. 수술 후 24일 만에 목발을 짚고 퇴원하였고, 1년 후 똑바로 서서 병원에 왔다. 절단 수술 예가 여럿 있었는데 큰 사지 절단 수술은 환자가 거부하였고, 손가락과 발가락 절단 수술환자들은 결과의 좋고 나쁨과 관계없이 환자들은 항상 그 결과에 만족하였다.[107]

---

105) 아펜젤러 H. G. 「자유와 빛을 주소서」, 노종해 역 (서울: 대한기독교서회, 1988), 242.
106) Allen, 「朝鮮見聞記」, 133.
107) 박형우, 「제중원」, 123.

제중원은 국립병원이기에 공개적으로 기독교 전도가 허용되지 않았다. 그래서 헤론은 제중원에서 의료사역을 하면서, 전도를 위한 진료를 위해 자신의 집에 진료소를 차리고 하루 세 시간씩 진료하면서 복음을 전파하였다.[108] 개인적으로 하는 복음 전파는 정부가 알면서도 모르는 척 해주는 상황이었기 때문에 가능하였다.[109] 그는 한국의 가장 유력한 인사들 집을 방문하면서 그리스도를 가르치고 기독교 서적과 소책자들을 주었다.[110] 또 성서번역위원회에서 성서번역을 도왔고, 헤론의 제안으로 언더우드, 오흐링거 선교사와 함께 최초의 기독교 출판사업인 대한성교서회大韓聖教書會[111]를 세워 조선어로 된 기독교서적, 정기간행물의 잡지류, 전도지 등을 전국에 보급하였다.[112] 그러나 그는 과중한 의료사역과 철저한 책임과 희생적인 선교활동으로 결국 안타깝게도 내한 5년 만에 악성 이질로 순교하고 말았다.[113] 게일 선교사는 헤론에 대하여 다음과 같이 회고하고 있다.

108) 릴리아스 호튼 언더우드, 「언더우드부인의 조선 생활」, 김철 역 (서울: 뿌리 깊은 나무, 1984), 20.

109) G. W. Gilmore, Korea from its Capital, (Philadelphia, 1892), 32. 「한국개신교사」, 144. 재인용

110) 미국 북장로교선교보고서(N. P. Report, 1891), 136.

111) The Korean Religious Tract Society, The Korean Repository, (May, 1895), 195.

112) 현재 대한기독교서회이다.

113) L. H. Underwood, 「언더우드부인의 조선 생활」, 97-98.

왕으로부터 아주 가난한 머슴에 이르기까지 많은 사람들이 그의 능란한 의술에 의해 육체적 고통에서 구제되었다. 그는 기독교 기사단의 기사였으며, 그의 수술용 란셋은 그가 휘두른 무기였다. 그는 자기 밑에서 일하는 사람들의 생명과 안전까지도 책임지고 있다는 것을 느꼈기 때문에 조선인을 위해 일할 때 그의 밑에 있는 사람들 역시 자기네 생명이나 안전을 전혀 돌보지 않았다. 그는 더 말할 나위 없이 잘 보살피고 잘 지켰고 용감하고 겁낼 줄 모르는 사람이었다. 그로 해서 가장 높은 분의 존경을 받고, 가장 천한 사람들의 흠모와 사랑을 받았다. 그의 자기희생적이고 친절한 태도는 언제나 그의 일과에 따라다닌 슬기로운 잔소리였다.[114)]

헤론은 자신의 임종의 자리에 모인 한국인 친구들에게 "예수님은 여러분을 사랑하십니다. 주님은 여러분을 위해 그의 생명을 바쳤습니다. 주님을 믿으십시오!"라는 유언을 남겼다.[115)]

🌱 Dr. 애니 엘러즈 ANNIE J. ELLERS, 1860-1938

엘러즈 선교사는 미국 미시간주 버요크에서 태어났으며 부친은 장로교회 목사였다. 일리노이주 록포드 대학을 졸업하고 보스턴 의과대학에 입학하였다. 미국 북장로교 선교회는 여성만을 위한 전용병원의 필요성에 대한 알렌의 건의를 받아들여 의대졸업을 1학기 앞둔 그녀를 의사로 인정하고 제중원에 파송하였다. 엘러즈는 처음에 페르시아로 선교지를 지망했었으

---

114) 제임스 게일, 「코리언 스케치」, 장문평 역 (서울: 현암사, 1971), 298.

115) Ibid., 299.

나 1886년 여름에 달젤 벙커,[116] 죠지 길모어, 호머 헐버트 선교사와 같이 내한하여 첫 내한 여자선교사가 되었다. 엘러즈는 제중원의 부녀과에서 진료하게 되었다. 어느 날 명성황후가 아프게 되자 남자인 알렌이 직접 진료할 수 없으므로 엘러즈 선교사가 치료를 맡게 되었다. 이후 엘러즈는 황후의 시의(侍醫)로 임명받고 궁중 귀부인들도 치료하였는데, 그들의 신임을 받아[117] 1887년에는 정이품에 해당되는 정경부인의 직급을 받았다.[118] 그러나 엘러즈는 정신여학교를 설립하여 기독교 정신에 입학한 교육에만 전념하였다.

ꙮ Dr. 릴리아스 호톤 LILLIAS S. HORTON, 1851-1921

닥터 호톤은 미국 시카고 여자의과대학을 졸업하고 메리 톰슨 병원에서 의사와 간호사 수련을 받던 중 1888년 봄에 내한하였다.[119] 그녀는 엘러즈의 뒤를 이어 제중원 부녀과에서 진료를 하였으며 1895년까지 8년간 명성황후의 시의를 맡았다.[120] 시의로 여러 해를 지내면서 황후에게 그리스도의 복음을 전할 기회를 달라고 동료 선교사들에게 기도 부탁을 하였는

---

116) 미 감리교 선교사로 Ellers 선교사와 결혼하였다.

117) 미국 북장로교선교보고서(N. P. Report, 1887), 154.

118) 承政院日記, 1888년 1월 6일(고종 24년 11월 23일).

119) 백낙준, 「한국개신교사」, 162. 그녀는 1894년 9월에 언더우드 선교사와 결혼하여 Lillias H. Underwood 가 되었다.

120) Underwood, 「언더우드 부인의 조선 생활」, 20.

데, 어느 성탄절에 황후가 그녀를 왕궁에 불러 성탄절의 기원에 대하여 물으며 여러 대화를 나누던 중에 황후에게 구원의 복음을 전하였다.[121] 호톤은 집으로 찾아오는 환자를 헤론과 같이 진료하였으며 밀려드는 여자 환자들 때문에 눈코 뜰 사이 없었을 정도로 바빴다. 여행 중이었던 강계에서는 강도를 만난 상황에서도 진료를 정성껏 해 주기도 하였다.[122] 1년간의 안식 후 1893년 초에 정동 구내에 여성 전용 진료소인 '휴 오닐 2세 기념진료소'를 세우고 부녀자 및 아동 환자를 진료하면서 입원환자도 돌보았으며[123], 여성과 어린이를 대상으로 40여회의 왕진을 가기도 했다. 1895년 여름에 콜레라가 돌 때 밤을 새우면서 콜레라 환자를 진료하여, 환자 170여명 중에서 110명을 살려내어 65%가 회복되어 전례에 없던 높은 치유율을 보였다.[124] 그녀는 결혼 후 서울 외곽지역인 서대문 밖에 있는 집 몇 채를 사서 병원으로 개조하여 대피소에서 버림받은 사람들을 치료했다. 1898년에는 제중원에서 5개월간 1주일에 5일을 진료하였고, 1900년에는 휴 오닐 2세 기념진료소에서 일주일에

---

121) Winifred Mathews, *Dauntless Women : Stories of Pioneer Wives*, Freeport(N.Y. : Books for Libraries Press, 1947), 158. (여선교사열전, 273 재인용)

122) 미국북장로교보고서(N. P. Report, 1901), 216.

123) 미국북장로교보고서(N. P. Report, 1893), 145. 병원 건물은 벽돌로 지어졌고 유리 창문과 여닫이문이 있었다. 개원식에 외무아문독판과 미국 총영사 및 많은 외국인이 참석하여 축하하였다.

124) Underwood, 「언더우드 부인의 조선 생활」, 133-134.

1회 진료하여 1년간 500명을 진료하였으며 1903년에는 모화
관慕華館에서도 진료하였다.[125] 호튼과 관련된 에피소드를 들면,
한번은 호튼이 병원에서 집에 가는 길에 폭도들이 그녀의 교자
를 에워싸고 가마꾼에게 만일 다시한번 이 여자를 병원으로 데
리고 가면 모조리 죽여 버리겠다고 위협하였다. 그리하여 그
다음날부터는 언더우드 선교사가 호위를 하면서 말을 타고 위
험한 시내를 통과하여 위험을 피하기도 하였다.[126]

Dr. 카드월라더 빈튼 CADWALLADER C. VINTON, 1856-1936

닥터 빈튼[127]은 미국에서 태어나 의사가 된 후 1891년 봄에
내한하여 의료사역 9년과 선교기관사역 9년을 감당하였다. 제
중원을 맡고 있던 헤론이 사망하여 후임자가 없자 알렌이 공사
관의 업무를 수행하면서 몇 달간 진료를 감당하였다. 그러다가
1890년 가을부터 6개월간 닥터 하디가 진료를 맡았는데[128] 이
를 이어 닥터 빈튼이 1891년 봄부터 제중원의 책임을 맡게 되
었으나 병원 운영문제로 정부 관리와 큰 어려움을 겪었다. 그

---

125) Ibid., 74.

126) 마르타 헌트리, 「새로운 시작을 위하여」, 차종순 옮김 (서울: 쿰란출판사, 2009), 239.

127) 류대영 박사는 빈튼의 이름을 찰스 C.가 아닌 카드월라더로 기록하고 있고, 헌트리
는 Cadchandler C.로 기록하고 있다.

128) Avison, O. R. : History of medical work in Korea, Quarto Centennial Papers,
read before the Korean Mission of the Presbyterian Church in the U.S.A. at Annual
Meeting in Pyeng Yang, August 27, 1909.

는 선교사로 근무하는 것이 아니라 고용인으로 있었는데, 일
년 예산 1,500 달러 중에 그가 병원 운영으로 쓸 수 있는 액수
는 130달러도 안되었다. 제중원 안에는 정부의 감독관이 20명
이나 있어서 온갖 부정을 저질렀기 때문에 헤론이 근무했던
1890년부터 빈튼이 사역한 1893년까지 선교부에게 철수를 계
속 요청하였지만 본부에서는 대답을 지연하였다.[129] 빈튼은 여
러 가지 분쟁이 조정된 3개월 후에야 진료를 할 수 있었고 1893
년 늦가을 닥터 에비슨이 맡을 때까지 2년간 일하였다.[130]

　제중원에서 빈튼은 1891년에는 119일 동안 1,600여명을 진
료, 67명의 환자를 입원 치료, 작은 수술 74건, 큰 수술 19건을
시행하였고, 1892년에는 2,600여명 진료, 170여건의 작은 수
술을 하였다. 1892년의 경우에 그가 제중원에 근무한 날짜는
191일 반면에, 자신의 집 진료소에서의 의료시술은 40일이나
더 많은 231일 동안 하였다. 결국 정부에서는 필요한 약을 공급
해주지 못했는데, 빈튼이 제중원에 소홀할 때 성공회 선교부는
제중원의 감독권을 고종에게 요청하기까지 이르렀다. 그럼에
도 그는 선교사 모임에서 의료분야의 책임자로 활동하면서[131]
1893년 늦가을까지 제중원을 맡았다. 한편 빈튼은 1900년 제

129) Martha Huntley, 「한국 개신교 초기의 선교와 교회 성장」, 차종순 역 (서울: 목양
사, 1985), 203-204.
130) 미국북장로교보고서(N. P. Report, 1892), 177.

중원에서 한국 상황에 맞추기 위하여 여의사를 양성해야 한다고 계속 주장하였다. 1899년부터 1901에 걸쳐서 에비슨이 안식년일 때와 장티푸스로 앓고 있을 때, 그리고 선교사역으로 출타중일 때, 그밖에 선교부의 요청이 있을 때마다 제중원에서 진료를 하였다.[132]

1891년 9월에 제중원 책임자로 진료에 임하면서 제중원에서는 복음을 전할 수 없음을 안타깝게 여겨, 자유롭게 복음을 전도하기 위해 집에도 진료소를 차리고 진료하여 6년간 36건의 작은 수술을 하였고, 년 평균 여자 50여명 등 240여명을 치료하였다.[133] 자가 진료소에서 빈튼은 진료와 함께 열심히 복음 전파를 하였다.[134] 초기 4개월간은 한 달 평균 1백여 명을 진료하였는데 이들 환자들이 모두 복음을 들었으며, 그들에게 기독교 서적을 배포하였다.[135] 빈튼은 여름휴가 중에도 남한강변을 순회하면서 환자를 치료하고 전도하기도하여 의료사역이 복음 전파를 위한 지름길임을 확인하였다. 그는 각 지방을

131) Korean Repository, (1892): 350.

132) 미국북장로교보고서(N. P. Report, 1899), 171.

133) Ibid., 231.

134) 마포삼열, 「마포삼열목사의선교편지」, 김인수 역 (서울: 장로회신학대학교출판부, 2000), 102.

135) 미국북장로교보고서(N. P. Report, 1892), 177.

순회하면서 왕진을 하고, 동시에 복음 전파 사역을 열심히 수행하였는데 의주에서는 2주 동안 400명을 진료하여 지역 주민들의 마음 문을 열어, 이로서 의료사역과 전도사역의 큰 결실을 보았다.[136]

빈튼은 1898년에 자가 진료소를 여학교로 쓰던 건물로 옮겨서 '월더 진료소'를 차렸다. 이곳에서 2년간 약 500여명의 환자를 진료하며[137] 전도사역을 전담하였고 선교부의 목회 선교사가 안식년으로 자리를 비웠을 때에는 본 교회와 거리, 예배당 사역을 감독하기도 하였다.[138] 선교사역 9년 이후의 9년간은 미 북장로교 선교부의 서기, 소책자 협회, 성서공회 업무, 선교부의 회계직, 기독교 문서 선교업무, 언더우드 선교사가 주간이었던 '기독신문'의 편집장을 맡는 등 이러한 분야에서도 탁월한 은사가 인정되어 의료사역보다는 선교기관사역을 주로 하였다.[139] 또한 나병 구제사업에도 적극 참여하여 후에 부산에 나병환자 수용소가 설치되도록 하였으며 1908년까지 17년간 의료선교사로 일하였다.[140]

---

136) Ibid., 145.
137) 미국북장로교보고서(N. P. Report, 1899), 171.
138) Ibid., 539
139) Ibid., 341.
140) 박형우, 「제중원」, 232-233.

🕊 Dr. 올리버 에비슨 OLIVER R. AVISON, 1860-1956

닥터 에비슨은 영국 요크셔에서 태어나 6세 때 캐나다 브렌트포드로 이주했다. 3년간 교사로 재직하다가 토론토 온타리오 약학대학을 졸업하고 모교에서 식물학과 약리학을 강의하였다. 또한 토론토 의과대학에 입학하여 의사가 된 후 모교에서 시범강사와 현미경 담당강사를 거쳐 외과학 교수가 되었다. 그는 토론토 약학대학에서 가르치면서, 동시에 병원을 개업하였다. 그는 토론토시 YMCA의 의무관과 이사를 역임하였고, 감리교회의 평신도 전도사로 봉사하였다. 또한 개척교회에서 봉사하면서 빈민구제 사업단체인 '브랜드 오브 호프'의 지도자로 일했다. 한편 에비슨은 토론토 시장의 주치의였으며 약대와 의대의 대학시험 위원회의 시험관을 역임하였는데, 의료 YMCA의 기금을 내면서 선교사들을 도왔다.[141] 다른 의료선교사에 비해 비교적 많은 의료경험을 하고 난 후 1893년 초여름, 33세에 내한하여 무려 42년간 의료선교사역을 감당하였다.

닥터 에비슨은 1893년 10월부터 고종의 어의였는데, 새 의관으로 인해 옻에 중독되어 얼굴이 심히 부어 있었던 고종의 병환을 고친 이후 확고한 신임을 얻게 되었다. 그는 1895-1896년에

---

141) 이광린, 「올리버 알 에비슨의 생애」(서울: 연세대학교 출판부, 1990), 33-37.

는 30회 이상 왕실에 왕진을 갔었다. 1890년대에 닥터 에비슨의 조선인들의 질병과 치료보고서를 보면, 천연두는 몇 년에 한 번씩 유행했으며 천연두에 걸린 아이는 부모가 있어도 아예 가족으로 치지 않아 사망률이 높았다. 그래서 우두를 보급하였는데 환자 보호자들이 거부하여서 고심 끝에 기독교 신자 한 사람의 아이에게 우두 주사를 놓았다. 일 년이 지나도 아이가 천연두에 걸리지 않자 다른 가정에서도 우두를 찾기 시작했다.[142] 말라리아는 고인 물이 있고 충적토가 많은 곳이 말라리아 원충이 발달하기 좋기 때문에 논 농사지역에서 빈번하게 나타났다. 치료제로 퀴닌이 상당히 효과가 있었는데 상인들의 농간으로 퀴닌을 구하는 것에 어려움이 많았고, 심지어 시중에 퀴닌과 유사한 가짜 약이 유통되기도 하였다. 장티푸스는 에비슨 자신도 병원직원들과 함께 걸려 3개월 동안 앓은 적이 있는데 조선인들은 서대문 동쪽 산비탈에 천막을 쳐서 환자들을 격리시키는 것이 고작이었다. 이들에 대하여는 단지 방을 따뜻하게 하여 주고, 몸의 청결을 강조해 이[lice]를 없앴는데, 결과적으로 장티푸스를 예방하는 효과를 얻을 수 있었다.[143]

1896년에는 닥터 에비슨의 주도로 의료선교사들과 정부의 합작으로 조선 전역에 걸쳐 콜레라 방역사업이 성공하여 서울

---

142) 박형우, 「제중원」, 238.
143) 魚丕信, "小傳(二三)사십년 전 조선의 위생상태(속)" 「기독신보」 제865호, 1932년 6월 29일자.

에서 65%의 완쾌자의 놀라운 성과를 거두었다. 언더우드 선교사는 정부가 선교부처에 보인 공식적인 호의는 거의 모두 의료선교에 기인한 것이고 이는 하나님의 복음을 촉진시키신 것이라고 초기의료선교를 평가하고 있다. 또한 콜레라의 퇴치를 통한 의료선교사들의 헌신적인 모습은 궁정에서부터 오두막까지 조선인들의 신뢰를 받기에 충분하였으며 외국 세력을 배척하려는 정치계의 반발에도 의료사역만큼은 방해를 받지 않았다.[144] 의료사역은 당장 기독교 개종자를 내는 직접적인 활동이 아니지만 그들의 삶을 통해 그리스도의 사랑을 보여주었고 이는 결국 믿음으로 씨를 뿌린 것이다.

재귀열은 조선인들이 흔히 염병이라고 불리는 것으로 이 병을 무서워했던 것은 폐렴, 신장질환, 심장허약 등의 합병증이 생겨 사망했기 때문이었으며, 특징 중 하나는 발병한 지 14일 심지어 21일째에 다시 발병한다는 점이었고 또 면역성도 없었기 때문이었다. 에비슨은 재귀열의 원인이 되는 나선균이 매독균과 비슷하여 살바르산을 투여해 효과를 보았다.[145] 한편 매독환자는 3기가 되서야 치료를 받으러 오는 경우가 대부분이

---

144) H. G. Underwood, *The Call of Korea, Political-Social-Religious*, (New York: Fleming H. Revell. 1908), 102-104.

145) O. R. Avison, "Some high Spot in Medical Mission Work in Korea-Part Ⅱ", *KMF.* (May 1939): 103.

었다. 조선인들은 매독에 걸리면 우선 자가 치료를 하는데 수은 증기를 들여 마셨다. 이렇게 하면 치료가 잘 되기도 하였지만 과도하게 수은 증기를 마시게 될 위험이 컸고, 이때 침의 분비가 과도하게 많아지고 잇몸에 궤양이 생기며 치아가 빠지는 등 부작용이 나타나곤 했다. 눈 질환은 몸이 청결하지 못한 것도 원인이 되는데 청결 유지만 해도 괜찮았고 붕산수로 씻어주면 쉽게 회복되었다. 결핵은 조선에서 건강의 최대의 적이었고 사망자도 많았다. 방이 작고 환기가 잘 되지 않으며 대부분의 조선인들이 위생 관념이 없기 때문이었다. 공수병에 관하여는 에비슨의 두 자녀가 집에서 키우던 개에 물렸는데 개가 곧 죽었기 때문에 매우 의심스러워 일본 나가사끼의 파스퇴르 연구소에서 공수병의 치료과정을 보고 수십 명을 치료할 수 있는 바이러스를 갖고 왔다.[146]

닥터 에비슨이 제중원 원장으로 근무를 시작하면서, 하루 내원 환자의 수가 15명 정도로 알렌이 근무할 때에 비해 절반도 되지 않는 것을 알고 이를 정밀히 조사한 후에, 비가 오나 눈이 오나 항상 병원을 열었더니 내원 환자가 늘기 시작하였다. 또한 약값을 못내는 환자도 접수하고 입원실을 청결히 유지하며 수술방을 넉넉히 준비하여 질병의 성질에 따라 모든 종류의 수

---

146) 박형우, 「제중원」, 240-241.

술을 가능케 하였다. 근무 6개월 후부터는 이틀이나 걸려서 가야하는 경기도 광주로 왕진을 갔는데 그곳에 장이 열려서 간이 진료소를 설치하여 치료를 해주고 처방을 해주면, 동행한 언더우드 선교사는 조제를 하였다. 조제된 물약은 빈 술병에 담아 주고, 가루약이나 알약은 종이에 싸서 주고, 고약은 큰 조개껍질에 담아서 주었다. 간단한 수술세트가 있어서 마취는 못했지만 작은 수술도 했다. 또 간단한 치과용 기구들도 있어서 발치를 해 주고, 농양절개나 충치도 긁어내 주었는데 환자들은 아프다고 할 뿐이었고 불평은 별로 없었다.[147]

한번은 그가 광주에 왕진을 갔다가 제중원에 돌아와 보니 병원근무자인 조사들의 부정이 드러나 있었다. 에비슨은 이런 상황에서는 병원운영을 도저히 해 나갈 수 없다는 판단 아래 공식적인 절차를 통해 병원에 대한 포기선언을 정부에 알렸다. 이것을 기점으로 에비슨의 6개월간의 노력과 뉴욕 선교본부의 도움으로 제중원을 국가기관에서 선교병원으로 바꾸어 놓는 귀업을 이루었다.[148] 그러나 너무 열심히 진료에 몰두하다가 건강이 위험할 정도로 악화되자 긴급 휴가를 내어 본국에 돌아갔다가 건강을 회복하고 돌아왔는데, 이때 병원 증설을 계획하고 설계를 전문가에게 의뢰하였다.[149]

147) Clark, A. D. 「에비슨의 전기」, 247.
148) 이광린, 「올리버 알 에비슨의 생애」, 70-74.

에비슨은 세브란스병원장으로도 일하였는데, 세브란스병원은 1904년에는 루이스 H. 세브란스[150]의 후원금으로 제중원을 구리개銅峴에서 남대문 밖으로 이전하여 한국 최초의 현대식 종합병원을 세우면서 이름을 세브란스병원으로 지었다. 에비슨은 한국에 와서 의료사역과 교육을 담당하면서 협동정신을 주창하였는데, 의료진 양성사업에서 결정적인 역할을 한 것은 '한국의료선교사협회'였다. 그동안 각 선교부는 자기 교파의 기반수립과 확장에만 주력해 왔으나, 교세가 점점 확장되면서 일종의 협의기구를 구성하여 공통된 사업에서는 서로 협조하지 않으면 안 되게 되었다. 특히 의료와 교육 사업에서는 더욱 그러하였다. 세브란스병원과 의학교를 북장로회 단독으로 운영하고 있던 1905년과 1906년에 선교공의회에서 연합운영의 필요성이 논의되었으나 성사되지 못하였다가, 1907년 한국의료선교사협회가 창립되면서 세브란스의 연합운영이 본격적으로 논의되었다. 창립총회에서 협회는 중국의료선교사협회의 지회로서 조직 위상을 설정하였고 다음과 같은 목적을 서술하였다.[151]

---

149) Huntley, 「한국 개신교 초기의 선교와 교회 성장」, 206.

150) 오하이오 출신의 스탠다드 석유회사 지배인으로 1900년 봄에 뉴욕 카네기 홀에서 열린 선교 에큐메니칼 회의(Ecumenical Conference on Foreign Mission)에서 에비슨의 강의를 듣고나서 헌금을 결심하고 10,000달러를 희사하였다. 「Avison of Korea」, 112 ; 「마서 헌트리」, 207-208.

151) E. W. Anderson, "Early Days of Korea Medical Missionary Association," *KMF*, (May 1939): 95-96.

① 의료기술을 통하여 한국 사람들에게 복음을 전파하는 것
② 일반적으로 의학을 연구하고 발전시키는 것
③ 한국어로 된 의학책을 준비할 뿐 아니라 교육 활동을 통해 한국인들에게 의학 지식을 전해 주는 것
④ 한국에서 의사로 일하는 사람들 사이에 상호협력 정신을 증진하는 것

한국의료선교사협회의 정회원으로는 폴웰, 허스트, 리드, 커틀러, 언스버거, 테이트, 맥밀런, 스크랜튼 등이 선출되었다. 초대 임원으로 회장은 에비슨, 부회장은 웰스, 서기 및 회계는 와이어가 맡았다.[152] 한국의료선교사협회의 주 사업은 세브란스 의학교를 연합으로 운영하는 것과 아울러 공중보건사업의 하나로서 아편퇴치운동을 벌이는 것이었다. 선교사들은 지역을 맡아서 아편 사용의 실태를 조사하였고 별도의 위원회를 조직하여 아편 사용의 현황과 퇴치방법에 관해 연구하였다. '경술국치' 후에는 조선총독에게 진정서를 내어서 교통 검문을 함으로써 아편을 통제 하도록 촉구하였다.[153]

에비슨은 1908년에는 7명에게 의학을 가르쳤고 이들은 각종

---

152) 이 해 일본, 한국, 중국을 방문하다가 우연히 한국에 들른 러들로 의사가 명예회원으로 참여하여 「외과학의 발전에 관해」라는 논문을 발표하였다. 그는 1912년에 정회원으로 되었다. 협회의 지부는 북동, 북서, 중앙, 남동, 남서 등 5개로 나뉘었고, 전국 모임은 연 1회 가을에 개최하면서 지부는 독립적으로 모임을 갖기로 하였다. 중앙회는 매월 둘째 목요일에 세브란스에서 개최하기로 하였다.

153) 이만열, 「한국기독교의료사」, 190–192.

시험에 합격하였다. 의학 훈련이 시작 된지 15년 만에 졸업을 하게 된 것이다.[154] 졸업식 전날 밤에 에비슨은 졸업생과 한자리를 마련하면서, 이들에게 장차 세울 의과대학에서 봉사할 것을 말했는데 졸업생 7명 모두가 도울 것을 선서하였다. 이 때 에비슨은 다음과 같이 감격하며 말했다.

> 나는 단순히 의사만을 졸업시키는 줄로만 알았는데 자국인을 위해 헌신할 줄 아는 기독교인 의사를 졸업시키게 되어 매우 기쁘다.[155]

우유 사업에도 에비슨이 관여하였다. 에비슨이 한국에 처음 도착하여 놀란 것은 산모가 죽거나 젖을 떼어야 할 경우에 먹일 우유나 그 대용품이 전혀 없다는 것이었다. 그 당시 소가 많이 있었지만 다 농사일에 쓰이고 있었으며, 한국 사람은 소젖은 송아지에게만 먹여야 한다고 생각하고 있었다. 에비슨이 한국에서는 우유를 전혀 안 쓰느냐고 한국인에게 물었더니, 우유는 궁중에서만 사용되고 궁중에서 쓰기 위하여 평민들은 못쓰게 되어 있다고 대답하였다. 우유 수요가 늘어서 목장이 필요하게 된 것은 그 후 오래 지나서였고 목장 우유가 나오게 되자 우유를 소독하여야 했다. 당시에는 환자를 위하여 우유를 대신할만한 대용품으로 콩우유가 만들어졌다.[156]

---

154) 7명의 의대 졸업식에는 1,000명의 축하객이 왔다. 「Avison of Korea」, 129.

155) 「Avison of Korea」, 127. 「마서 헌트리」, 212-213.

156) Clark, A. D. 「에비슨 전기」, 296-297.

제중원이 정부기관에서 선교기관으로 바뀌게 되면서 병원 내에서 복음 전도를 공개적으로 할 수 있게 되었다. 아침 예배와 주중 기도회, 주일 정기 예배를 드렸는데 이는 병원내의 입원환자들 사이에서 진행되었고 나중에는 저녁 예배도 드리게 되었다. 선교사들은 입원환자들을 방문 전도하여[157] 입원환자의 대부분이 그리스도에 대한 신앙을 공개적으로 고백하게 되었다. 또한 그들은 외래환자들과 처방을 기다리는 환자들에게 전도를 하였고 관심을 갖는 자에게는 목사로 하여금 자세히 설명도록 하였다. 1900년에는 매일 30분간의 성경공부 모임도 가졌고, 성경과 기독교 소책자 그리고 성경구절이 들어간 그림 등도 배부하였다. 에비슨은 치료 중에도 늘 복음을 전파하였으며, 특히 수술을 통하여 크게 복음 전파를 할 수 있었고 언더우드 선교사와 동역하였다.[158] 한번은 그들이 부산 전킨 기념병원에서 집회 시에 매일 밤 예배를 드렸는데 한날은 150명이나 참석하였고 그들 중에 신앙 간증하는 사람도 있었다.[159] 제중원의 병원전도의 원칙은 다음과 같았다.[160]

---

157) S. F. Moore 선교사와 그의 조수 및 Dr. Field, Shields 간호사 및 교인들이 방문 전도하였다.

158) 미국북장로교보고서(N. P. Report for 1896), 158.

159) Clark, A. D. 「에비슨 전기」, 103.

160) Ibid., 103-104.

① 복음을 모든 환자에게 전한다.
② 가능한 한 많은 사람들에게 예수 그리스도의 말씀에 승복하게 하며
③ 이러한 개종자로 하여금 교회를 조직하게 하고
④ 개종자로 하여금 비신자들에게 예수를 증거 하도록 인도한다.

또한 에비슨은 1913년부터 세브란스의전 교장으로 봉직하였고, 1916년부터는 연희전문 교장까지 18년간을 겸직하였다. 그는 총 42년간을 한국을 위해 사역하였으며, 그의 아들인 고돈은 1915년에 내한하여 24년간 농촌선교에 헌신을 하였고, 또한 한국에서 태어난 넷째 아들인 더글러스는 의사선교사[161]로 다시 한국에 와서 27년간을 봉사하여 선교의 대를 이었다.

🎋 Dr. 휴 브라운 HUGH M. BROWN, 1867-1896

닥터 브라운은 캐나다에서 태어나 미국 앤 어버의 미시건 대학교를 졸업하고, 1891년 말 겨울에 부산에 내한하여 미국 북장로교 의료선교의 장을 열었다. 마펫 선교사와 평북 압록강 하류 의주까지 선교여행도 하였다. 그는 1892년에 진료소를 열어 870명의 환자를 돌보았고 84건의 수술을 하였다. 부산에는 이미 윌리엄 베어드 선교사가 1891년 2월부터 선교의 터전을 마련하였기 때문에 이를 배경으로 의료선교를 하였다. 그가 환자를 돌보다가 1년 만에 결핵에 걸려 앓아누웠는데, 의사였던

---

161) 1923년 세브란스 병원에 정식으로 독립 설치된 소아과에서 의사로 사역하였다.

아내 패니^{Fannie Hurd}가 진료를 맡아 사역을 하였다. 결국 닥터 브라운의 병이 악화되어 1895년 귀국하였으나 회복 되지 못하고 소천하고 말았다.[162]

✎ Dr. 챨스 어빈 CHARLES H. IRVIN, 1862-1933

닥터 어빈은 1893년 11월 브라운의 후임으로 부산에 내한하여 18년 동안 의료선교사로 일하였다. 그는 '메리 콜린스 휘팅 시약소'에서 책임자로 내과 및 외과 시술을 하였는데 항상 진료 전에 예배를 드렸고 약 처방전, 약 포장지, 의료관계 상자 등에 성경말씀을 인쇄하여 나누어 주었다. 부임 초기인 1894년경부터 한국인 전도사 유초시를 통해 대기실에서 환자들에게 전도 활동을 하였다. 그는 1895년도에 "200명의 수술 환자가 수용능력의 부족으로 되돌아갔다."고 보고하였다.[163] 그는 8년 동안 매년 6,300여명의 진료와 670여회의 왕진, 그리고 410여회의 성공적 수술을 시행하였다. 1895년에는 환자의 1/7만이 유료 환자였으나 4년 후에는 병원 운영비의 2/3가 자체 수입으로 이루어졌다.[164]

한번은 초대 교인인 장 선생이 서양 예수 교리를 전도한다는

---

162) 미북장로교보고서(N. P. Report for 1896), 158.

163) Ibid., 166.

164) 미국북장로교보고서(N. P. Report for 1892-1901)

이유로 선비들의 사주를 받은 포졸들에 의해 옷이 벗겨지고 뼈가 나올 정도로 처참하게 맞은 후 살얼음이 낀 도랑에 버려진 일이 있었는데, 어빈이 그를 극진히 치료하여 살려냈다.[165] 후에 어빈은 나환자 사역 준비 위원으로도 일하였고, 더블린에 있는 '인도 동아시아 나병선교회'의 도움으로 부산에 나환자 수용소를 설립하기도 하였다.[166]

✿ Dr. 제임스 웰스 JAMES H. WELLS, 1866-1938

닥터 웰스는 미국에서 의사가 된 후 1895년 초여름에 내한하여 평양에서 20년간 사역하였다. 마펫 선교사, 그래함 리 선교사와 함께 평안도 지역에서 약 2,000km에 이르는 거리를 도보로 여행하면서 700명 이상의 환자를 돌보았다. 특히 콜레라 환자들은 남녀귀천을 따지지 않고 길가에 버려진 환자까지도 치료해 주었는데 이들의 90%가 회복되었다.[167] 닥터 웰스는 1896년에 평양진료소를 개설하고 다음해부터 진료를 시작하여 1년간 12,000여명을 치료하였는데 이중 입원환자는 583명이었다. 이때 헌트 선교사와 마펫 선교사, 그리고 한국인 조수와 신자들이 환자들을 방문하여 전도하였다. 1897년에는 닥터

---

165) 말콤 펜윅, 「한국에 뿌려진 복음의 씨앗」, 이길상 역 (서울: 예영커뮤니케이션, 1994), 95~96.
166) 이상규, "한국에서의 의료선교사역에 관한 고찰"「고신대 논문집」제20편 (1993): 342.
167) 미국북장로교보고서(N. P. Report for 1896), 165.

엘리스 피쉬가, 1900년에는 1년간 닥터 셔록스가, 1903년에는 닥터 해리 화이팅이 진료에 합류하였다. 평양진료소의 초기 4년 동안에는 연평균 9천명을 진료하다가 1900년 이후에는 만명 이상으로 늘었으며, 1903년까지 8년간 총 8만명을 진료하였다. 입원환자는 1900년도에 200여명이었고 1897년부터 1년간 17건의 백내장수술을 포함한 수십 회의 안과 질환을 수술하여 많은 사람들의 시력을 회복시켜 주었다.[168]

웰스는 평양진료소에 재정을 지원하는 운산 등의 광산지역에서도 진료를 하였다. 1898년부터 한국인 조수들에게 의학을 훈련시켰는데 1901년에는 8명의 의학생 교육에 주력하였다. 평양진료소에서는 여러 선교사들이 적극적인 의료전도 활동을 벌려 1896년부터 3년간 7만여명에게 복음을 전파하였다. 1915년 웰스는 호열자 박사라는 별명이 붙을 정도로 유명하였고[169], 감리교의 기홀병원과 장로교의 기독병원이 통합된 연합기독병원에 소속되어 마지막 사역을 하다가 귀국하였다.[170]

Dr. 우드릿지 존슨 WOODRIDGE O. JOHNSON, 1877-1949

닥터 존슨은 1897년 대구에서 '제중원'이라는 이름으로 대구제일교회 구내 초가집에 간이진료소를 열어 진료하다가

---

168) 미국북장로교보고서(N. P. Report for 1899), 171.

169) *The Korean Repository*, (Oct. 1895) 359.

170) J. H. Wells, "Medical Impression," *The Korean Repository*, (June 1896) 238.

1899년 7월에 의약품과 의료기가 오자 동산동에 공식적으로 진료소[171]를 열었다. 한번은 온씨라는 사람이 소화불량으로 고생하고 있는 것을 본 인정 많은 이웃사람이 음식물을 밀어내리기 위해 갈대 끝에 천 조각을 묶어서 그의 목구멍 안으로 밀어넣었다. 그러나 그 갈대가 부러져 위장에 남게 되었고 5일 동안 고통을 겪은 후 내원하였다. 존슨은 마취하고 배를 열어 이물질을 끄집어내어 완치시켜 주었는데, 온씨는 퇴원하는 날 사발에 담긴 밥을 다 먹고는 걸어서 집에 가고 싶다고 말했다. 존슨의 선교초기 시절에는 도시 정문에 이런 벽보가 붙어 있었다.

'외국인 의사가 자전거를 타고 지나가면 모든 사람은 길을 비켜 줄 것'
– 도지사 백.[172]

동산병원의 일이 좋은 반응을 얻자, 존슨은 더 많은 기도로 시간을 보내면서 좋은 의사와 전도자가 될 수 있도록 해 달라고 기도하였다. 토요일이 되면 조사와 브루엔 선교사와 함께 조랑말에 약품과 전도지를 가득 싣고 낙동강 주변에 흩어져 있는 마을을 순회하면서 진료를 하였다. 이들이 가는 곳마다 마을 사람들은 선교사가 오기를 간절히 기다리고 있었으며, 선교사들은 모여든 많은 환자들을 친절하게 진료하였는데 진료 전이나 후에는 꼭 예수님을 믿으라고 권하기도 하였다. 어떤 때

171) 대구 제중원은 차후 대구 동산기독교병원이 되었다.
172) 아더 브라운, 「한중일선교사」, 108-109.

는 거의 사경을 헤매는 환자가 왔는데, 이럴 때는 더 많이 기도하였다. 만일 진료를 잘못하여 사망한다면 선교의 길이 막힐수 있기 때문이었다. 그래서 선교팀은 기도에 대한 많은 부담도 있었지만, 진료를 받고 기쁨으로 돌아가는 환자들의 뒷모습을 보면서 더 많은 하나님의 희망이 함께하고 있음을 느꼈다.

자전거가 처음으로 나온 지 얼마 안 된 때 선교사들은 자전거를 타고 다니면서 순회 전도를 하였다. 존슨과 브루엔, 여기에조사까지 자전거를 타고 일 열로 시골 좁은 길을 달리면, 논밭에서 일하는 농부들이 이 신기한 광경을 일손을 멈추고 그 자전거가 보이지 않을 때까지 멍하니 바라보았다고 한다. 당시사람들은 두 안경알이 굴러가는 것 같다하여 자전거를 '안경말'이라고 부르기도 하였다.[173]

존슨은 동산 병원 개원 이후 1900년까지 초진 800명, 수술50명을 비롯한 1,750명을 진료하였고 1902년에는 2,000여명을 진료하였는데,[174] 1903년에는 건강이 악화되어 잠시 귀국하였다. 이 기간 동안 닥터 M. N. 눌[175]이 진료를 맡아서 3년간진료를 하였고 1903년에는 수술 36건을 비롯하여 1,500명을치료하였다. 존슨은 3년간 쉬고 건강을 회복하여 다시 복귀하

---

173) 김수진, 「한국초기 선교사들의 이야기」(서울: 한국장로교출판사, 2004), 102-103.
174) 이만열, 「한국기독교의료사」, 97-98.
175) Dr. Null은 대구, 서울, 청주에서 4년간 사역하고 귀국하였다.

여 의료사역을 계속하였다. 병원 일은 대구 최초의 교인인 서자명 조사가 도와서 활기찼다. 존슨은 13년간의 의료사역을 접고 복음전파 선교사로 전환하여 1910년부터 3년간 사역한 후, 1913년에 귀국하였다.[176]

🌿 Dr. 알프레드 셔록스 ALFRED M. SHARROCKS, ? -1919

닥터 셔록스는 미국 미조리 주 파크대학 재학 중 학생자발운동에 참여하면서 의료선교사가 되기로 결심하고 쿠퍼의과대학을 졸업하고 1899년에 가을에 내한하였다. 서울 제중원에서 1년, 평양에서 1년간 사역하고 1901년 11월 미국 북장로교에서 5번째로 평안북도 선천宣川 지부가 개설되면서 선천에서 사역하였다. 이곳에서는 미국 북장로교선교부가 세운 선천의 기독교학교인 신성학교[178]에서 생리학과 위생학을 가르치기도 했다.[179] 본인이 장티푸스에 걸려 아팠지만 4개월간 1,100명을 치료하였고 입원실이 없음에도 불구하고 60명의 환자를 입원치료했다. 이듬해에는 3,500명을 돌보았다. 1902년 콜레라가 유행할 때는 방역사업을 담당했고 1903년부터는 5명의 의료

---

176) 김승태 · 박혜진, 「내한선교사총람」, (서울: 한국기독교역사연구소, 1994), 322.

177) Sharrocks, "In Memoriam", *KMF*, (Mar. 1920) 62.

178) 1906년에 미국 북장로교에서 설립하였다. 초대교장은 Norman C. Whittemore였고, 1909년에는 죠지 맥큔(Jorge S. McCune)이 교장을 맡고 Dr. 샤록스는 1,2,3,4학년을 가르쳤다.

179) 신성학교동창회, 「신성학교사」(서울: 고려서적주식회사, 1980), 42-43.

조수를 양성하기 시작하였다.[180] 1904년에는 강계에서 교육선
교사로도 일하였다. 1905년에 입원실을 갖춘 선천 미동美東병원
In His Name Hospital을 건립하였다. 선천군지에는 당시의 미동병원
에 대해 다음과 같이 기록되어있다.

> 미동병원은 그 시설과 규모가 오늘날의 종합병원규모였고 특히 의료
> 원 양성소를 설립하여 많은 의사를 배출하였으며, 당시 한의에만 의
> 존했던 시대에 발달된 현대의학의 선진의술과 의료시설은 이웃 군郡
> 에까지도 혁신적인 의료사업이었다.[181]

그는 의대 교과서를 번역하였고 세브란스 의학전문학교의
교수와 이사를 역임하기도 했다. 셔록스는 특히 의료선교의 본
질을 논하면서 의료사역을 선한 일 정도가 아니라 하나님의 명
령으로 보고 순수하게 치료를 목표로 하여 그리스도의 사랑을
실천하는 것이라고 역설하였다. 선천 미동병원에서만 18년간
사역하였으며, 항상 친절하게 한국인을 대해서 호감을 샀고 그
의 삶을 통해서 특히 젊은이들에게 진실, 정직, 그리고 검소한
삶을 가르쳤다. 1919년 건강이 악화되어 귀국하자마자 안타깝
게 바로 소천하였다.[182] 그러나 셔록스의 딸인 간호사 엘라가
닥터 에비슨의 아들인 고돈과 결혼한 후 1926년에 미국 북장

---

180) 미국북장로교보고서(N. P. Report for 1903), 232.
181) 선천군지편집위원회, 「선천군지宣川郡誌」(선천군지편집위원회, 1977), 217.
182) A. M. Sharrocks, "Medical Works—Its Aim", *KMF*, (July 1916) 175.

로교 의료선교사로 내한하여 안동, 대구, 서울에서 사역하였고
세브란스 의전 간호학과 교수와 병원 간호과장을 역임하는 등
26년간 선교사역을 하면서 선교의 대를 이었다.[183]

🐦 Dr. 해리 화이팅 HARRY C. WHITING, 1865-1945

닥터 화이팅은 미국에서 태어나 신학과 의학을 전공하고
1903년 가을에 부인 엘리자벳[184]과 함께 내한하여, 의료선교
사로서 평양선교부의 평양장로교병원에서 1906년까지 근무
하였다. 1905년부터는 황해도 재령을 왕래하며 선교부 개설에
참여하였는데, 3년간의 평양사역을 마치고 1906년에는 초대
재령선교사로 임명되어 사역하였다. 1908년에는 선천을 비롯
한 주위 지방을 순회 진료하면서 3,000여명을 진료하였고
1910년에는 조도까지 순회 진료를 하였다. 그는 미국 뉴욕 메
디슨 에버뉴 장로교회의 지원금 3천달러로 1908년에 새 병원
을 개원하였다. 1919년까지 눈부신 의술로 명성을 떨쳤고 특
히 평양병원에서 사역할 때 길선주 목사의 눈 수술을 하여 치
료한 바 있다. 그의 부인은 재령에서 부녀자들을 위한 교육 계
몽활동에 힘썼다. 화이팅은 17년간 사역하고 1921년에 미국으
로 귀국하였다.[185]

---

183) 김승태 · 박혜진, 「내한선교사총람」, 462.

184) Elizabeth Fuller(1869-1918)

185) 이찬영 편저, 「황해도 교회사」(황해도교회사발간위원회, 1995), 189-190.

❧Dr. 더글라스 애비슨 DOUGLAS B. AVISON, 1893-1954

닥터 더글라스는 부산에서 에비슨의 넷째 아들로 태어나서, 캐나다 토론토 의과대학을 졸업하고 1920년에 다시 내한하였다. 초기 3년간은 선천지방에서 선교사역을 하다가, 세브란스 의학전문학교에서 소아과 교수, 부학장 및 병원장으로 1947년까지 헌신하였다. 세브란스 의과대학 제자들이 1953년에 양화진에 세운 비문에는 다음과 같이 새겨져 있다.

> 더글러스 B. 에비슨 선생은 우리나라에서 나시고 일하셨다. 20년 동안 세브란스의대에서 몸 바쳐 일하심으로 사람과 하나님을 섬기셨다. 알고 행할 수 있도록 후학을 가르치시고 사랑과 정성으로 환자를 대하셨다. 높은 덕과 넓은 은혜를 마음에 새긴다.[186]

2006년 연세의료원 신문에는 '3대에 걸친 세브란스 사랑'이라는 제목으로 다음과 같은 글이 실렸다.

> 세브란스 제중원의 초대교장을 지낸 올리버 에비슨 박사의 손녀 앤 에비슨 블랙여사가 최근 세브란스 새 병원 건축기금으로 미화 1,000달러를 보내왔다. 앤 블랙여사는 지난 5월 언니인 조이스 에비슨 블랙여사와 함께 세브란스 새 병원 봉헌식에 참석차 한국에 왔었다. 당시 조이스 여사도 병원 발전기금으로 1,000달러를 기부한 바 있으며, 앤 블랙여사의 경우에는 지난 2003년 12월에도 미국 방문길에 있던 김병수 전 연세대 총장을 통해 100달러를 기부한 바 있다. 올리버 에비슨 박사에 이어 아들 더글라스 에비슨도 세브란스병원 소아과의사

---

186) 신호철, 『양화진』 (서울: 대한예수교장로회 서울서노회, 2004), 209.

로서 의료선교를 하여 3대에 걸쳐서 세브란스를 사랑하고 있다.[187]

R. N. 에스더 쉴즈 ESTER LUCAS SHIELDS, 1869-1941

쉴즈 선교사는 미국 테일러빌에서 출생하여 1891년 필라델피아 간호사 양성학교를 마치고 1년간 훈련과정을 거친 후[188] 1897년에 간호사 선교사로 내한하여 제중원에 부임하였다. 1902년에는 선천 여선교부에서 여성 계몽운동을 위한 순회전도를 하기도 하였으며,[189] 1906년에 세브란스의대 간호학교 교장으로 사역하면서 1933년까지 188명의 간호사를 배출하였다. 쉴즈 선교사는 40여년의 선교사역을 마치고 1938년에 귀국하였다.

미국 북장로회 선교부 의료위원회는 1906년 북감리회 선교부와 공동으로 간호사 교육을 실시할 것을 건의하였는데, 이 일을 위해 쉴즈를 대표로 임명하였다. 그녀의 책임 하에 닥터 에비슨 및 닥터 허스트의 협력을 얻어 남대문의 세브란스병원 내에 6년 과정의 간호사 양성학교를 설립하여 2명의 학생을 받았다. 당시 여성들은 조혼의 풍습에다 직업여성에 대한 멸시 풍조가 있어 지원 학생 수는 적었다. 세브란스 간호사 양성학교는 보구녀관의 간호사 양성학교와 강의 및 실습을 교환하였

---

187) Yonsei Medical Center News, No.538. 2006년 1월 23일자

188) 미국북장로교보고서(N.P. Report for 1896), 165 ; "Esther Lucas Shields 1868-1940", *KMF*, (April 1941):19.

189) 김승태 · 박혜진, 「내한선교사총람」, 465.

다. 입학자격은 "지원자는 글을 읽고 쓰며 시계를 볼 줄 알아야 한다."가 있으며 또한 기독교인이어야 하고 복종심이 있으며 교육규칙을 지키고 2개월 이상의 예비기간을 거친 자라야 했다. 정규과정은 6년이었으나[190] 3년간의 단축과정도 있었다. 1908년 세브란스 간호사 양성학교에 다니고 있던 7명이 '가관식 시험'을 치렀는데 시험에 합격한 5명이 1908년 처음으로 간호사 모자를 쓰고 수술실에서 일하게 되었다. 1910년 첫 졸업생 김배세 간호사[191]가 배출되는 경사를 맞았다. 전통적으로 내외풍습이 심하던 한국에서, 1907년 '한국군 해산' 때에 당시 50여 명의 부상한 군인들이 세브란스에서 치료를 받았는데 처음으로 여성 간호사들이 남자 군인들을 간호하였다.[192]

⚕ Dr. 제세 허스트 JESSE WATSON HIRST, 1864-1952

1904년 가을, 40개의 병상으로 한국 최초의 현대식 종합병원 세브란스병원이 문을 열면서, 세브란스병원의 건립금을 낸 세브란스의 가정주치의인 닥터 허스트는 에비슨에 이어 두 번째 전담의사로 내한하였다. 허스트는 1890년에 프린스턴 대학

---

190) 보구녀관 간호사 양성학교와 마찬가지로 세브란스 간호사 양성학교의 과정을 6년으로 한 것은 당시 학생들이 학령기를 넘긴 경우가 많아 간호학을 익히는 데 시간이 걸릴 뿐 아니라 또 기독교적 정신을 양성하는데도 시간이 소요되었기 때문인 것으로 생각된다.

191) 그는 한국 최초의 여의사 박 에스더 의사의 여동생이었다.

192) O. R. Avison, "A Tribute to Dr. J. W. Hirst", *KMF*, (April 1934): 76. 군인들은 군대해산에 대해 항의한 구식군대의 군인들이었던 것으로 추측된다.

을 졸업하고 1893년에 필라델피아 제퍼슨 의과대학 졸업, 1899년 존스 홉킨스 대학 병원에서 수련을 마쳤다.[193] 그리고 1900년에 제퍼슨 대학에서 조직학, 산부인과 진단학을 4년간 강의하고 1904년 가을에 북장로교 의료선교사로 내한하여 에비슨과 세브란스병원을 전담하면서 동시에 남대문교회에서 교인을 지도하였다.[194]

삼일운동 당시의 유명한 일화가 있다. 세브란스 의전 학생들이 학교에서 독립선언서를 만들었는데, 그 사실이 일본 경찰에 누설되었다. 수백 명의 경찰이 학교를 포위하며 들이 닥치자 학생들은 급히 등사기와 독립선언서를 감추었다. 경찰이 건물 안으로 들어오려는 그 긴박한 순간 닥터 허스트가 나섰다. 그는, "이곳은 교육기관이오. 그리고 우리 학교에는 그런 인쇄를 하는 학생이 없소."라고 하면서 두 팔을 벌려 경찰을 막았다. 그래서 일본 경찰들은 할 수 없이 물러나고 학생들은 무사할 수 있었다고 한다.[195]

❧ Dr. 월터 퍼비안스 WALTER C. PURVIANCE 1875-1952

닥터 퍼비안스는 1908년 부인과 함께 내한하여 선천 미동병

---

193) 김승태·박혜진,「내한선교사총람」, 299.

194) 이만열,「한국기독교의료사」, 178.

195) 최제창,「한미의학사」(서울: 영림카디널, 1996), 39.

원에서 닥터 셔록스의 휴가 기간인 6개월동안 의료선교를 한 후, 충청북도 청주 병원에서 의료사역과 아울러 지방 순회 진료를 하였다. 1907년에 닥터 널이 3개월 동안 수천 명을 진료하다가 건강이 나빠졌기 때문에 퍼비안스가 대신 왔다. 그는 F.S. 밀러목사의 하인 집을 개조하여 진료소를 만들고 진료하였는데, 1909-1910년도에 가난한 집안의 한 어린이가 광견병에 걸리자 진료소의 예산의 1/6을 투자해서 비싼 백신 치료를 하고, 그는 이것을 '한국 의료선교에서의 자조自助한 문제의 한 작은 실상'으로 소개하고 있다.196)

1910년에는 뉴욕의 J. P. 던컨여사의 도움으로 우물과 수도 시설을 갖춘 20병상의 던컨병원을 지었고, 이곳에서 매년 2,300명을 진료하였다. 1912년 그의 보고에 의하면 민간시술자가 4인치나 되는 침을 배 안에 꽂아 놓아서 손발에 통증을 일으키는 한 부인의 몸에서 침을 제거하는 수술을 하기도 하였다. 1912년 청주 던컨병원의 주요 치료질병은 다음과 같다. 수술은 백내장수술, 복강수술, 안구적출수술, 언청이수술, 정형수술, 수종천자水腫穿刺수술, 결절선 제거수술, 유양돌기 종양 절단수술, 뼈수술, 다리절단수술 등이었고 약물로 치료한 병은 장티푸스, 폐렴, 위장병 등이었다.197) 그리고 1913년에는 86명

---

196) 미국북장로교보고서(N. P. Report for 1911), 288.

이 입원하였으며, 5,914명의 진료와 116건의 수술과 2,029의 왕진을 했다.[198) 그는 한국에서 약 5년간의 사역을 하고 1913년에 귀국하였다.[199)

🌿 Dr. 랄프 밀스 RALPH GARFIELD MILLS, 1884-1944

닥터 밀스는 1908년에 내한하여 평안북도 강계에서 진료사역을 하였다. 강계는 1880년대부터 기독교를 접하였기 때문에, 1904년에는 이미 150명의 신자가 모이는 교회가 있었다.[200) 선교지부는 1908년에 개설되었으나 의료사업은 1909년 봄에 밀스가 부임하면서 시작되었는데, 진료소는 나무 창고를 개조해서 만들었다. 첫해 여름 동안 300명을 치료했다. 첫 수술은 한 일꾼의 목 수술로 블레어[H. E. Blair] 목사와 로즈[H. A. Rhodes] 목사의 도움을 받아 일꾼의 작업 탁자를 수술대로 사용하여 수술했다. 1910년 뉴욕의 J. S. 케네디부부의 헌금으로 동문 밖에 병원과 숙소를 갖춘 계례지병원[係禮智病院 Kennedy Hospital]을 1911년 2월에 개

---

197) Purviance, "Chung Ju Hospital", *KMF*, (February 1913): 39.

198) 이만열, 「한국기독교의료사」, 203.

199) 김승태·박혜진, 「내한선교사총람」, 424.

200) 존 로스(John Ross) 목사의 권서인 이성하 등의 노력으로 기독교에 접하게 되었다. 1900년에 권서인 김관근에게 전도 받은 이학면 소년은 17세 되던 1902년에 선천의 휘트모어(N. C. Whittemore)목사로부터 세례를 받고 집사가 되었다. 로스(C. Ross) 목사가 1903년과 1904년에 그를 교육시켰고, 1904년 로스 목사가 강계를 방문했을 때는 150명의 신자가 모이고 있었다. 미국북장로교보고서(N. P. Report for 1909), 311.

원하였다. 그리고 그는 1911년부터 7년간 서울 세브란스 의학 전문학교에 임상병리학을 가르쳤다.[201]

밀스는 1918년 한국을 떠나기까지 한의학에 대한 연구와 기생 충 연구, 그리고 일본어로 쓰인 의학 논문을 영어로 요약하여 출 판하는 일에 주력하였다. 그는 한의학에 관심을 가지고 한약에 대해 연구하였으며, 한의학서를 영어로 번역하였고 또 약용식물 과 약을 수천 종 수집하여 북경협화의대에 기증하기도 하였다.[202]

Dr. 아취발드 플레쳐 ARCHIBALD G. FLETCHER, 1881-?

닥터 플레쳐는 영국에서 출생하였고, 1909년에 내한하여 처 음에는 원주에서 의료사역을 시작하였다. 안동선교부에 있다 가 1910년에 대구 동산기독병원장을 맡아 32년간 사역하였 다. 1914년에 병원을 신축하는 등 그가 제직하고 있는 동안 3 차에 걸쳐 현대식 의료시설을 갖추었다. 1918년에는 대구 YMCA를 창단하는데 관여하였고 1921년에는 병원 전도회를 조직하여 산간벽지를 순회하며 의료시술과 아울러 복음전도 를 하였다.[203]

---

201) 이만열, 「한국기독교의료사」, 344-345.

202) A. I. Ludlow, "The Research Department of Severence Union Medical College, Seoul", *KMF*, (May 1930): 95.

203) 김승태·박혜진, 「내한선교사총람」, 252.

닥터 플레쳐가 시골에 진료를 나가다 보면 길거리에는 수도 없이 쓰러져 누워 있는 환자들이 있었고, 다리 밑에 움막을 치고 생을 연명하는 병든 사람들을 보고 놀라기도 했다. 그런데 그들이 사람만 보면 도망하는 일을 보고 이상하게 여겨 알고 보니, 그들은 가정에서 쫓겨난 나병환자들이었다. 이러한 이야기를 들은 닥터 플레쳐는 미국에 모금활동을 벌려 1913년 대구 교외에 부지를 마련하고 나병환자들이 모여 살 수 있는 이들만의 터전을 만들어 주었고 1916년에 나병 전문 병원인 애락원을 세웠다.[204]

Dr. 로이 스미스 ROY KENNETH SMITH, 1885-1957

닥터 스미스는 1911년 부인 로라 Laura McLane 와 함께 의료선교사로 내한하여 서울 세브란스병원에서 사역을 하다가 1920년에 대구로 이전하였다. 안동지방까지 순회 진료를 하였는데 1922년에 황해도 재령선교부에서 사역하고, 12년간 의료선교를 하면서 환자 진료와 복음 전도에 힘썼다.[205]

Dr. 존 비거 JOHN DINSMORE BIGGER, 1881-1959

닥터 비거는 1911년에 내한하여 평안북도 강계의 계리지병원 원장으로 사역하였다. 그는 30년 동안 능률적인 의료선교

---

204) 김수진, 「한국초기 선교사들의 이야기」(서울: 한국장로교출판사, 2004), 104.
205) 이찬영, 「황해도 교회사」, 192.

와 한국인 의료종사자 양성에 진력하였다. 1910년 가을 계례지 병원의 의료선교는 본격적으로 시작되었는데, 1911년 가을에 닥터 밀스가 세브란스로 자리를 옮기자 부산에 있던 닥터 비거가 강계로 와서 평양연합 병원으로 옮겨가기까지 10년간 책임을 맡았다. 1915년에는 한국인 의사 김효정을 채용하여 굴래 책방에 새 진료소를 개설하였다. 계리지병원은 1917년에 비거 부인 외에도 정식으로 첫 간호사 선교사가 부임되어 오면서부터 6개의 병동이 완전 가동되었다.[206]

계리지 병원에는 1917년에 첫 외국인 간호사 레러[J. M. Rehrer]가 임명되었고 1920년에는 후임으로 간호사 밀러[L. Miller]가 간호업무를 보았다. 1921년 이후에는 밀스 부인, 헬스트롬 간호사가 간호업무를 수행하였다. 1912년의 계례지병원의 직원 수는 닥터 비거와 부인 블런트 간호사, 한국인 직원으로 조수 1명, 의술학생 1명, 전도부인 및 전도사 1명이 있었으며, 1919년에는 외국인 의사 1명, 외국인 간호사 1명, 한국인 의사 1명, 여러 명의 학생간호사 등이 근무하고 있었다. 계례지병원에서의 한국인 의료진은 중요한 위치를 차지하고 있었다. 1912년에는 순회 진료 담당 한국인 조수가 있어서 얼마 동안 만주에 있는 한국인 치

---

206) 후임으로 메클나한(J. J. McClanahan) 의사가 임명되었으나 내한하지는 않았다. 1916년에는 호프만(C. F. Hoffman)이 강계에서 잠시 일하고 있었다. C. S. Hoffman, "The Hospital As an Evangelistic Agency," *KMF*, (Feburary 1916): 50.

료를 위해 순회여행을 다녀오기도 했다. 여학생 김봉순을 세브란스 간호학교에 보내어 교육을 받게 한 후 첫 한국인 간호사로 채용했으며 김의문 의사가 세브란스를 졸업하고 1920년에 돌아왔으나 같은 해 경찰병원으로 떠났다. 그 후에 병원에서는 자체 양성한 한국인 의사가 그 직무를 이어받았다. 계례지병원은 병원건물을 신축한 이후 진료인원이 지속적으로 증가하여 1918년에는 처음에 비해 6배 이상이나 되었다.[207]

닥터 비거는 만주지역에 순회 진료도 하였는데 1920년부터는 평양기독병원으로 부임하였다. 1923년에는 평양연합기독병원의 설립에 참여하였다. 통합 이전에는 병원 시설의 미비로 인한 감염의 위험과 좁은 공간 때문에 입원환자들이 병원 근처의 여관에서 묵으면서 매일 병원에 와서 치료를 받았다.[208] 통합 이후에도 일제의 격리병동 의무설치 규정 때문에 입원실을 다 이용하지 못하여 주로 외래환자 중심으로 운영하였다. 연합사업의 결과로 출발한 평양연합기독병원은 대규모 종합병원으로서 얻는 유익이 많았는데 무엇보다도 진료과를 전문화하는 것이 가능하였다. 3명의 한국인 의사를 고용하여

---

207) 1914년 봄에는 매일 40~50명의 환자를 진료하였다.

208) 미국감리교보고서(M. E. C Report for 1920), 187~188. 장로회·감리회 통합 이후 진료소, 병원, 간호학교 등 각 건물은 토지 시가 10,000엔, 건물 40,000엔, 시설 20,000엔으로 평가될 정도였으며 병상 수는 26개로 되었다.

진료를 같이하였고 1명의 훈련받은 병리실 요원과 약사, 조수 등도 같이 일하였다. 3개 병원이 연합된 직후의 직원은 60명이나 되었다.[209]

한국에서 활동하였던 의료선교사들은 1928년 이전부터 결핵환자를 부분적으로나마 치료하면서 치료법을 개발하고 있었는데, 닥터 비거는 결핵환자가 기거하는 방문의 밑에 구멍을 뚫어, 환자들이 목은 바깥으로 내어놓고 몸은 방안의 따뜻한 곳에 둔 채 누워 있게 함으로써 상당한 치료효과를 거두었다. 1924년부터 비거는 선교회나 병원과는 무관하게 개인적으로 한옥을 개조하여 5명을 입원시켜 치료하기 시작한 후 이 일을 계속했다.[210] 평양요양원은 실질적으로는 한국 최초의 결핵요양원이었다. 평양 요양원은 5개의 방과 X-선 촬영, 수술시설 등의 설비를 갖추고 있었고, 방과 약품을 제공하면서 매주일에 1번 진찰하였다. 또한 환자를 완전히 치료하는 것이 아니라 환자가 자신의 질병을 관리하는 법을 익히게 하고 병이 호전되면 퇴원시켰다. 따라서 가장 결핵치료가 잘 되는 환자들은 가정에서 영양가 있는 음식을 충분히 제공받을 수 있었던 대학생 등이었다.[211]

209) 이만열, 「한국기독교의료사」, 423

210) Lula Mclane Smith, "Tuberculosis Prevention in Pyeong", *KMF*, (October 1940): 156.

211) O. R. Avison, "Tuberculosis in Korea", *KMF*, (May 1930) 91; Lula Mclain Smith, "Tuberculosis Prevention in Pyeong", 155-156.

🌿 Dr. 알프레드 러들로 ALFRED IRVING LUDLOW, 1876-1961

닥터 러들로는 미국 웨스턴 리저브 의과대학을 졸업했고 전공과목은 외과였다. 그는 미국의 세브란스 가문의 가정의로 있으면서 개업하여 외과의로서의 명성을 얻었다. 러들로가 세브란스병원과 인연을 맺게 된 것은 세브란스를 수행하여 한국에 오면서부터 시작되었다. 1912년에 내한한 그는 1914년 병리학 교수인 닥터 밀즈와 생리학 교수인 닥터 반 버스커크와 함께 세브란스 연구부를 설치하여 교내 연구 활동을 장려했다. 그는 미국 의학 잡지에 많은 논문을 발표하였는데 그 중에서 '아메바성 간화농증'에 대한 논문은 세계적으로 알려졌다. 그는 아시아에서 최고의 외과의사로 인정받아 일본을 비롯하여 중국, 홍콩, 필리핀, 등지에 사역하는 선교사나 외국공관원들도 난치병이나 어려운 수술을 받게 될 때에는 그를 찾아 세브란스병원에 내원하였다. 또한 1917년 러시아 혁명시 동부 시베리아에서 러시아계 주민들과 공산 혁명당과의 격전이 있었을 때 국제 적십자사의 구조요청으로 한국 구호 팀을 구성하여 미국 공병대와 함께 옴스크로 가서 소련 육군병원과 적십자병원에서 수 개월간 봉사하기도 하였다.[212]

닥터 러들러의 제자 고명우高明宇는 그의 부친이 선교사들의

---

212) 최재창, 「한미의학사」, 100-101.

한글교사인 것을 계기로,[213] 1909년 세브란스 의학교에 입학
했다. 고명우는 인턴과정을 마치고 황해도 수안 광산에 있는
병원에서 일하며 마을 사람들의 존경을 받았다. 그는 그곳 주
민을 위해 남정교회를 지어 주일에는 예배당으로, 주중에는 소
학교로 사용했다. 광산 지역에서 6년간 근무한 고명우는 러들
로의 요청으로 세브란스의 교수가 되었다. 그는 항상 겸손했
고, 환자나 학교 직원들에게 성의를 다했다. 그는 첫인상이 공
손하고 겸손한 전형적인 한국 신사였다.[214]

러들로는 의료선교사의 참된 사역의 동기는 바로 사랑임을
강조하였다. 환자들에게 복음을 전하고 많은 치료를 하고 과학
적 연구를 깊이 한다고 할지라도 사랑이 없으면 아무것도 아니
라는 것이다.[215] 그래서 그는 의료선교는 기독교의 총체적 부
분으로서, 일본의 경우처럼 의학이 발달했다고 해서 의료선교
를 그만두어서는 안 된다고 주장하였다.[216] 그는 26년간 세브
란스병원에서 헌신하고 1938년 미국에 귀국하였다.

---

213) 자연히 고명우도 미국인 선교사와 접촉할 기회가 많았다. 그는 선교사에게서 영어뿐
아니라, 오르간 반주법, 산수·물리 등을 배웠다. 그가 교회에서 오르간을 연주하고 능숙하
게 영어회화를 하는 것을 보고 모두들 놀라워했다.

214) 최제창, 「한미의학사」, 97-98.

215) A. I. Ludlow, "Personal Report 1922-1923", KMF, (August 1923): 162-162.

216) A. I. Ludlow, The Crisis in Medical Missions, CMJKF, (1920), 419-421.

Dr. 새뮤얼 팁톤 SAMUEL POWELL TIPTON

닥터 팁톤은 1914년에 내한하여 충청북도 청주 선교부에 소속되어 청주 던컨병원의 제 2대 병원장으로 임명을 받았지만, 실제 사역은 일본 정부로부터 면허[217]를 얻은 후인 1916년 초부터 업무를 시작할 수 있었다.[218] 그는 그곳에서 유지로서 대우받았고, 청주 던컨병원으로 부임해 왔을 때 지역주민들의 환영은 대단하였다.[219] 1925년경 한국인들은 서양의사들이 돈을 벌기 위해서도 아니고 또 한국인을 죽이려는 의도를 갖고 있지 않으며 육체적인 질병을 치료하고 나아가 영원한 삶에 대한 새로운 희망을 주기 위해 한국에서 땀을 흘리고 있다는 사실을 알게 되어, 한국에서의 의료선교는 복음에 큰 영향을 주었다.

그는 1916년에 세브란스병원에서 열린 춘계 연례학술 대회에서 성병환자에게 전도하는 방법을 발표하였다.[220] 1917년도의 미동병원 진료 실적은 삼만 여건이나 되었다. 그러나 선교부의 재정지원이 원활치 못하여 선교사직을 사임하고, 1918년에 미국 적십자사의 요청으로 팁턴은 시베리아에서 1년간 일하

---

217) 이 법은 1919년 사이토 총독이 부임하면서 의사자격증이 있는 의사들은 한국 내에서는 무시험으로 의료사역증을 주는 것으로 변하였지만, 1930년대에는 다시 의사선교사에 대해 의사자격증을 허가제로 바꾸었다.

218) 이만열, 「한국기독교의료사」, 240.

219) S. P. Tipton, "Why I Am a Medical Missionary," *KMF*, (July 1916): 194.

220) 이만열, 「한국기독교의료사」, 351.

였다. 그는 1919년 가을부터 셔록스의 후임으로 평안도 선천 미동병원에서 부인인 간호사 베니Vannie Knorr와 함께 의료사역을 하였다. 1921년부터는 여자 닥터 피터스Mrs. A. A. Pieters가 선천지부에 근무하면서 미동병원의 병원업무를 6년간 도왔고 닥터 로스 여사Cyril Ross도 여의사들이나 병원장이 병원을 비울 때 여러 해 동안 병원을 맡았다. 당시 미동병원은 외국인 의사들 외에 평균 한국인 의사 2명, 간호사 8명, 조수 9명이 매년 근무하고 있었다. 또한 스티븐스, 코빙턴이 간호사로 일하였고, 한국인 간호사들도 간호업무를 수행하였다. 1920년에 설립된 간호사 양성학교는 계속 운영되었다.[221] 미동병원의 여타 시설은 아주 낙후되어 1921년 팁턴 의사는 수술실 조명을 위해 전기 램프를 선교회에 요청하기도 했다. 1922년에는 간호사 기숙사가, 1923년에는 격리병동이 완공되었다. 선천 미동병원을 찾아오는 환자들은 북청, 의주, 안주, 영변, 심지어 만주 등지에 거주하는 사람들이었다.[222] 그러나 팁턴은 5년간 미동병원에서 선교하는 중 건강악화로 1924년에 미국으로 돌아가게 되었다.[223]

Dr. W. 쉐프리 W. J. SCHEIFLEY, 1892-1958

닥터 쉐프리는 1913년에 미국 템플치과대학[224]을 졸업하고,

---

221) Ibid., 677.

222) Mrs. Cyril Ross, "Personal Work in Hospital", KMF, (May 1919): 91.

223) 이만열, 「한국기독교의료사」, 391.

1915년에 세브란스병원 선교사로 내한하였다. 그는 내외국인들과 선교사들의 구강건강을 담당하고, 세브란스연합의학교의 치과학 교실에서 수준 높은 임상 의사를 양성할 임무를 부여받았다.[225] 그는 미 북장로교의 5번째 의사로서, 그가 오고 나서부터 세브란스에 정식으로 치과가 개설되었다. 첫 해에 819명을 유료 치료했고 95명을 무료 치료하였다. 당시에는 세브란스에만 치과가 있었기 때문에 전국에서 환자들이 몰려왔다.[226]

닥터 쉐프리는 당시의 한국인들이 구강보건이 안 되는 원인을 빈곤과 치아나 구강조직의 인식부족, 치과에 대한 잘못된 인식에 두었다.[227] 그리하여 그는 한국인의 식생활을 파악하여 저작생리와 저작기능의 적합성을 고려하고 한국인의 치아 맹출에 대한 발육상태의 통계, 그리고 한국인 치궁의 기형의 원인을 생활환경과 치아와의 관계에서 조사하였다.[228] 그는 한국인의 공중구강보건의 해결을 과학적 치의학의 방법으로 시도하려고 했다. 그는 치과 의료인 양성계획도 세웠으나 일본의 식민지 의료정책에 의해 좌절되었다. 그러나 1914년부터 첫 인턴 제도를 실

---

224) 1907년에 필라델피아 치과의학교가 템플(Temple) 종합대학에 병합되었다.

225) 미국북장로교보고서(N. P. Report for 1918)

226) O. R. Avison, 「Personal report of O. R. Avison」, (1921–1922), 2.

227) 당시 일본 치과의사들이나 입치사들이 치과는 치아를 장식하는 금은세공의 제작소라는 인식을 심어주었다.

228) W. J. Scheifley, "Severance College Dental Department," KMF (Vol 12(2) 1916): 44.

시하였고 몇 명의 의학 학생들을 전문화된 교육과정을 통해 치과전문의사로 키우려 시도했다.[229] 또한 그는 의대생 4학년에게 치과병리, 치주질환의 중요성, 발치 등을 강의하였다.[230]

당시의 치과 진료내용을 살펴보면, 1915년 쉐프리 부임 당시에는 구강위생관리와 치과질환과 관련된 통증완화, 잇몸병 치료, 발치, 간단한 충전물을 해 넣는 정도였다. 그러나 1917년부터 구강외과수술과 크라운 등의 보철치료를 병행하였고, 1920년에는 쉐프리 자신이 몇 명의 선교사 아이들의 교정치료를 담당하였다. 한국인 진료비는 일반 병원에서 받는 만큼 받았는데, 환자수가 증가하면서 무료 환자 수는 급격히 떨어지게 되었다. 세브란스병원 치과 진료실은 미국대학 부속 진료소의 모형에 따라 설계되었다. 1917년에는 조수들의 임상 수련을 위해 특수치과진료실이 설계되어, 부속진료실이라고 불렀다.[231] 치과 방사선 사진작업을 했다는 기록은 1917년부터 나오고 있는데, 1919년 보고서에서는 방사선 촬영 사진결과로 자신의 잘못된 진단과 시술을 보고 충격을 받았다고 한다. 1918년에는 4세

---

229) 이탈리아나 공산국가는 의학—치의학 전문 의사 즉 medico—dental Specialist 제도로 의사가 치과학을 2-3년 더 수련 받게 하여 자격증을 준다.

230) 이주연, "조선시대 말과 일제 시기의 서양식 치과 의료의 도입에 관한고찰" (치의학과 석사논문, 연세대학교 대학원, 1998), 29.

231) W. J. Scheifley, "Severance College Dental Department," *Korean Mission Field.* (June 1917). 6.4.

트의 치과 치료용 의자와 장비가 확보되었다. 이에 비해 경성 치과의 학생임상실습은 1924년 4월부터 시작되었고, 총독부 의원 외래진료실의 일부를 사용하였는데 진료시설은 치과치료용 의자 2세트뿐이었다. 환자진료는 주로 보존과 발치이고 보철은 거의 하지 못했으며, 임상 전 단계 실습은 금관과 의치제작 정도였다.[232]

1917년 교직원명단을 보면 쉐프리는 치과학 교수로, 조수로는 C. H. Choi., M. B., C. S. Ryu.가 기록되어 있다.[233] 1918년부터는 일본인 치과의사 미시나三品敬吉가 조수로 고용되었다. 미시나는 미국 오하이오 웨슬리안에서 3년간 치과학을 공부한 후, 웨스턴 레져브치과에서 3년간 일했으며 세브란스에 의해서 교회에 간 기독교인이었다. 닥터 미시나는 주로 외국인을 대상으로 진단, 충전, 발치 등의 치과치료를 하였다.[234] 닥터 쉐프리는 건강의 악화로 1921년 치과부를 사임하고 미국으로 돌아갔고, 1926년경에 미국치과의사회의 자문위원을 맡아 그의 후임으로 일하던 부츠와 서울 세브란스 치과건물 신축 계획을 돕는 역할을 적극적으로 하였다.

232) 서울대학교치과대학, 「경성치과의학교」(서울: 서울대학교치과대학사, 1991), 7
233) "Severance Union Medical College, Clinical Staff", Catalogue, 1917
234) 이주연, 38.

✒ Dr. 존 부츠 JOHN L. BOOTS

닥터 부츠는 1918년 피츠버그 치과대학[235]을 졸업하고, 동교 치의학 임상강사로 2년간 근무하였다. 1921년 3월에 의료선교 사로 내한하여 그 해 11월부터 세브란스연합전문의학교 치과 학 교실을 닥터 맥앤리스와 함께 운영하였다. 그는 치과학 교 실의 과장직을 맡아 진료를 하면서 의대생에게 치과교육과 치 과조수를 수련시키고, 점차 의과대학의 일부분으로써 치과학 교를 발전시켜나갔으며 치과임상을 감독하면서 18년간 한국 에서 사역하였다.[236]

1914년도의 한국의 치과계와 한국인의 구강보건상태의 역학 조사에 따르면 일본인 아동들의 충치율은 96%이나, 조선인 아 동들의 충치율은 도시가 35%이고, 농촌 아동들은 10%에도 달 하지 않는 상황이었다.[237] 그러나 1919년경부터 한국에 설탕이 널리 보급되기 시작하고, 늘어난 서양식 식품의 섭취는 충치 유병률을 높였다.[238] 따라서 1920-1930년대에 들어서는 한국

235) 부츠가 수학할 당시 피츠버그치과대학은 학생 수와 교수진이 미국에서 가장 많은 학교였고, 치과의사자격시험의 합격률도 최고여서 미국치과교육회의로부터 A급 학교 로 지목된 바 있다.

236) J. L. Boots, "The Dental Situation," *The Korea Mission Field*, (1922): 140–142.

237) 垣見庸三, "경성치과의학교의 연혁개요," 「대한칫과의학사연구회지」, (1961) 43–46.

238) Boots, "Diet and Dental Conditions in the Korea," *Journal of Americal Dental Association*, (1935): 292–295.

인 충치환자가 급격히 증가하였다. 이와 함께 한국 사람에게 가장 많은 구강질환은 치주농루증이었는데, 이는 한국 고유의 짜고 매운 자극성 음식이 많이 섭취되는 반면 현대식 칫솔의 보급률도 낮고, 치석제거 등의 예방적 치과 치료는 경제적으로 여유가 있는 치과환자들에게만 시술될 수 있었기 때문이었다. 세브란스 치과 근무 당시 구취로 인해 소박맞은 여인이 스케일링 시술을 받은 후 부부금슬을 회복한 후 감사의 뜻으로 떡을 해왔던 일화가 있다.[239)]

또한 당시 치과내원 환자의 상당수가 중산층 이상이었다는 것[240)]을 염두에 둘 때 대다수 한국인들은 치주질환에 대한 적절한 치료도 받아보지 못한 채 치주농루에 이르러 이를 빼야하는 상황이었음을 알 수 있다. 따라서 당시 한국인 성인들의 90%이상[241)]이 앓고 있던 치주질환을 극복하려면 구강위생교육과 함께 당시 치과의사나 입치사 들의 잘못된 보철치료로부터 환자를 보호할 필요가 있었던 것이다. 1920년대 일본인 치과의사들은 한국이 식민지라 해서 의료인의 도의를 망각하고 한국 사람들에게는 충치가 있으면 물론이거니와 무엇이든 간에 '마구 금관을 해 씌웠던 것' 이 결국은 한국인들에게 '치과는

---

239) 안종서. "우리나라 치과계의 今昔談." 「대한칫과의학사연구회지」, (1960) 66-67.

239) 안종서. "우리나라 치과계의 今昔談." 「대한칫과의학사연구회지」, (1960) 66-67.
240) "개업일주년 여의 남수희씨." 「신동아」 1932년 11월호
241) Boots, "Diet and Dental Conditions in the Korea," 292-295.

한국 개신교 초기 그리스도를 나눈 의료선교사 ｜ 99

금장식을 해주는 곳'으로 오해하는 결과를 낳게도 되었다.[242]

　부츠가 세브란스 연합의학전문학교에 부임 한 후 교장 에비슨은 50만원의 기금을 마련하여 치과의학교 설립청원서를 총독부에 제출하였지만[243] 총독부는 에비슨의 치과의전문학교의 설립 계획을 보류하였다.[244] 한편 부츠가 치과과장으로 있었던 초기의 수련의 자격요건은 치과에 대한 전문적 능력과 기독교 신앙을 지닌 한국인이 우선되었다.[245] 1923년 김씨를 채용했는데 그는 일본 치과대학을 졸업한 기독교인이었다.[246] 부츠는 당시 미국 치과의학에 도입된 국소감염설과 무균처치 등의 이론을 바탕으로 보다 과학적인 치과치료를 시행할 것과 일반 의학계와의 협조체계를 강화할 것을 주장하였다.[247] 또한 예방을 강

242) 안종서, "우리나라 치과계의 今昔談," 「대한칫과의학사연구회지」(1960) 66-67

243) "齒科醫專門學校 에비슨씨가 50萬圓을 내어 설립한다고 해"「매일신보」제 4887호, 大正 10년 7월 5일자; "세부란쓰 병원내에 朝鮮齒科專門校 - 오십만원의 자본으로 설립코자 당국에 신청", 「죠선일보」大正 10년 10월 6일자

244) 치과대학의 설립이 외국인에 의해 선수를 친 일에 대해서는 조선 민중에 대한 면목에 관한 일이므로 보류한다. 佐藤剛藏, 「에비슨의 종합대학 설립설」, 이충호 역 「조선의 육사」(서울: 형설출판사, 1993), 117

245) J. L. Boots, "The Dental Situation," The Korea Mission Field (1923)

246) J. L. Boots. "The Progress of Dentistry in Korea," 「경성치과의학회잡지」 Vol.3 (3,4): 251; R.ead Before the Keijo Dental Society Annual Meeting, Sept. 1934

247) 이 당시 피츠버그 치과대학 부속병원은 카네기 기술재단과 연계하여 거대한 규모의 진료시설을 갖추고 보철수련을 통해 학생들에게 임상경험을 갖게 하는 한편 치과의사 윤리교육을 강화하고 있었다.

조한 피츠버그 치과대학의 학풍은 부츠가 임상치과학과 구강외과, 공중보건 분야를 포괄적으로 섭렵하고 한국적 상황에 맞게 탄력적으로 운영할 수 있는 자질을 길러 주었다.[248]

세브란스병원 치과는 종합병원 체계 속에서 의학 분야와 공조체계를 구축하여 치과의학 분야의 의학적 기초를 다져왔다. 부츠는 내과와는 전신질환을 지닌 환자의 치료를, 외과와는 구강외과치료 분야에서 공동 작업을 했다. 그는 공동체 속에서 보존치과나 치료치의학보다는 예방치의학의 실천을 강조하였다.[249] 부츠는 일본 치과의사들이나 입치사들의 상업적 태도가 오히려 구강건강을 해치거나 치과에 대해 잘못된 인식을 갖게 한 것에 대해 치과의사가 전면에 나서서 국민구강보건 교육을 행할 것과 의료 윤리에 기초해 최선의 치료를 할 것도 주장했다.[250]

---

248) 이주연, 42~43.

249) J. L. Boots, "The Dental Situation," *The Korea Mission Field*, (1928) 이것은 다음 세 가지 면에서 의미를 지닌다. 첫째, 한국의 구강질병 발생상태의 특징을 역학조사를 통해 개괄적으로 파악한 상태에서 구강보건증진을 위한 사업 계획을 세울 수 있으며, 둘째, 미국이나 일본의 개인병원체계, 즉 병에 걸린 후에 영리추구 기관인 병원에 가서 치료를 받는 체계가 갖고 있는 문제점을 보완할 수 있다는 점이다. 셋째, 치과의사의 윤리와 사명 의식에 기초해 대중적인 구강보건계몽활동을 병행해 나갈 수 있었다는 점이다.

250) Dr. 부츠는 치과의사들이 영리적인 목적으로 치과 치료에 임하게 되었을 때 얻어질 결과들에 대해 다음 세 가지 이유로 경계하였다. 첫째, 치과학이 영리적인 목적만을 추구한다면 치과의 의학적 기초는 더 이상의 진보를 멈출 것이다. 둘째, 구강질환의 진단과 치료에 있어 의사들과 협조할 능력을 잃게 될 것이고, 셋째, 속인들의 값을 싸게 하려는 경쟁이 계속될 것이므로 치과의사의 위상을 스스로 낮추는 결과를 낳게 된다.

Dr. 존 맥앤리스 JOHN ALBERT MCANLIS

닥터 맥앤리스는 1921년에 세브란스병원 치과에 의료선교사로 내한하였다. 그는 닥터 부츠를 도와서 치과학 교실을 운영하였다. 이들의 임무는 의대생에 대한 치과교육과 치과조수를 수련시키면서 점차 의과대학의 일부분으로써 치과학교를 설립하고자 하는 것과, 치과임상을 감독하고 직접 치료하는 일이었다.[251] 또한 맥앤리스는 보존과 보철 분야를 담당하였고 교정치료도 감독하였다.

2) 미국 북감리교 선교회

1883년 10월에 커네티컷주 하트포드에서 열린 신학교연맹대회에 참석한 드류신학교 출신의 헨리 아펜젤러는 한국선교를 결심하였다.[252] 본래 그는 일본선교를 염두를 두고 있었으나 한국 선교사를 지망했던 친구의 한국 선교행이 좌절되자 한국선교를 마음에 두게 되었다.[253] 아펜젤러는 닥터 스크랜튼과 그의 모친 메리 스크랜튼과 함께 한국 선교사역을 위해 파송받게 되었고, 1885년 4월 5일에 한국에 도착하여 언더우드와 함께 한국 선교의 문을 열었다.[254] 본 선교회는 1885년부터

251) J. L. Boots, "The Dental Situation," *The Korea Mission Field*, (1922): 140-142.
252) Henry Gerhart Appenzeller는 미국 Pennsylvania 주 Sonderton 출신으로 미국 독일개혁교회가 운영하는 Franklin and Marsall 대학을 나오고 신학생 때 선교헌신을 하였다.
253) 백낙준, 「한국개신교사」, 116-117.

1903년까지 남자의사 6명, 여자의사 5명, 간호사 3명의 총 14명의 의료선교사를 파송하였다.

　북감리교 의료선교는 해외여성선교회와 선교회가 각각 독자적으로 사업을 추진하였다.[255] 해외여성선교회는 1913년까지 서울의 보구녀관保救女館과 동대문의 릴리안 해리스 기념병원 및 평양의 광혜여원을 운영하였으며, 여성의료사역은 지속적으로 발전하면서 지방에서도 새로이 의료사역을 착수하였다. 반버스커크(1908), 노튼(1908), 켄트(1909) 등이 내한하여 각각 공주(1909), 영변(1908), 해주(1909)에서 진료소를 재건 또는 신설하여 서울, 평양, 공주, 원주, 해주 등 5개 지역에서 의료사역을 전개하였다.[256]

✒ Dr. 윌리엄 스크랜턴 WILLIAM B. SCRANTON, 1856-1922

　닥터 스크랜턴은 미국 커네티컷주 뉴 헤븐에서 태어나 1878년 예일 대학을 졸업하고, 뉴욕대학교 의과대학을 졸업한 후 1885년에는 드루 신학교에서 수학하였다. 그는 뉴잉글랜드 지역의 목사의 딸인 어머니로부터 신앙의 본을 받았다. 의사가 된

---

254) 아펜젤러 H. G.「자유와 빛을 주소서」, 노종해 역 (서울: 대한기독교서회, 1988), 3.
255) 미국 북감리회의 의료사역에 대한 서술은 WFMS 연례보고서, 북감리회 연례보고서 및 북감리회 연회록에 나와 있다.
256) 이만열,「한국기독교의료사」, 211-212.

후 2년간 클리브랜드에서 개업의로 있으면서 안정된 삶을 살다가, 장티푸스를 앓고 회복된 후 열병에서 구해준 하나님의 은총에 보답하고자 한국 선교사로 헌신하였다.[257] 미국 감리회 해외선교회의 최초의 의료선교사로 1885년 5월에 내한하여 7년간 의료사역과 15년간 선교 책임자로 일했다.[258]

한국에 와서 처음 한 달간은 알렌을 도와 제중원에서 의료사역을 하였는데 수술이 많았으므로 주로 마취를 담당하였다. 또한 일반 환자를 하루에 40-70명을 치료하였으며, 3건의 큰 수술도 하였다.[259] 그는 미국에서 보낸 의료기기와 약품이 도착하자 자신의 집에도 진료소를 차리고 사역하다가 1886년 초여름에 입원실을 갖춘 정동 시施병원Universal Relief Hospital[260]을 개원하여 9년간 운영하였다. 병원 간판에 '미국인 의사 병원'으로, 다른 한쪽에는 한글로 '남녀노소를 불문하고 어떤 병에 걸렸든지 매일 열 시에 빈 병을 가지고 미국 의사를 만나시오.'라고 썼다.[261] 병원규모는 5개의 남자병실과 3개의 여자병실을 갖추어 남자는 25-30명을, 여자는 15명을 입원시킬 수 있었다. 정동

257) 이덕주, 「초기한국 기독교사 연구」 (서울: 한국기독교역사연구소, 1995), 428.

258) 미국북감리교선교보고서(Annual Report of the Board of Foreign Missions of the Methodist Episcopal Church, Korean Mission) (M. E. C. Report 1885), 237.

259) 미국북감리교선교보고서(M. E. C. Report for 1886), 268.

260) 제중원은 국왕의 특혜로 지어졌지만 시병원은 순수 선교사들이 지었다. 고종으로부터 Scranton의 한국이름인 시란돈(施蘭敦)의 첫 글자인 시施를 따서 병원이름을 하사 받았다. 이는 백성들에게 베푸는 병원이라는 뜻도 되었는데 정동 진료소로 불리기도 했다.

261) 미국북감리교선교보고서(M. E. C. Report for 1887), 315-317.

시병원의 첫 환자는 서대문 밖을 산책하다가 발견된 길에 버려진 여인이었다. 그녀는 회귀열을 앓았으나 3주 만에 건강을 회복하여 세례를 받고 그리스도인이 되었다. 시병원에서는 각종 질병의 환자들을 치료하면서, 종종 버려진 자들도 진료하고 무료로 숙식까지 제공하여 병원 운영이 적자였지만 신앙으로 잘 극복하여 1885년부터 6년간 총 19,912명을 진료하였다.[262]

1887년 5월에서 6월에 서울에 콜레라가 번질 때 매일 500여명이 죽어나가도 정부가 아무런 대책을 세우지 못하고 있자[263] 제중원의 닥터 헤론과 함께 콜레라에 걸린 500여명의 환자를 돌보아 수많은 생명을 구하였다. 닥터 스크랜턴의 안식년 기간인 1890년에는 영국 성공회의 닥터 쥴리우스 와일스가 진료를 대신하였으며 1891년 3월부터는 닥터 버스티드가, 1892년 전반기에는 닥터 윌리엄 홀이 시병원에서 진료하였다.[264]

조선의 심한 남녀차별이라는 사회관습으로 인해 시병원 내에서 여성 환자의 진료에 어려움이 있을 때, 여의사인 메타 하워드가 1887년 10월에 내한하여 여성 환자를 치료하기 시작하였다. 1888년 4월에는 여성 환자만을 위하여 정동의 이화학당

---

262) 미국북감리교선교보고서(M. E. C. Report for 1889), 293.

263) 아펜젤러 H. G., 「자유와 빛을 주소서」, 12.

264) 이만열, 「한국기독교의료사」, 106-107.

구내에 건물을 마련하여 보구녀관265)이라는 병원을 세워 1899
년까지 11년간 운영하였다. 그 당시 여성들은 병이 들어 아파
도 참는 것이 여자의 미덕이라고 생각하여 의료혜택과는 거리
가 멀었고, 굿이나 미신적인 방법에 의존하였으며, 진료를 받
아도 장지문을 사이에 두고 진맥을 받았었다. 그러나 여성 전
용 병원이 세워지고 나서부터 자유롭게 현대의학의 혜택을 누
릴 수 있게 되었다. 하워드는 2년간 헌신적으로 환자들을 치료
하여 많은 업적을 남겼으나 건강이 악화되어 1889년 9월에 본
국으로 돌아갔다. 닥터 스크랜턴은 1년간 보구녀관의 환자까
지 돌보았고266), 여의사 로제타 셔우드는 1890년부터 10개월
간 2,359명을 진료하였는데, 초진 1,124명, 왕진 82명, 그리고
입원환자 35명을 돌보았으며 6천여건을 처방하였다. 여성의
료 업무는 빈부를 막론하고 행해졌으며 원하는 사람에게는 의
약 대금을 내도록 했다. 입원환자의 1/4은 직접 식사를 준비해
왔고, 그들 중 소수는 약품대도 지불했다.267)

닥터 스크랜턴은 1888년 12월에 성 밖의 버려진 환자들을 치
료하기 위해 별도로 아오개[阿峴268)]진료소^{Good Samaritan Hospital}를 차

265) 명성황후가 이름을 하사하였고 부인과 및 소아과 전문 병원이었다. 이만열 박사는
보구녀관이라고 하지 않고 보구관으로 기록하고 있다. 미국북감리교선교보고서(M.
E. C. Report for 1888), 340.
266) 기독교대한 감리회 교육국, 「한국감리교회사」(서울: 기독교대한 감리회, 1980), 170.
267) 세계여성감리교선교잡지(WFMS Report for 1890-1891), 66.

려 7개월 동안 720여명을 진료하였는데, 진료소 설립과 동시에 아오개 예배당[269]을 세워 예배를 드렸다. 그는 1889년 여름에 내한한 닥터 윌리엄 맥길에게 아오개 진료소를 담당케 하였으나 1890년 6개월 동안에 환자가 한 달 평균 50여명 밖에 오지 않아서 4개월 만에 철수하고 상동진료소를 열었다.[270] 그러나 아오개 예배당은 지속되어 1894년과 1895년에 2명씩 세례를 받았다. 1890년 10월 스크랜턴은 사람들이 밀접해 있어서 선교하기 좋은 지역인 남대문 안 상동에 진료소[271]를 개설하여 맥길에게 진료를 담당케 하였고[272] 자신은 종로에서 집회를 열어 복음 전파를 하기도 하였다.[273] 상동병원은 의료사역과 동시에 복음 전파사역을 하였는데 줄을 서서 기다리는 환자와 그 가족들에게 기독교 진리를 설명하였고, 약을 줄 때는 쪽 복음도 같이 주었다. 병원 내에 예배실을 만들어 직원 전체와 20-25명의 환자가 모여 매일 예배를 드리고 스크랜턴이 설교를 하였다. 나중에 10명의 환자가 학습인으로 등록하였다. 그는 아

---

268) 아오개는 조선시대에 전염병 환자들을 수용했던 서활인원이 있었고, 아기 및 무연고자 무덤들이 있었던 동네로 인구가 밀집된 지역이었다.

269) 현재 아현 감리교회

270) 미국북감리교선교회보고서(M. E. C. Report for 1889), 293.

271) 미국감리교선교회선교잡지(Annual Report of Missionary Society of The Methodist Episcopal Church(이하 ARMS)), 1894-1895.

272) Dr. 스크랜턴은 1891년 3월부터 1892년 5월까지 휴가였는데 1892년에는 Dr. 맥길이 원산으로 선교답사 차 갔기 때문에 상동진료소는 휴진하였다.

273) 미국감리교선교회선교잡지(ARMS, 1891), 273.

펜젤러 선교사가 안식년으로 귀국한 1892년부터 미 감리회 조선선교 감독[Superintendent]로 임명되어 5년간 의주·평양·원산·대구·전주·공주 지역의 선교 업무를 돌보았다.[274]

닥터 스크랜턴 모친인 메리 스크랜턴 선교사는 전도부인으로 자원하여 상동병원 교회에서 사역하였는데, 1893년에 17명이었던 교인이 2년 후에 130여명으로 늘어 새 예배당을 마련했다.[275] 1894년부터는 아펜젤러 선교사의 전도로 배재학당 학생 시절에 그리스도인이 된 한용경 전도사가 상동병원 원목으로 임명되어 병원 선교를 하게 하였는데 전도 일과는 다음과 같다.[276]

아침 8-9시 : 성경봉독, 기도, 십계명, 사도신경 암송
              (환자, 직원 전원 참석)
아침 9-12시 : 수술환자를 위한 권고 설교
오후 1-4시 : 환자들을 위한 전도

정동, 상동 병원에서 1892년부터 2년간, 한 달 평균 358여명을 진료하였다. 1892년에 준 간호사인 엘라 루이스 선교사가 진료에 합류하였으며, 이 기간에는 환자 대부분이 극빈 계층으로 한국 사람들은 몸이 아프면 무료 시술을 하는 시병원을 찾아 왔다.[277]

---

274) 미국감리교선교회선교잡지(ARMS, 1892), 283.
275) 미국감리교선교회선교잡지(ARMS, 1898), 244-245.
276) 미국감리교선교회선교잡지(ARMS, 1894), 248.
277) 미국북감리교선교보고서(M. E. C. Report for 1893), 254.

1894년에 정동 시병원과 상동 시병원을 합치기 시작하여 1895년 7월 입원실을 갖춘 상동병원[278]을 개원하였으며, 1898년까지 한 달 평균 150여명을 진료하였다.[279] 1898년에 들어와서는 왕실 전의이자 낙동 부인병원을 운영하던 영국성공회 소속의 여의사 L. A. 쿠크가 외래 진료만을 맡아서 5개월간 운영하게 된 적이 있지만, 그 해에 닥터 해리 셔먼이 부임하면서 상동병원은 다시 정상적으로 운영되었다. 셔먼은 부임 초기부터 한국인 의사[280]를 키우는데 전력을 다하였는데, 1년 만에 과로로 인한 결핵으로 귀국한 후 바로 소천하고 말았다. 그러나 점차로 상동교회가 부흥되어서 병원선교 없이도 복음 선교가 자립할 수 있게 되자 상동병원은 휴진하였다. 1900년에 이르러서 12년간의 미국 감리교 선교회의 서울 선교병원은 문을 닫게 되었다.[281]

닥터 스크랜턴은 1889년 사도신경, 십계명, 주기도문을 번역하였고 1890년부터는 성서번역에 참여하여 로마서 · 에베소서를, 예배용으로 창세기 · 출애굽기 · 시편을 번역하였다.[282] 그는

---

278) 이덕주, "스크랜튼 가족의 선교활동", 「상동교회를 중심으로 활동한 나라와 교회를 빛 낸 이들」, 상동교회, 1988, 27-28.

279) 미국북감리교선교보고서(M. E. C. Report for 1890-1898).

280) 이름은 신흥우로 셔먼 부인이 미국에 데려가서 배재학당 출신 중에 최초로 석사학위까지 받게 하였고 1934년에는 세브란스 병원의 이사를 맡았다.

281) 김유광, "초기 한국 감리교 의료선교에 관한 연구(1885-1935년까지)", (석사논문, 감리교 신학대학교, 2001), 18-19.

282) 이덕주, 「초기한국 기독교사 연구」, 437.

또한 1901년에 몇 편의 4·4조 형식의 한글 노래를 만들어 보급하였는데, 민요가락으로 부르도록 만들었다. 기독교의 기본 진리를 담은 '도리가'^{道理歌} 283), 부활을 담은 '부활도리가', 아이들을 위한 자장가인 '누워 잘 때 하는 찬미'를 지었다.[284]

닥터 스크랜턴은 1907년까지 22년간 개척 의료선교사로 지대한 공헌을 남겼다. 그는 피로에 지친 선교사의 휴식과 외국인을 위한 치료가 가능한 서울 요양원을 운영하기도 하였다. 1911년부터는 평북 운산에 있는 미국인 소유 금광의 주치의로 6년간 일하였고,[285] 그 후에는 1년간 충남 직산의 금광부속병원에서 일했다.[286] 그리고 중국 대련에 가서 2년간 의료 활동을 하고, 일본 고베 외국인 거주 지역에서 3년간 병원을 운영하다가 65세를 일기로 생을 마감하였다.[287]

🖋 Dr. 메타 하워드 META HOWARD

닥터 하워드는 미국 노드웨스턴 의과대학을 졸업하고 미국 감리회의 파송으로 로드 와일러 선교사와 함께 1887년 가을에

283) Ibid., 438

284) "신학월보", (1권 3호, 1901. 4), 185-186, 200.

285) The Korean Mission Field, (1911), 68.

286) "그리스도회보",(1911. 10. 15).

287) 이덕주, 「초기한국 기독교사 연구」, 457.

내한하였다. 그녀가 내한하게 된 것은 정동 시병원에서 조선 여인들이 서양 남자의사에게 진료를 받지 않으려 하자, 닥터 스크랜턴이 선교본부에 여성의료선교사를 요청하였기 때문이다. 그녀는 시병원에서 부녀 진료를 맡으면서, 1888년 4월에 세워진 한국 최초의 여성 전문병원인 보구녀관에서 1년간 2천여 명을 진료하였다. 이화학당에서는 학생들의 보건을 전담하였고, 또한 미신타파를 위해서 노력하다가 건강이 악화되어 2년 만에 귀국하고 말았다.[288]

Dr. 윌리엄 맥길 WILLIAM B. MCGILL, 1859-1918

닥터 맥길은 1889년 8월에 내한하여 2년간은 서울 아오개진료소와 상동진료소에서 진료하였다. 1891년에 의주까지 선교 여행을 하면서 돌을 맞는 고난 속에서도[289] 58명의 환자를 돌보았다. 1892년 원산 선교지부 개척 책임을 맡아 일하다가 원산병원에서 1893년에 805명의 입원환자와 1,743명의 외래 환자를 진료하고, 1900년에는 1,156명, 1901년에는 335명을 진료하였다. 1900년에는 42일간 시골지역에 순회 진료를 다니고 제물포와 해주, 그리고 북감리회 선교지부를 다니며 선교사역을 하였는데, 1901년에는 공주에서 짧은 기간 동안 의료사역을 하였다. 원산이 남감리회 선교지역으로 조정되자, 맥길은 9년

---

288) 미국감리교선교회선교잡지(ARMS, 1888), 340-341.

289) Norman Found, "Life of William McGill," *KMF* (August 1936), 158.

간 이루어 놓은 원산 구세병원에서의 의료선교활동을 철수하고 평양으로 가서 진료 활동을 하였다. 그는 1902년 7개월 반 동안 평양 감리회병원에서 3,000명과 기홀병원에서 80여명을 진료하였고, 콜레라가 유행할 때 수많은 생명을 구하였다.[290] 그리고 1903년부터 1905년 여름까지 공주 진료소에서 의료선교사로 사역하였다.

맥길의 복음 전파 사역은 1891년에 선교부의 선교거점을 마련하기 위해 의주까지 선교여행을 다닐 때 진료와 아울러 300권의 누가복음서를 전했다. 1892년에 미국 감리회는 서울에서 의료사역을 통해 교회의 문을 연 경험을 살려 이미 3년간 사역해 온 맥길을 원산에 보냈다. 그는 치료에 시간을 들이는 만큼 직접 기독교 서적을 들고 나가서 복음 전파 사역도 하였다. 이듬해에는 함흥과 청주까지 다니며 2,504권의 복음서적을 팔았다. 1894년에는 전쟁 중이었음에도 함흥으로 두 차례 복음을 전파하러 다녀왔다. 그는 혼자서 할 수 있는 일은 다 하면서 원산 인근 지역에 많은 복음의 씨를 뿌리고 지칠 줄 모르고 복음을 전했는데 그 결과 여러 지역에서 복음의 결실이 나타났다.[291] 그러나 초기 선교의 어려움을 다음과 같이 보고하였다.

---

290) 이만열, 「한국기독교의료사」, 123-124.
291) 미국북감리교선교보고서(M. E. C. Report for 1894), 241.

어느 날 시장에 나가 책과 전도지를 팔았는데, 몇몇 사람들은 내게 다가와 내가 집을 마련하여 자신들을 먹여주기만 한다면 기꺼이 교리공부를 하겠노라고 말했다. 하루는 소년 하나가 와서 예수교 교리를 배우겠다고 하더니 그 다음날 아침 외양간 열쇠를 훔쳐 달아나 버렸다. 지방에 산다는 또 다른 소년이 서너 차례 찾아오더니만 책을 훔쳐 갔다. 이위주의 형이 되는 이씨가 내게 와서는 배우겠다고 했다. 내겐 사람이 필요했고 그에게 일을 맡겼다. 그는 진짜 예수를 믿는다고 고백했다. 그러나 그도 내게서 10원을 훔쳤고 키니네 두 병을 슬쩍했다. 그에게 팔라고 상당량의 책을 주었는데 들리는 말로는 그것을 가지고 자기네 집 도배를 했다.[292]

그럼에도 맥길은 이에 실망하지 않고 열심히 복음을 전파하여 3년 후에 15명의 학습교인이 생겼고, 진료소 대기실에서 60여명이 예배를 드렸으며, 어린이 6명을 비롯하여 19명이 세례를 받았다.[293] 1900년에는 42일 동안 시골지역을 다니면서 복음을 전했고 평양에서 성경공부반을 도왔으며 1902년에는 평양 북쪽으로 4차례 다니면서 성경 134권, 단권 복음서 160권, 기타 서적 280권을 전하였다.[294] 또한 그는 공주로 사역지를 옮겨서 1903년에 중학동에 초가집 두 채를 구입한 후 진료실과 예배실을 마련하였다. 진료와 아울러 복음을 전하여 1년 만에 20 여명의 교인이 생겼으며 8명이 세례를 받았다.[295] 이렇

292) Ibid., 241-242.

293) 미국감리교선교회선교잡지(ARMS, 1896), 240.

294) Norman Found, "Life of William McGill", *KMF* (August 1936): 158.

게 맥길은 17년간 의료선교사역을 하였다. 1907년 공주의 350명의 그리스도인으로부터 선교사로 다시 와 줄 것을 요청 받았으나 재정의 어려움과 자녀교육 문제로 한국에 돌아오지 못하였다.[296] 그는 일은 열심히 하였지만, 고집스럽고 대인관계가 원활하지 못하여 한국인이나 선교사들과 잘 어울리지 못하여 혼자 지내는 약점이 있어서, 교단 선교책임자[297]가 그를 안식년 후에 한국으로 재 파송하지 말기를 부탁해서 한국에 못 왔다는 이야기도 있다.[298]

Dr. 존 버스티드 JOHN B. BUSTEED, 1869-1901

닥터 버스티드는 미국 메사추세츠주 보스턴에서 태어나 하버드 대학을 다녔으며 뉴욕 의과대학에 입학하면서부터 뉴욕 빈민가에서 의료봉사를 하였다. 졸업한 후 1년간 대학원에서 연구하고 1893년 초여름에 한국에 왔다.[299] 감리교 상동병원에서 사역하던 닥터 윌리엄 홀이 평양으로, 닥터 맥길이 원산으로 가게되자 닥터 버스티드가 상동병원의 원장으로 3년간 사역하였다. 상동병원에서 매일 아침마다 예배를 인도하고 간

---

295) 김유광, "초기 한국감리교의료선교에 관한 연구(1885-1935)" (감리교 신학대학교 석사논문, 2001), 30

296) 김승태·박혜진, 「내한선교사총람」, 368.

297) 윌리엄 스크랜턴 선교사

298) 마르타 헌트리 「새로운 시작을 위하여」, 672.

299) Ibid., 192.

단한 설교와 권고를 하였으며 그의 영향으로 많은 환자들이 그리스도인으로 개종하였다. 저녁에는 다른 전도자들과 함께 상동병원 밖에서 오르간을 치며 찬송을 불렀으며 이를 들으러 온 사람들에게 구주의 속죄의 도를 전하였다.300) 그러나 안타깝게도 과로로 건강이 악화되어 1897년 뉴욕으로 돌아갔으며 그곳에서 의료전도활동을 하다가 1901년에 소천하였다.

🌿 Dr. 로제타 셔우드 ROSETTA SHERWOOD, 1865-1951

닥터 로제타 셔우드는 뉴욕에서 태어나 스테이트 노말 스쿨 State Normal School을 졸업한 후 1년간 교편을 잡았으며 펜실베이니아 여자 의과대학을 졸업하였다. 그 후 스테이튼 섬의 어린이 병원에서 인턴과정을 마치고 뉴욕의 빈민가인 메디슨가에서 의료봉사를 하다가 1890년 가을에 내한하였다. 내한할 때, 의료기구를 가져오고 모든 사재를 털어 미국에다 약품을 주문하였는데 친구인 리버티Liberty 등이 항상 후원하였다. 서울, 평양, 해주 등에서 35년간을 사역하였고 닥터 윌리엄 홀과 결혼하여 로제타 셔우드 홀이 되었다.

그녀는 닥터 하워드의 후임으로 감리교 정동 보구녀관 병원에서 여성 환자를 진료하였다. 첫날 4명, 그 다음날 9명, 그 후 석 달 동안 549명의 환자를 치료하였는데 이중 초진이 270명

---

300) 「기독교대백과사전」, 1984, 제7권, 395-396.

이었다. 이때 50종의 다양한 질병이 관찰되었다. 그 중에 연주창, 매독, 회충, 눈병, 귓병, 피부병이 가장 많았으며 째야할 종기와 제거해야 할 치아도 많았는데 언청이 수술까지도 하였다.[301] 어떤 경우에는 8명의 환자를 치료하는데 무려 21가지의 전문적인 병을 치료해야만 했다. 주로 하층 계급 사람들이 내원하였고 상류층 여성은 가마를 타고 오거나 왕진을 요청하였다. 다음 해는 환자가 세배로 늘어났고, 3년 동안에 1만4천명을 치료하였는데 많은 경우에 환자 집을 직접 왕진하기도 하였다.[302] 한번은 16살 난 여자 환자가 손에 화상을 입어 손가락 세 개가 손바닥에 붙어서 왔는데 성형 수술이 성공적으로 끝났으나, 피부가 모자라 흉터가 생기게 되자 셔우드는 자기 피부를 이식하였고 주위 동료와 환자 가족들도 피부를 제공하여 줌으로써 30여 개의 식피植皮중 8개가 성공하여 흉터가 거의 가려져 아물게 되었다.[303]

닥터 로제타는 '여성을 위한 의료사업은 여성의 힘으로' 라는 표어를 내세우고 메리 스크랜튼 선교사의 제의로 이화학당 학생인 조선인 4명, 일본인 1명으로 된 의학 훈련반을 구성하여 의료 강습을 실시하였다. 약물학, 생리학의 교육과 아울러

---

301) 셔우드 홀, 「닥터 홀의 조선회상」, 김동열 역 (서울: 좋은 씨앗, 2003), 96.
302) Huntley, 「한국 개신교 초기의 선교와 교회 성장」, 199.
303) 셔우드 홀, 「닥터 홀의 조선 회상」, 77-78.

약제실, 수술실 실습을 하였다.[304] 이들 중에서 박 에스더는 한국에서 서양의술을 편 최초의 한국인 의사가 되었는데, 박 에스더의 본명은 김점동으로 아펜젤러 하인의 딸이었다. 이화학당을 졸업하고 닥터 홀 부부의 통역과 간호보조를 하다가 그리스도인이 되었다. 김점동은 미국에 유학을 가서 존스 홉킨스 의과대학의 전신인 볼티모어 여자 의과대학을 졸업하였다. 귀국 후에 그녀는 보구녀관에서 3년간 진료를 감당하면서 휴일도 없이 연간 수천 명을 진료하였다. 닥터 로제타와 함께 황해도, 평안도 지역에 순회 진료를 다녔고, 평양 광혜여원廣惠女院에서 4년간 진료하였다. 그녀는 미신으로 병을 이긴다는 구습을 타파하는데 노력을 하고 많은 영어 교재를 한글로 번역하였으나 31세의 젊은 나이에 세상을 떠났다.

로제타 셔우드는 1894년 닥터 윌리엄 홀과 결혼하여 남편과 함께 평양에 부인진료소에서 일하면서 하루에 8-19명의 환자를 돌보았다. 그녀는 남편을 잃은 후 잠시 귀국하여 기홀병원을 평양에 세울 수 있도록 준비하였고, 1898년 평양에 돌아와서 6월에 광혜여원廣惠女院을 열고 진료하였다. 1년 후에는 평양에서 세상을 떠난 자신의 딸을 기념하여 에디스 마거릿 어린이

---

304) 이화여자대학교 의과대학 동창회 편,「이화의대 동창회 50년사」, (서울: 이화여자대학교 의과대학 동창회, 2002), 처음에는 의사와 환자와의 의사소통을 위해서 이화학당 여학생의 도움을 받고자 한 것인데 자연히 약제실과 수술실의 조수일을 하게 되었다.

병동을 지어 어린이 진료사업을 하였다.[305]

　로제타 셔우드가 운영하던 평양 부인 전문병원인 광혜여원은 홀맨 간호사와 함께 1900년에 박 에스더 의사가 합류하여 함께 운영하였다. 그것은 박 에스더가 미국에서 의학석사를 받아 귀국했기 때문이었다. 한국에 돌아온 그녀는 로제타의 의료사역에 큰 도움을 주었다. 셔우드와 함께 일한 지 10개월 동안에 그녀는 3천 명이 넘는 환자를 치료했다. 홀 가족들은 그녀를 무척 자랑스럽게 생각했다. 그녀는 서양 의학을 공부한 첫 번째 조선 여성이었다.[306] 로제타의 아들[307]은 에스더를 무척 따랐다. 에스더가 귀국한 그 해에 로제타는 며칠간 시골 여행을 떠났다. 당시 시골 지방의 여성들에겐 여자의사의 도움이 필요했고 그녀는 시골 여성들을 위해 더 많은 일을 하고 싶어 했다. 에스더에게도 시골 여성 사역은 지체하지 말고 당장 시작하라고 격려해 주었다. 로제타는 병원과 어린이 병동까지 에스더[308]에게 맡기고 요리사와 수잔을 데리고 순회선교를 떠나기도 했다. 에스더는 로제타가 없는 동안 치료소의 일을 전담

---

305) 미국북장로교선교보고서(N. P.Report for 1908), 281-282.

306) 그녀의 남편인 박유산은 에스더가 의학교를 다니는 동안 볼티모어의 식당에서 열심히 일해 아내를 도우다가 폐결핵에 걸렸다. 에스더의 따뜻한 간호에도 불구하고 그녀가 볼티모어 여자의과대학 졸업반 때 박유산은 이국땅에서 병사했다.

307) 그는 로제타 셔우드의 아들로 후에 의사가 되어 의료선교사로 내한하는 Dr. 셔우드 홀이다. 제임스 홀의 아들이 의료선교사가 되어야겠다고 결심하게 된 것은 아버지와 가까웠던 R. A. Hardie의 설교로 인함이다.

했으며 어린이병동의 두 환자들을 돌보았고 또 왕진까지도 맡아 하느라 바쁘게 지냈다. 로제타가 보고서, 건축 계획, 또는 다른 사무일로 바빠져도 에스더가 병원 일을 계속 전담해줄 수 있었다.[309]

로제타는 특별히 정신적인 요소가 원인이 된 질병의 치료에서는 기도가 더 중요한 역할을 하는 것으로 간주하였다. 광혜여원 환자 중에는 정신병자들이 있었는데, 이들에게는 의학적인 치료와 동시에 기도가 필요하지만 기도에 더 강조점을 두어야 한다는 것이 그녀의 판단이었다. 이들을 위한 기도를 황 유니스가 해주었다.[310]

의료진 양성의 첫 번째 문제는 여의사를 양성할 수 있는 여자 의사선교사가 절대적으로 부족하다는 점이었다. 이에 그녀는 선교부, 특히 장로회 선교부에서 많은 선교사를 파송해야 한다고 주장하였다.[311] 왜냐하면 감리회의 경우에는 미국 북감리회 해외여성선교회의 후원으로 서울의 보구녀관 그리고·평

---

308) 한국 의료사상 최초의 여의사 에스더 박은 혼신을 다해 의료선교를 하다가 1906년에 폐결핵에 걸려 아깝게도 1910년 4월 13일 사망했다.

309) 셔우드 홀, 「닥터 홀의 조선회상」, 212-216.

310) Mrs. R. S. Hall, "Women's Hospital of Extended grace, Pyeng Yang," *KMF*, (August 1912): 246.

311) Ibid., 245.

양의 광혜여원 등 여성 전문병원을 운영하였으나, 장로회에서
는 여자 환자를 위한 여의사가 거의 없었기 때문이었다. 그럼
에도 실제 병원을 찾는 기독교인 여자 환자들의 절반이 장로회
신자였고 나머지가 감리회를 비롯한 기타 교단 소속이었다.[312]
그래서 로제타는 1914년 차광명 부인이 세브란스의학교에서
세균학을 공부할 수 있는 절차를 밟아두기도 하였다. 그리고
세브란스병원에서는 1913년의 의료선교사 연례대회[313]를 열었
는데 이때 그녀는 광혜여원에서의 부인진료에 관한 논문을 발
표하였고 제목은 '무지와 잘못된 민간요법으로 인해 당하는 고
통'이었다.[314]

　1919년 총독부가 병원시설을 일정 수준 이상으로 요구함에
따라 기홀병원 건물을 다시 보완하였고, 삼일운동 때에는 많은
직원들을 잃어 병원운영에 어려움이 많았다. 장로회와 감리회
의 연합 이후의 기홀병원에는 감리회의 앤더슨, 장로회의 비
거, 한국인 의사 2명, 간호사 2명, 조수 16명 등 모두 20명이 활

---

312) 1912-1915년의 이러한 상황은 이 시기 동안 계속된 듯하다. Mrs. R. S. Hall,
"Women's Hospital of Extended grace, Pyeng Yang,", *KMF*, (August 1912): 245;
KMF, (September 1915): 255-256.

313) 1913년의 특징은 일본인 의사들이 함께 모이고 강연도 하게 되었다는 것이다. 일본
의 한국 지배가 계속되면서 선교사들의 일본에 대한 우호의 손짓의 하나로 이러한 조치
가 취해졌던 것으로 보인다. 이 대회에 등록한 선교사는 모두 25명이었다.

314) W. E. Reid, "The Annual Meeting of the Korea Medical Missionary Association,"
KMF (December 1913): 316-318.

동하고 있었다.[315] 기홀병원은 1897년 2월에 개원한 이래 1911년 2월까지 만 14년 동안 125,000명의 환자를 치료하여 연평균 9천여명을 진료하였고, 1911년부터 1924년까지 14년 동안 75,000여 명을 치료하여 연평균 5,400여명을 치료했다. 세 병원이 통합된 이후에 진료인원의 수가 급격히 증가한 것은 물론이다. 2차 통합 이후인 1921년에서 1924년 사이에 외래환자 인원이 3,000명이나 증가하였다. 치료수입은 17,000엔에서 11,000엔으로 감소했는데, 이는 무료진료가 3년 사이에 배로 증가하였기 때문이다.[316]

어느 주일 오후, 닥터 로제타의 의료팀이 첫 번째 일을 시작한 마을에서 그리 멀지 않은 두 마을을 방문했다. 마을마다 여자들이 한 방 가득 차게 왔다. 남자도 몇 사람 있었다. 한 마을에서는 사람들이 미친 여자를 고쳐달라고 간청했다. 이 불쌍한 여자는 34세의 미인 과부로 남편을 잃은 지 3년이 된 두 아이의 엄마였다. 사람들은 넉 달 전 평양을 다녀왔을 때부터 미쳤다고 주장했다. 그 후 석 달 반 동안 동네 사람들은 이 여자를 작은 방에 계속 가두었다. 단지 출입문 하나가 있을 뿐 창하나 없는 이 방은 도배도 안한 흙벽 그대로였다. 가구라고는 아무것도 없는 방안에 동그마니 조롱박이 하나 있었는데 거기엔 돼

315) 미국북감리교선교보고서(M. E. C. Report for 1920), 187-188.
316) 이만열, 「한국기독교의료사」, 421

지 먹이와 다름없는 음식물이 담겨 있었고 돼지우리보다 더 지독한 악취가 풍겼다고 한다. 이 여자가 처음 병이 들었을 때 사람들은 무당을 불러 20일간 계속 떠들썩하게 굿을 했다고 한다. 그들은 귀신을 쫓아낸다고 여자를 때리기도 하고 여러 군데를 심하게 불로 지져 온몸의 상처가 헐어 있었다. 이렇게 해도 미친 증세가 낫지 않자 더러운 골방에 가둬놓았던 것이다. 이 여자는 확실히 정신이 이상했지만 약과 음식, 그리고 적절한 치료를 하면 반드시 제정신으로 돌아올 것으로 보였다. 닥터 셔우드는 그 여자를 치료해 그 결과를 보기로 했다. 그녀는 동네 사람들에게 "온전한 사람이라도 이런 형편없는 골방에 가두어두고 돼지같이 취급한다면 미치게 될 것"이라고 말했다. 그들은 여자의 성기를 6일 밤 동안 매일 뜨거운 불로 지져댔으며 머리 꼭대기와 뒤통수까지 지졌던 것이다. 셔우드는 적절한 시설과 장소, 그리고 보조 의원이 구비될 때까지는 이와 같은 정신병 환자들은 받지 않겠다고 결심하고 있었다. 그러나 그 때는 박 에스더가 그녀를 도와주고 있고 또 에스더의 여동생까지 있으므로 병동의 한 장소를 개조할 수만 있다면 이 불쌍한 정신병 환자들을 치료하고 싶어 했다. 원래의 계획보다 두 개의 병동을 더 지어 하나는 전염병 환자를 위해 사용하고, 나머지 하나는 정신병 환자를 위해 쓸 계획을 세웠다.[317]

---

317) 셔우드 홀, 215-216.

1906년 가을 어느 날, 여성 병원과 에디스 마거리트 기념 어린이 병동에 화재가 났는데 닥터 로제타가 다리 골절상[318]으로 입원을 하고 있었다. 그러나 구사일생으로 사람들이 위기가 닥치기 직전에 사다리를 이용해 로제타를 구출한 다음 근처의 조선 초가집으로 옮겨놓아 목숨을 건졌다. 그 후 그녀는 혼자서 병원을 유지하려고 애쓰고 있었다. 또한 닥터 로제타는 안주, 운산, 의주 등 산간지방에서 순회 진료활동을 벌였고 맹인교육에도 힘을 썼다. 그녀는 1917년에 서울로 이주하여 동대문 부인병원에서 사역하였고 한국인 여자의학반을 만들어 여의사를 양성하였다.[319] 그녀는 아들 닥터 셔우드 홀이 의료선교사로 사역하고 있는 해주 구세병원에서 시술에 참여하였고 1935년 귀국하였다.

Dr. 윌리엄 홀 WILLIAM JAMES HALL, 1860-1894

　윌리엄 홀은 고등학교 때에 낙제를 하여 목수로 일하다가 결핵에 걸려 죽음의 문턱까지 갔으나, 성령 세례의 은사 체험으

318) Dr. 로제타 셔우드가 골절상을 입은 상황은 다음과 같다. 1906년 가을, 스톤(J. Summer Stone)씨가 선교 임무로 평양에 왔다. 전에 Dr. 제임스 홀이 뉴욕에서 일했을 때 스톤 씨 가족과 함께 살았던 일이 있었다. Dr. 제임스를 알고 있는 낯설지 않은 방문객에게 선교 사업의 내용을 보여주는 것은 로제타로서는 뜻 깊은 일이었다. 스톤 씨가 평양을 떠나던 날 로제타는 기차 안에서 선교 활동에 대해 이야기하느라고 열중한 탓에 기차가 떠날 시간인 것도 모르고 있었다. 갑자기 기차가 움직이는 것을 알고 생각할 틈도 없이 뛰어내렸다. 순간적으로 취한 행동이었다. 그때 다리가 부러지고, 그녀는 자신의 병원에 입원 환자가 되어 이층 병실에 갇힌 몸이 되었다.
319) 차후에 경성여자의과대학교로 발전하여 고려대학교 의과대학이 되었다.

로 완치되어 전도자가 되었고 고등학교도 재입학하였다. 그가 교사가 되어 의과대학에 갈 학비는 벌었지만, 생활은 매우 어렵게 하였다. 그가 의사 자격증을 얻을 돈이 없었지만, 그는 하나님께서 주실 줄을 믿고 기도하였는데 의과대학 졸업식에서 친구가 필요한 액수를 졸업선물로 주었다.[320] 닥터 윌리엄 홀은 캐나다 퀸즈 대학교 의과대학에 입학했으나 선교사로 훈련을 받기 좋은 뉴욕 벨레뷰병원 의과대학에 편입하여 졸업을 하고 감리교 감독 교회가 운영하는 빈민가 의료선교회에서 봉사하였다. 당시 선교회의 썸머 스톤은 윌리엄 홀에 대하여 다음과 같이 기록 하였다. '윌리엄 홀은 자애로운 의사로서, 불쌍한 사람들의 형제로서, 병들어 죽어가는 뉴욕 거리의 사람들을 아무 대가없이 밤낮을 가리지 않고 돌보았다. 상대가 살인자건, 도둑이건, 어떠한 범죄자건 가리지 않고 선교의 사명을 다 하였다.'[321]

윌리엄 홀은 1891년 미국 북감리회의 파송으로 내한하여 1892년 전반기에 시병원에서 진료하였다. 그곳에서 늑막염과 폐렴을 앓아 회복이 거의 불가능한 상태에 있던 한 청년을 치료하면서 그와 그의 가족에게 복음을 전하였다. 환자의 아버지

---

320) 마르다 헌트리, 「새로운 시작을 위하여」, 311.
321) 셔우드 홀, 「닥터홀의 조선회상」, 47.

는 마태복음을 한 권 사서 읽기로 약속하였고, 환자도 완쾌되어 갈 때 신앙생활을 하기로 약속하였다. 그 환자는 매일 성경을 읽고, 그 후 400명의 마을 주민에게 복음을 전하였다.[322]

선교본부의 계획으로 그는 새로운 선교기지를 찾기 위해 1892년 3월에 북쪽으로 탐사 겸 선교여행을 떠났다. 경기도 고양을 거쳐 가는데 환자들이 몰려와 내한 후 첫 진료를 하게 되었다. 이때 선교 여행에 동행하였던 J. H. 존스 선교사는 이렇게 기록하였다.

> 내가 동반한 의사에게 성인다운 정신세계를 발견한 건 그 때였다. 병에 고통 받던 시골사람들을 치료해 준다는 그 자체가 그에겐 대단한 기쁨이었다.[323]

윌리엄 홀이 황주를 거쳐 평양에 도착하자 쉴 틈도 없이 찾아오는 방문객 모두에게 기독교 진리를 설교하였고, 아침부터 밤까지 일주간을 계속해서 환자들을 치료하였다. 그들은 그곳에서 책방을 차려 하루 사이에 80권의 기독교 서적을 판매하였다.[324] 윌리엄 홀은 만주와의 접경지인 의주에서 일주일 동

---

322) 미국북감리교선교보고서(M. E. C. Report for 1888), 291-292.

323) Ibid., 96.

324) 기독교 서적을 판매하는 것은 평양 감사가 내린 금령을 어기는 것이었지만 그들은 개의치 않고 계속 책을 팔았다. 그것은 주민들이 원하였기 때문이다. 미국북감리교선교보고서(M. E. C. Report for 1892), 97.

안 의료일로 바쁘게 지내기도 하였다.[325]

　미국 선교 본부는 윌리엄 홀을 평양 선교기지 개척 담당자로 임명하였다. 그 당시는 아직도 내지에서는 외국인이 거주할 수 없다는 금령이 발효 중이었고, 기독교 포교자는 사형에 처한다는 법이 존재하고 있을 때였다. 위험한 일이었지만 이 일을 수행하는 데는 의사가 가장 적격자라고 생각했기 때문이었다. 그리하여 윌리엄 홀의 본격적인 의료선교 사역이 1892년 9월 평양의 한 숙소에서부터 시작되었다.[326] 그는 이듬해 4월 외국인의 거주 자체를 거부하는 주민들의 거센 반대를 무릅쓰고[327] 평양 서문동에 집 두 채를 구입하여[328] 진료소를 차렸다. 이때 윌리엄 홀은 같이 동행한 윌리엄 노블 선교사[329]에게 자신들이 순교해서 북부지방에 기독교 복음이 전파된다면 순교할 각오를 해야 한다고 하면서 진료소를 세웠다.[330] 본격적인 의료사역을 시작하여 하루에 50-60명의 환자를 돌보았고 복음 서적

---

325) 미국북감리교선교보고서(M. E. C. Report for 1892), 98.

326) Hall, W. J., "In the Memory of Dr. William James Hall," *KMF* (August 1933): 175.

327) 이 때 동네사람들이 같이 동행한 Noble 선교사에게 돌을 던졌다. 김승태, "1894년 평양 기독교인 박해사건", 「한국기독교사연구」15 · 16호 (1987): 19-20.

328) 원래 조선정부와 외국과 맺은 조약에 따르면 외국인들은 조선정부가 지정한 항구 외에서는 부동산을 소유할 수 없었다.

329) William Arthur Noble(1866-1945)은 와이오밍 신학교와 드루신학교를 나오고 1892년 미 감리회 선교사로 내한하였다. 배재학당에서 3년간 교사로 섬기다가 Dr.홀을 이어서 1894년부터 15년간 평양선교를 하였고 한국에서는 42년간 사역하였다.

330) Hall, W. J., "In Memory of Dr. William James Hall," *KMF*, (August 1933): 175.

을 판매하였다. 진료소는 열기로 예정된 시간보다도 훨씬 일찍부터 환자들로 매번 장사진을 이루었는데, 그는 매일 저녁 예배를 인도 하면서 기독교 개종자를 늘려나갔다. 그가 평양에 진료소를 차릴 수 있었던 것은 평양감사가 다음과 같이 보호를 하였기 때문이다.

그 외국인은 나쁜 사람이 아니다. 그는 신사다. 병든 사람을 고쳐주고 가난한 사람을 돕는데 좋은 사람이 아니냔 말이냐? 서울에서도 외국인이 여기서처럼 병자를 고쳐주고 있다. 그러니 너희들은 겁낼 것 없다. 그리고 외국인은 국왕으로부터 내지를 여행해도 좋다는 허가를 받았으니 누구든지 그를 방해하거나 말썽을 일으키면 관청에 잡혀올 것이다.[331]

윌리엄 홀은 진찰실이 환자로 가득 차 정신이 없던 어느 날 스크랜턴에게 이렇게 말했다.

닥터, 나는 이 일을 얼마나 좋아하는지 모릅니다. 한평생을 이런 식으로 사람들을 도우면서 살 수 있다면 얼마나 기쁜 일이겠습니까?[332]

한번은 추운 겨울날, 서울로 오는 길에 강도를 만나 거의 죽어 가는 사람을 치료한 후 환자를 나귀에 태우고 다시 평양으로 가서 갖고 있는 돈을 여관주인에게 다 주고는, 그를 여관에 묵게 하였다. 그리고 평양에 돌아오는 길에 들르겠다고 한 후에

---

331) Hall, R. S, The life of W. J. Hall, (1897), 254-265.

332) Hall, R. S., The life of W. J. Hall, (1897), 165.

서울로 간 일이 있다. 그러나 안타깝게도 그 환자는 그만 죽고 말았다.[333]

닥터 홀은 청일전쟁이 발발하여 1894년 9월 평양에서 치열한 전투가 벌어졌을 때[334] 자신의 건강을 돌아보지 않고 전쟁 부상자들을 대나무 침대로 나르고 치료하다가 과로로 인해 말라리아에 걸려서, 서울로 후송 중에 일본 군함[335]에서 발진티푸스가 겹쳐 내한한 지 3년 만에 순교하였다.[336] 스크랜턴은 닥터 윌리엄 홀에 대해 이렇게 기술하고 있다.

> 그는 환자를 돌보는 타고난 재능이 있다. 대개 사람들은 복잡한 일을 할 때면 혼동하는 경우가 많은데 그는 지칠 줄 모르게 일하면서도 정확하다. Dr. 홀은 환자들을 치료할 때 사랑과 동정심으로 가득 차있다. 그는 친절함이야말로 하나님이 주신 가장 큰 무기임을 터득한 사람이다. 이 비결로 병실에서 기적을 낳듯 치료효과를 낳는다.[337]

윌리엄 홀이 평양에 있을 때 김창식에게 기독교 신앙을 많이 심어 주었는데, 그는 평양 박해사건 때 믿음의 절개를 지키고 차후에 조선의 최초의 목사가 되었다.[338] 김창식의 아들 김영

---

333) Hall, 「닥터홀의 조선회상」, 110-111.

334) 청국군 1만4천명과 일본군 1만명이 싸웠으며, 평양 도시 안에는 시체가 썩는 냄새, 가축들의 잔해로 불결함은 표현할 수 없을 정도였다.

335) 일본 군함에는 600명의 이질이나 각종 열병들을 앓고 있는 군인들이 타고 있었다.

336) 셔우드 홀, 「닥터홀의 조선회상」, 167-175.

337) Ibid., 165.

338) 1901년에 자격을 얻어 부목사가 되었고 차후 감리교 구역장으로 6년간 영변에서 일했다. 은퇴 전에는 의사 인 아들이 있는 해주에서 사역하였다.

진은[339] 해주 구세병원 담당의사로[340] 일하였는데 그곳에서 윌리엄 홀의 아들인 셔우드 홀과 같이 선교활동을 하게 되었다. 닥터 셔우드 홀은 토론토 의과대학을 졸업하고 한국에 의료선교사로 오기 위해 3년간 의학연구를 한 후 부모의 뒤를 이어 1926년에 내한하여 해주 결핵요양원에서 사역하면서 귀한 의료선교사역을 감당하였다.

Dr. 메리 커틀러 MARY M. CUTLER, 1865-1948

닥터 커틀러는 미국 미시건 주 그랜드래피즈에서 태어나 미시건대학교 의과대학을 졸업하고, 3년간 포머로이 병원에서 수련과 연구과정을 마치고 1892년 봄에 내원하여 20년간 보구녀관 병원에서 사역하였다.[341] 그녀는 동대문에 위치한 볼드윈 시약소에서 진료를 책임졌고 이화학당의 교의校醫도 겸하였다. 1912년 평양 광혜여원으로 옮겨서 1933년 은퇴할 때까지 20년 동안 북쪽 지방의 여성 환자들을 돌보는데 헌신하였다. 광혜여원에서 진료와 성경공부를 지도하였고 안식년으로 귀국하여 신학과정을 마친 후 1931년 6월 제 1회 기독교 조선감리회 합동연회에서 한국 최초로 여자목사 안수를 받았다. 볼드윈 시약소에

---

338) 1901년에 자격을 얻어 부목사가 되었고 차후 감리교 구역장으로 6년간 영변에서 일했다. 은퇴 전에는 의사 인 아들이 있는 해주에서 사역하였다.

339) 그는 1921년부터 해주 구세병원(노튼 기념병원)에서 의사로 일했다.

340) 셔우드 홀, 「닥터홀의 조선회상」, 301.

341) Ibid., 226.

서는 1897년 10월부터 닥터 릴리언 해리스가 4년간, 1899년 9월부터는 닥터 엠마 언스버거[342])가 11년간 진료하였다. 그 해 가을에 정동의 보구녀관이 동대문 본원인 볼드윈 시약소으로 옮겨와 통합이 되었다. 1890년 9개월간 1,600여명을, 1900년에서 1901년까지의 1년 동안, 한 달 평균 350여명을 진료하였다.[343]) 간호사 선교사로는 1891년에 엘라 A. 르위스가 8년을, M. J. 에드먼즈가 1902년부터 간호책임자를 역임하였다. 1902년에는 병원 이름을 릴리안 해리스 기념병원으로 개칭하였고[344]) 차후에 이화여자의과대학 부속병원으로 이어졌다.[345])

평양의 광혜여원은 1910년 이후에도 감리교 여선교부에서 잘 운영하여 평양은 물론 북쪽지역에서의 여성 선교에 큰 몫을 차지하고 있었다. 닥터 커틀러는 로제타 셔우드의 뒤를 이어 헌신적으로 평양의 여성 선교에 헌신하였다. 커틀러와 셔우드는 초창기 내한한 여성선교사로 서로의 깊은 우정을 나누며 평생을 한국선교에 헌신하였다. 커틀러가 로제타 셔우드보다 2년 늦게 1892년에 내한하였으나, 셔우드보다 8년을 더 한국에

---

342) Emma Ernsberger는 정동 병원과 볼드윈 시약소에서 진료하면서 이화학당의 교의를 겸하였고 1901년부터는 원장으로 일했다. 주한 미감리교 선교부의 재정관리자인 C. Loeber의 부정 의혹사건이 있었을 때, 재정관리 대리인으로 위임받은 이후에 여러 재판에서 시달렸는데 1911년 뚜렷한 이유 없이 불명예 퇴임당했다. 류대영, 「초기 미국 선교사 연구」, 236-238.

343) 미국북감리교선교보고서(M. E. C. Report for 1891), 273.

344) 여성감리교선교잡지(1909), 117.

345) 이화여자대학교 의과대학 동창회, 「이화의대 동창회 50년사」, 37-41.

서 봉사하였다. 메리 커틀러는 셔우드와 함께 여성간호사와 여성의사를 양성하기 위한 교육기관을 만들어 한국에 여성의료인을 배출하는 일을 시작하였다. 간호사 양성소는 커틀러가 평양에 부임한 1912년부터 시작되었으며, 여성 의학생을 위한 교육은 1913년부터 시작하였다. 한국에서 배출한 최초의 여성의사는 이 과정을 졸업하고 정부에서 운영하는 의학교를 졸업한 사람이었다.[346)

메리 커틀러는 1924년에 포드 트럭을 개조한 이동 봉사차량을 주문하고 광혜여원이 소유한 땅에다 차고를 지었다. 그녀는 이 차량을 '이동진료소' 라고 불렀다. 이 트럭을 통한 순회사역에는 광혜여원에서 사역하고 있던 간호사인 버츠[Butts]와 동역하였다. 이동진료소는 특별히 홍수의 재해를 입거나 질병이 발병하고 있는 가난한 지역을 주된 대상으로 삼았다. 차가 마을에 머물며 사역을 했는데 도저히 차가 갈 수 없는 곳이거나 매우 추운 날이면 마을에 숙소를 정한 뒤 의료 설비를 옮겨놓고 진료하기도 했다. 이동 진료사역을 돕는 사람들은 간호사 한 사람과 전도부인 그리고 운전기사 등이었다. 그녀는 간호사와 차에서 잠을 잤고 다른 팀원들은 마을에 들어가 잠자리를 찾았다. 이동진료소 안에는 기본적인 의료 기구는 물론 못, 바늘에

---

346) I. M. Miller, "Medical Work in Pyeng Yang, Fifty Years of Lights", *Woman's Foreign Missionary Society*, (1938): 46.

서부터 그들의 잠자리와 식사할 음식 등 그야말로 짐으로 가득하였기 때문에 새우잠을 잘 수밖에 없는 환경이었다. 식사는 이동진료소 근처에서 해 먹었으나 낮에는 너무 바빠서 점심을 거르는 일이 많았다. 이동진료소가 마을에 도착하면 운전기사와 전도부인은 마을에 환자를 모으러 가고 커틀러와 간호사는 소식을 듣고 찾아온 환자를 진료하였다. 낮에는 환자들을 진료하고 밤에는 환등기와 차트로 보건위생을 강의하였다. 평양 의료보고는 그녀의 봉사정신을 다음과 같이 기록하고 있다.

> 닥터 커틀러는 그녀의 휴가 이후 이동 진료소로서 시골에 있는 사람들에게 의료봉사와 약을 줄 수 있는 커다란 버스나 앰뷸런스를 사용하는 새로운 봉사의 가지를 내뻗었습니다. 이 빛나는 봉사는 그녀가 1933년에 은퇴할 때까지 계속되었습니다.[347)]

그녀는 은퇴 후에도 한국에 체류하면서 의료봉사와 전도생활을 계속하다가 1939년 귀국하였다. 그가 은퇴할 때까지 봉사한 기간은 모두 40년이었다. 이 40년 동안 그녀는 오직 한국의 여성 환자들의 아픔을 치료하는 데 생애를 바쳤다.

❧ Dr. 릴리언 해리스 LILLIAN HARRIS, 1865-1902

닥터 해리스는 미국 오하이오 주 델러웨어에서 태어나 오하이오 웨슬리안 대학을 졸업하였다. 그녀는 필라델피아 여자대

---

347) I.M.Miller, 48.

학과 신시네티 의과대학을 졸업하고 1897년에 내한하여 6년간 사역하였는데, 4년간은 동대문 부인병원에서 진료사역을 하였다. 그 후 1901년 친 언니 메리 W. 해리스가 있는 평양으로 옮겨 광혜여원에서 헌신적으로 진료하며 교회 주일학교에서 아이들을 가르치다가 1년 만에 장티푸스에 감염되어 순교하였다.[348]

❧ Dr. 더글러스 폴웰 E. DOUGLAS FOLLWELL

닥터 폴웰은 순교한 윌리엄 홀의 후임으로 1895년에 내한한 후, 1896년 봄부터 평양에서 진료를 시작하여 25년간 사역하였다. 1897년 2월, 12명이 입원할 수 있는 기홀병원이 개원되자[349] 이후 4년간 2만4천명을 치료하였으며 그중 초진이 1만4천명이었다. 4년 반 동안 수술 121건이며 취급한 병의 종류도 75종에 달하였다. 1901년에만 안과치료 482건, 안경제조 113건, 백신 173건, 발치 124건을 시술하였다.[350] 기홀병원에서는 매일 아침 환자들을 위한 기도회가 있었으며 기독교 병원으로서 복음 전파에 전력을 다하였다. 그는 세브란스 의학교 교육에도 참여하여 평양에서 북장로교와의 연합 사업으로 매주 2회씩 의료조수 양성반을 운영하였다.[351] 닥터 폴웰은 25년간 기

---

348) 김승태 · 박혜진, 「내한선교사총람」, 287.

349) 셔우드 홀, 「닥터홀의 조선회상」, 128-129.

350) 미국북장로교선교보고서(N. P. Report for 1902), 317-318.

351) 미국북장로교선교보서(N. P. Report for 1906), 261-262.

홀병원의 원장을 맡아, 기독교적인 사랑과 기도로 환자들을 대하였으며,[352] 의학 교육에도 많은 이바지를 하였다.[353]

닥터 폴웰은 의사로서 병원을 통한 선교야말로 평양에서 가장 효율적인 선교방법이라고 믿었다. 1913년 그는 안식년으로 귀국하였는데, 미국에 체류하는 동안 한국의 북쪽지역에서의 의료사역에 대해 선교본부에 충분히 설명하고 현대적인 시설과 장비를 갖춘 병원신축기금을 마련해 올 생각이었다. 평양에서는 1896년부터 최초로 홀 기념병원을 시작하여 근 이십여 년 동안 이 건물을 보수하고 증축하여 사용하고 있는 사이에, 다른 병원과 개인병원들은 정부의 보조를 받아 최신시설과 장비를 가지고 개업하였다. 따라서 평양의 선교 병원은 상대적으로 낡은 병원으로 전락되어 있었다. 그래도 오랜 명성으로 인해 기독교인들을 비롯한 많은 환자들이 찾고 있었으므로 새로운 시설과 장비를 가진 병원건축이 시급하였다. 그가 미국 방문 후 다시 평양에서 진료한 지 몇 개월 후에 뉴욕의 선교본부로부터 새 병원건물 신축을 위해 일만 달러가 확보되었다. 이렇게 하여 1915년 11월 완공하였다.[354] 그는 의료선교를 위해 지은 병원이 지향해야 할 방향에 대해 "병원은 그 문으로 들어오

---

352) E. D. Follwell,"A Doctor's Report," *KMF* (May 1912): 150.

353) 이만열, 「한국기독교의료사」, 350, 418.

354) E.D. Follwell, "Pyeong Yang Medical Report," *MEKAC Journal* (1914)

는 사람들에게 크리스천의 박애와 친절, 사랑을 보여주기 위해 지어졌습니다. 병원은 기본적으로 교회를 위해 지어졌다기보다 비 크리스천에게 실제적인 방법으로 예수 그리스도의 복음을 전하는 도구로 지어졌습니다."라고 말하였다. 그의 박애정신은 특히 전혀 예상하지 못했던 재난 가운데 더욱 발휘 되었다. 삼일운동 후에 열린 의회에서 평양지방 감리사인 무어는 "1년간 입원환자와 매일환자가 많았으며 독립운동으로 부상한 자가 많았나이다."라고 보고하였다. 선교사들은 학교와 병원을 통해 평양 주민들에게 봉사하여 우리 민족에 큰 희망이 되었다. 그는 1920년을 마지막으로 29년간의 선교사 생활을 마치고 부산에서 개인 사업을 하였다.[355]

Dr. 아더 노튼 ARTHUR HOLMES NORTON

1907년에 내한한 닥터 노튼은 영변병원의 첫 번째로 상주하는 의사였다. 영변에 감리교 선교부가 자리를 잡아감에 따라 선교사들은 평안북도 지방 선교를 보다 효율적으로 감당하기 위하여 1906년경부터 병원을 세웠다. 처음 병원이 생긴 후 평양에 거주하던 닥터 폴웰이 가끔 영변에 와서 환자들을 돌보기

---

355) E. D. Follwell, "Hall Memorial Hospital Report," *MEKAC Journal* (1915~1916) 3층짜리 벽돌건물이었으며, 1층에는 약국, 부엌, 세탁소, 2층에는 남자 입원환자, 3층에는 여자 입원환자실이 있었다. 바닥과 창문을 2중으로 하였고, 침대는 외국식이었는데 환자들은 깨끗하고 편하다고 말하였다.

시작했다. 그러자 영변의 교인들은 평양처럼 이곳에 상주하는 의사 한 분을 보내주어 언제든지 환자가 가면 치료해 주길 원하였다. 처음에는 작은 초가집에서 시작하였으나 점차 남문 안 높은 언덕 위에 있는 넓은 한옥집으로 옮겨갔다.[356] 그는 전도에 열성적이어서 4개월간 123명의 신자를 얻었고 진료 전에 30분간 성서낭독, 기도, 권면 등의 시간을 가졌고 마가복음 수백 권을 배부했다.[357] 1910년 말에 해주로 옮겨 의료사역을 하였다.[358] 1912년 여름에 진료소가 보수되고 개선되어서 외형과 편의시설이 나아졌으며, 환자들이 이용할 수 있는 4개의 방과 전도부인을 위한 방, 그리고 도와주는 직원들을 위한 방이 있었다. 닥터 노튼은 처음부터 복음전파에 많은 관심과 노력을 기울였다.[359]

아더 노튼은 안과전문으로 노인들의 백내장수술을 잘하여서 거의 절명 상태에 있던 환자들이 치료 후 광명을 찾게 되자 그와 병원의 명성이 널리 알려지게 되었다. 해가 갈수록 환자들

---

356) 김진형, 「북한교회사」(서울: 기독교대한감리회 홍보출판국, 1999), 214.
357) 미국북감리교선교보고서(M. E. C. Report for 1911), 191.
358) 1912년 평양과 영변지방 감리사를 겸임했던 모리스는 1912년 보고에서 노튼이 지난 한 해 동안 해주에 주둔하고 있는 외국인들에게 선한 봉사를 해왔다고 언급하고 있으며, 노튼 자신도 1911년 9월부터 1912년 6월까지의 보고를 통해 해주에서의 7개월 동안의 의료사역에 대해 언급하고 있다.
359) 김진형, 「북한교회사」, 269.

은 늘어갔고 해주교인들은 이 병원을 '구세병원Salvation Hospital' 이
라고 불렀다. 1910년에는 6개월간 30명의 아편중독환자를 치
료했지만 안타깝게도 75%가 다시 마약을 복용하였다. 당시에
는 아편 판매를 금지하는 법이 없어서 중독환자가 늘어갔다. 황
해도의 도청소재지인 해주에 감리교 병원이 자리를 잡아감에
따라 감리교회의 황해도 선교에도 커다란 도움을 주었다. 그러
나 아직 제대로 된 건물이 없어 교인들과 지역 주민들은 하루
빨리 조그마한 치료소에서 벗어나 좋은 시설을 갖춘 병원이 들
어서길 바랐다. 닥터 노튼의 모친이 병원건축비를 기증하여
1913년 봉헌식을 하였고 이름을 '노튼기념병원Louisa Holmes Norton
Memorial Hospital'으로 하였다.[360] 병원을 통해 전도사역도 활발하
여 1911년에는 88명, 1916년에는 72명이 결신하였는데, 1919년
에는 한 여승이 위장질환을 치료받고 기독교로 개종한 일도 있
었다.[361] 그는 해주에서 병원장으로 많은 봉사를 한 후 1922년
세브란스병원 안과교수로 부임하게 하였는데, 20년간 의료선
교 사역을 하는 중 건강이 악화되어 1926년에 귀국하였다.[362]

---

360) 병원은 도시의 남쪽 약간 경사진 곳에 있었다. 붉은 벽돌로 지어진 2층짜리로 지붕
은 쇠로 덮어 씌웠다. 지하에는 난방시설, 연료, 세탁소, 매점, 목욕과 빨래를 할 수 있는
곳과 화장실, 그리고 한국인 조사들이 기거할 수 있는 방들이 있었다. 1층에는 대기실,
일반치료실, 개인 치료실, 조제실이 있는 진료소와 의사, 간호사를 위한 사무실과 병동
하나와 개인 병동 하나가 있었다. 2층에는 병동들, 욕실, 화장실과 수술실이 있었다.

361) 김진형, 「북한교회사」, 60.

362) 김승태·박혜진은 1928년으로 기록하고 있다.

Dr. 제임스 반 버스커크 JAMES D. VAN BUSKIRK

닥터 반 버스커크는 1908년 미 감리회 의료선교사로 부인과 함께 내한하여 1931년까지 24년간 선교사역을 하였다. 공주 선교부로 임명되어 시약소와 병원을 개설하였는데, 1909년 진료소를 개원하여 1910년까지 2,300여명을 치료하였다. 공주를 떠나는 1913년 9월까지 3년 8개월 동안 총 16,500여명을 진료하고 140명을 왕진하여 100명이 넘는 개종자들을 얻었다. 또한 한국인 전도사와 전도부인의 노력으로 30명의 교인을 전도하였다. 1913년에서 1931년까지 세브란스병원과 의학전문학교에서 의사, 생리학, 생화학, 치료학 등을 강의하는 교수로 활동하면서 한국인 식생활과 위생문제에 깊은 관심을 가지고 연구하였다. 또한 밀스, 러들로와 함께 한국 전통의학과 음식, 풍토병에 관한 연구에서 상당한 성과를 내었다. 1912년에 「한국인의 발작, 간질 그리고 정신병의 원인」이라는 논문을 발표하였고 1918년에는 반 버스커크의 주도하에 학생들의 효과적인 급식방법에 대한 연구결과를 발표하였다. 또한 밀스와 공동으로 한국 여성의 성문제와 장내 기생충의 연구, 한국 소아 사망 연구를 발표하였다.363) 1929년에는 한국인의 음식과 영양, 한국의 기후가 한국인의 생활 효율에 미치는 영향 등의 논문을 발표하였다. 1917년에서 1918년까지 세브란스의학교의 재단

---

363) A. I. Ludlow, "The Research Department of Severance Union Medical College, Seoul," *KMF* (May 1930): 96.

법인 부이사장을 역임했으며, 1917년 부교장으로 임명되어 1932년까지 재직하고 1931년에는 재단이사로 역임하였다. 1924년에는 공중위생 계몽사업을 위해 감리교 협성신학교에서 과학과 건강을 강의하였다.[364]

닥터 반 버스커크의 제자 김명선金鳴善은 1921년 세브란스의학전문학교에 입학했다. 그는 4학년 때 버스커크 밑에서 생리학 조수로서 강의를 할 정도로 뛰어났다. 1925년 졸업 후 생리학 조교로 일하다가, 1929년에 시카고 노스웨스턴대학 의과대학에서 연구하였다. 김명선은 1932년에 귀국해 세브란스 의전 생리학 교실에서 가르쳤는데, 그의 위대한 생애는 남다른 성품과 근면한 생활태도가 바탕이 되었다. 생활이 어려운 학생의 학비를 대주고, 연구비를 보조하고 후배들의 취직을 알선하는 등 남을 돕기 위해 동분서주했다. 뿐만 아니라 신앙이 투철하였던 그는 엄하기로 소문나서 채플에 늦게 들어오는 학생, 담배와 술을 즐기는 학생, 놀기 좋아하는 학생, 그리고 게으른 학생은 아무리 시험을 잘 봐도 인술을 의술의 기본으로 본 그는 좋은 점수를 주지 않았으나, 졸업 후에는 인자한 아버지와 같이 모든 제자들을 성심껏 돌보았다.[365]

---

364) J. D. Van Buskirk, "Present problems," *KMF* (October 1925): 208.
365) 최제창, 「한미의학사」, 103-104.

❧Dr. 밀러 I. M. MILLER

닥터 밀러는 1910년에 영변 제중병원의 닥터 노튼이 해주로 부임하게 되자 그 후임으로 내한하였다. 그는 영변에 부임해 오자마자 여름과 가을에 환자들을 위한 방을 건축하여 17명의 환자를 수용할 수 있는 병동을 마련하였다. 그는 이런 식으로 병원을 늘리면서 한편으로는 선교부에 근대식 시설을 갖춘 병원을 세워주길 요청하였는데 선교부에서는 영변병원을 건축할 기금이 없다고 통보해 왔다. 그럼에도 그는 영변에서 12마일 떨어진 산성골(고성)에 진료소 지부를 열었다. 밀러는 수요일마다 그곳에 가서 진료를 하였고 토요일에는 사역자를 보냈다. 그리고 이곳에 병원 전도인을 보내어 환자들에게 복음을 전하는 한편 정기적인 예배를 시작하여 주일과 수요일에 평균 참석자가 25명이나 되었다.

영변 부근에는 다른 병원이 없었기에 1백마일 이상 떨어진 지역에서도 치료를 받으러 왔다. 이렇게 멀리서 오는 환자들은 무일푼으로 소문만 듣고 찾아오는 경우가 대부분이었다. 게다가 입원을 요하는 환자들로 짧게는 며칠에서부터 몇 개월에 이르기까지 무료시술을 해주어야만 했다. 어느 날은 한 여인이 환자와 결혼한 딸과 함께 병원을 찾았는데 무려 75마일을 걸어서 환자와 환자의 딸을 업고 왔다. 이러한 사람들은 먼 시골에 사는 무지한 사람들로 환자는 곧 수술을 해야 했다. 밀러 의사는 환자의 보호자에게 음식과 땔감을 위한 돈을 가지고 왔느냐고 물었다. 입원비와 약값은 선교부에서 부담하더라도 최소한 그들이 먹을 음식과 땔감은 환자 스스로 부담해야 병원을 유지할 수 있었기 때문이다. 서양의사가 이렇게 묻자 그들은 도리어 매우 놀랐다. 그들은 서양 사람들이 친절하게 복음을 가르쳐준 것 같이 병원 역시 아무것도 받지 않는 줄로 생각했던 것이다. 결국 이 환자와 보호자는 돈 한 푼 내지 않고 수술을 받았고 완쾌될 때까지 병원에 머물다 돌아갔다. 그 대신 이들은 병원의 전도부인과 교제하면서 성경말씀을 잘 배웠다. 병원의 전도부인은 신운이란 사람이었는데 오전에는 영변의 불신자가정을 심방하였고 오후에는 병원에 와서 전도했다. 신운은 아버지가 한 때 이 지방의 관찰사로 있었던 지체 높은 가정의 여인이었기 때문에 모든 가정을 방문하여 전도하는데 강력한 능력을 갖춘 유식한 여인이었다. 1912년과 1913년 사이에는 병원조사와 밀러 부인이 합류해 병원 전도 사업에 매진하였다. 밀러는 이런 병원 전도 사업에 큰 만족을 느끼고 있었는데 1913년 그의 보고를 통해 알 수 있다.

우리의 가장 위대한 사업은 한두 번 정도 오는 사람들보다는 오히려 병원에 머물고 있는 환자들과 함께 있다고 생각됩니다. 입원환자의 95%가 기독교인이 되었음이 이를 증명해 줍니다. 왜냐하면 그들은 날마다 병원조사들과 전도부인으로부터 하나님의 말씀을 배우고 권면 받고 있기 때문입니다.[366)]

그러나 이렇게 열정적으로 일하던 밀러 부부가 건강을 해쳐 1913년[367] 한국을 떠날 수밖에 없었다. 그가 떠난 자리는 평양에 있던 닥터 폴웰이 가끔 영변에 들러 대신 치료하였다. 이곳에 병원이 있어야 한다는 것은 선교사들과 그 지역 교인들의 간절한 바람이었기에 선교부에서는 서울의 정부병원을 졸업한 우 박사를 영변의사로 파송할 수 있었다. 그는 독실한 기독교인으로 진료 외에도 주일학교를 돕는데 힘썼다.[368] 그러나 결국에 영변병원은 10년간의 사역으로 끝을 맺었는데,[369] 영변의 왁스 선교사는 이 병원이 기금이 부족해 결국 철수하게 되었다고 보고하였다.

3) 미국 남장로교 선교회

본 선교회의 근원은 시카고의 맥코믹 신학교와 버지니아 주의 유니온 신학교로 언더우드 선교사가 두 학교를 방문하여 조선은 개척해야 할 선교의 처녀지라는 주장을 폄으로 시작되었다.[370] 1891년 루이스 B. 테이트, 윌리엄 M. 전킨, 윌리엄 D. 레이놀즈, 카메론 존슨 등이 그 해 10월에 전국 신학생 해외선

---

366) I. M. Miller. "Medical Report of Yeng Byen Hospital" *KMF*, (1912)

367) 내한 선교사 총람에는 1915년으로 되어있다.

368) P. S. Woo, M.D. Follwell, "Yeng Byun Hospital," *MEKAC Journal* (1915).

369) V. M. Wachs, *MEKAC Journal*, 1916.

370) J. F. Preston, "Editorials," *KMF*, (November 1921): 222.

교연합회에서 언더우드와 윤치호[371]의 조선선교의 필요성에 대한 연설을 듣고 조선선교를 지원하였고 언더우드 선교사와 그의 형인 존 T. 언더우드의 헌금으로 조선선교가 가능하게 되었다.[372] 1893년 초에 미국 남장로교는 전라남북도와 충청남도의 선교사역을 담당하기로 되어, 1893년 가을에 테이트와 전킨 선교사가 전주[373]에 도착함으로서 선교가 시작되었다.[374]

1894년 봄에 닥터 드루는 레이놀즈 선교사와 함께 사역지 탐사여행을 다닌 결과, 1896년에 전킨 선교사와 린니 데이비스 선교사가 팀을 이루어 군산에 정착하게 되어 전주에 이어 두 번째 선교센터를 마련하였다. 1902년에는 닥터 A. J. 알렉산더와 팀을 이루었다. 첫 번째 선교센터인 전주에는 테이트 선교사, 해리슨 선교사, 레이놀즈 선교사와 팀을 이룬 닥터 잉골드가 1895년부터 사역하게 되었고, 목포 선교센터에는 1898년에 유진 벨 선교사의 지도로 F. R. 스트래퍼 선교사와 팀을 이룬 닥터 오웬이 사역하게 되었다.[375] 1903년에 광주 선교센터

---

371) 그는 당시 Vanderbilt 대학에 다니고 있었다.

372) Underwood 선교사는 500불, 그의 동생은 2,000불을 조선 선교비로 헌금하였다.

373) 당시 전주는 아름다운 성곽 도시였고 전에 왕족의 일가가 살던 고을이라 보수적이며 역사가 오랜 귀족적 생활규범을 갖고 있었다.

374) 에너벨 니스벳 「호남선교 초기역사(1892-1919)」, 한인수 역 (서울: 도서출판 경건, 1998), 19-20.

375) Ibid., 34.

에는 유진 벨 선교사와 오웬이, 프레스토 선교사와 닥터 J. W. 놀란, 그리고 닥터 R. M. 윌슨이 병원 선교를 통해 놀라운 선교사역을 이루었다. 이러한 사역의 결과는 복음전파 선교사와 의료선교사가 함께 선교에 동역함으로써 가능하였다.[376] 1892년부터 1903년까지 4명의 의료선교사가 사역하였고 사역지역은 전주(1894), 군산(1895), 목포(1898), 광주(1903)였다.

전라도 지방의 선교를 맡아오던 미국 남장로회는 1895년에 의료사역을 시작하였지만 1903년까지의 의료사역은 매우 간헐적이었다. 비록 군산, 전주, 목포 등 3곳에서 의료사역을 하였지만 군산 병원은 1901년부터, 목포는 1900년 이래 사업을 중지하였다. 다만 전주에서 여의사 잉골드 혼자 의료사역의 명맥을 유지하다가 1904년에 잉골드 선교사가 미국으로 안식년 휴가를 떠남에 따라 미국 남장로회의 의료사역은 일시적으로 중단된 상태였다. 토마스 H. 다니엘이 군산에, 윌리 H. 포사이드가 전주에, 그리고 조셉 놀런이 목포에 각각 의료선교사로 자리를 잡는 1904년 8월부터 새롭게 출발하게 되었다. 또 1905년에는 로버트 M. 윌슨이 광주에 진료소를 개척하여 진료소는 4곳으로 늘었다. 이처럼 의료진이 보강되었으나 부임한 의사들이 과로로 질병을 얻게 되자 이로 인해 의 료선교사들이 자

---

376) 호남신학대학교편, 「신학이해12집」, (광주: 글벗출판사, 1994) 116.

주 이동하게 되어 군산을 제외하고는 중도에 의료사역이 중단되었다가 재개되는 것이 거듭되었는데 1910년에 이르러서야 거의 모든 병원에서 안정적으로 의사들이 상주하게 되면서 진료사역을 할 수 있게 되었다.[377]

그 후에 순천(1913)에 의료 선교를 개시함으로써 5개의 각 선교지부에 모두 병원이 들어서게 되었다. 선교부에서는 1904년부터 1923년까지 12명이나 되는 많은 의사들을 파송하였고,[378] 간호사는 8명이 파송되어 왔다.[379] 의료사역 규모가 대폭 증대함에 따라 의료선교사들의 과로가 가장 큰 문제로 대두되었다. 현대적인 시설을 갖추는 것과 함께 충분한 의사와 간호사를 확보하여 과중한 업무를 덜어주는 것이 시급하게 되었는데, 파송되어 온 많은 선교사들이 과로로 건강이 훼손되어 대부분 휴양

377) 이만열, 「한국기독의료사」, 205.

378) 다니엘(T. H. Daniel, 1904-1917, 군산, 전주, 서울), 포사이드(W. H. Forsythe, 1904-1912, 전주, 목포), 놀런(J. W. Nolan, 1904-1908, 목포, 광주), 윌슨(R. M. Wilson, 1905-1948 광주, 순천), 버드맨(F. H. Birdman, 1907-1909, 목포, 전주), 패터슨(J. B. Pattersen, 1909-1926, 군산), 호딩(M. C. Hording, 1911-1913, 목포), 리딩햄(R. S. Leadingham, 1912-1923, 목포, 서울), 티몬스(H. L. Timmons, 1912-1919, 1922-1926, 순천, 전주), 로버트슨(M. O. Robertson, 1915-1919, 1920-1923, 전주), 로저스(J. M. Rogers, 1917-1947, 순천), 길머(W. P. Gilmer, 1922-1927, 목포) ; The Missionary, (October 1918), 579-580.

379) 케슬러(E. E. Kestler, 1904-1946, 전주, 군산), 래드롭(Lilline Lathrop, 1911-1931, 목포, 군산), 코델(E. Cordell, 뒤에 Mrs. Callie, 1907-1930, 전주, 목포), 피츠(L. M. Pitts, 1910-1911, 전주), 셰핑(E. J. Shepping, 1912-1934, 군산, 서울, 광주), 매튜스(E. B. Mathews,1915-1930, 광주, 목포), 베인(M. T. Bain, 1921-1927, 목포), 그레이(A. I. Grey, 1921-1926, 군산), 그리어(A. L. Greer), 워커부인 (Mrs. Walker, 1925-1935, 광주, 순천, 군산)이 파견되어 왔다.

차 귀국하였기 때문이었다. 남장로회는 1919년에 의사선교사 3명, 간호선교사 3명이 사역을 하였고, 1921년의 경우엔 의료 선교사 2명, 한국인 의사 5명, 간호선교사 5명과 함께 사역하였다. 또한 1922년에는 보강이 되어 각각 5명이 사역을 하였다.

남장로교의 의사들과 그들의 사역, 그리고 그들이 개척한 병원은 전라도 지역 마을마다 알려지지 않은 곳은 한 곳도 없을 정도였다. 그들은 복음이 들어오는 길을 예비해 주었다. 백내장 수술은 아주 어려운 것에 속하는 것은 아니지만 당시에는 아주 굉장한 수술에 해당하는 것이다. 오랫동안 앞을 보지 못하고 살았던 사람이 시력이 회복되어 마을로 돌아올 때 그것은 마을 사람들에게 하나의 기적과 같은 사건이 되기 때문이다. 예방주사 접종 운동은 천연두 교육을 통하여 참석자들을 가르쳤다. 선교 거점에 거주하는 의료선교사는 그들의 지역에서 보통 사 나흘간 저녁시간을 이용하여 남녀 성인들에게 강의했다. 한국인들은 아이들의 양육법에 대해 아무것도 아는 바가 없어서, 일 년 중 가장 무더운 여름 대낮에도 사람들은 어린 아이에게 설익은 참외나 익지 않은 과일을 먹여 배탈이 났다. 남장로교 의사들과 학교들은 음식의 가치와 식이요법을 가르치는데 많은 노력을 했다.[380]

---

380) 니스벳, 「호남선교 초기역사(1892-1919)」, 198-200.

특히 미국 남장로회의 섬 전도에서 의료선교와 복음 전도의 연합사역은 많은 열매를 거두었는데, 남장로교회가 책임지고 있는 지역 안에는 200개가 넘는 크고 작은 유인有人섬들이 있었다. 여객선으로 육지와 연결이 되어있는 많은 큰 섬들은 닥터 오웬 선교사와 프레스톤 목사가 성실하게 방문을 하였는데, 그 열매가 많은 섬 안에 세워 진 교회 안에 남아있다.

✎ Dr. 알렉산드로 드루 ALESSANDRO D. DREW, ?-1924

닥터 드루는 미국 펜실베니아 대학 약학과와 버지니아 대학 의학부를 졸업하였다. 그는 한국에 의료선교사로 갈 것을 갈망하던 중 결혼하여 신혼여행도 반납한 채 한국으로 향하였다.[381] 그는 닥터 오웬의 후원을 받고, 1893년에 내한하여 8년간 사역하였다.

닥터 드루는 서울에서 한국어와 한국문화 및 역사를 익히고 레이놀즈 선교사의 안내로 1894년 봄에 호남 땅 첫 번째로 군산항에 도착하여 약 40일간 전라북도와 전라남도 지역을 거쳐 부산까지 순례여행을 다녔다. 그가 가는 길에 만나는 사람마다 전도하였는데 좋은 반응을 얻지 못하였지만 흥덕에서는 복음에 대해 진지하게 대하는 사람도 있었다. 서울에 10개월간 머물면서 의료사역 및 장기선교 준비를 한 후 1895년 봄에 군산

---

381) 김수진, 「호남기독교 100년사(전북편)」(서울: 쿰란출판사, 1998), 65.

선창가의 한 집에서 어민들을 대상으로 진료하였고, 전킨 선교사와 한달간 군산시내와 이웃마을을 순회하면서 복음을 소개하고 환자들을 치료하였다. 이들은 아침 9시부터 10시 반까지 전도하고 진료를 시작하여, 어떤 날은 50명까지도 진료를 하였다. 두 선교사는 서투른 한국말로 한 사람씩 붙잡고 기도를 했는데, 사람들은 선교사들을 매우 따뜻하게 대하였고 복음에 수용적이었다. 이 때 두 명[382]이 그리스도를 영접하게 되어, 이를 통해 교회 개척이 시작되었다. 동학운동과 청일전쟁의 어려움 때문에 서울에서 일년간 더 머물면서 사역을 하면서 콜레라 퇴치에 힘을 쓰다가 1896년 4월에서야 다시 군산 야소병원에서 의료사역을 하게 되었다. 닥터 드루는 연인원 2,700명을 진료하였고, 약 600건의 작은 수술을 시행하였다. 군산은 복음에 대한 반응이 다른 어느 곳보다도 즉각적이었다. 전킨 선교사[384]는 정기적으로 회중들에게 설교했는데 어떤 신자들은 주일 예배에 참석하기 위해 토요일 밤 집에서 출발했던 사람들이 있을 정도로 열의가 있었다. 교회에서 출석을 불러 결석한 사람이 아프다면 그 집에 달려가 치료와 함께 기도를 해주어 교회가 부흥하는 계기가 되었다. 린니 데이비스 선교사는 여인들과

---

382) Ibid., 54. 이들은 1896년 7월에 문답을 거쳐 정식으로 세례를 받았다.

383) 니스벳, 「호남선교 초기역사」, 24-27.

384) Ibid., 54. William M. Junkin 선교사는 유니온 신학교 출신으로 미국 남장로교 선교회의 첫 팀으로 1981년 한국선교를 지원하여 군산에서 사역하였는데 훌륭한 설교와 따뜻한 성품에 한국 사람들을 끌어당기는 예법을 결합시켰다.

아이들을 위한 모임을 이끌었고, 닥터 드루는 집에 있는 손님용 숙소에 진료소를 차려 선교사와 대중 사이의 중요한 연결고리를 만들었다.

닥터 드루는 작은 진료용 배를 만들어 데이비스 선교사[385]와 함께 금강과 만경강을 따라 작은 마을을 찾아다니며 치료와 함께 기독교 서적과 전도지를 나누어 주면서 복음을 전파하였다. 금강을 따라 장항을 비롯하여 옥포와 임포, 청송 그리고 내륙지방에 있는 서천, 화산, 한산의 충북지역과 구암, 나포, 웅포, 강경을 다녔고 만경강 강변을 따라 김제지역, 익산지역, 군산의 전북지역까지 환자가 있는 곳이면 어디든 찾아다니며 순회진료를 하였다. 그가 다닌 마을마다 알 수 없는 병에 걸려 죽어가는 많은 사람들이 그의 손길을 기다리고 있었으며 자원 전도자의 협력을 얻어 많은 생명을 건져 내었다. 죽을 뻔하다가 살아난 경우 옆에서 간호하던 전도자가 "꼭 하나님을 믿으시오"라고 말하면 환자가 깜짝 놀라 모두 하나님을 믿게 되었다고 한다.[386] 많은 사람들이 죽을 병에서 나아 닥터 드루를 신접한 사람이라고까지 불렀다.[387] 그러나 닥터 드루는 과로로 인해

385) 미국 버지니아 출신으로 남장로교의 7인의 선발대 중 한 명으로 1892년 서울에 와서 미국 북장로교의 안내로 한국의 언어와 문화를 익히고 군산선교에 임하였다. 후에 전주 예수병원에서 입원환자들을 대상으로 복음을 전하였으나 내한 11년 만에 콜레라로 순교하였다.

386) 니스벳, 「호남선교 초기역사」, 64–65.

건강이 극도로 약해져서 선교부로부터 강제 귀국 명령을 받고 귀국하였다. 오랫동안 치료를 받아야 했기 때문에 결국에는 한국에 다시 돌아오지는 못하고[388] 미국에서 공의로 일하였다. 그가 입버릇처럼 하는 말은 '내가 누워있으면 한국 사람이 죽어간다' 였다.[389]

✿Dr. 매티 잉골드 MATTIE B. INGOLD, 1867-1962

닥터 매티 잉골드는 미국 노스케롤리나주 스테이트빌에서 태어나 미국 하이코니에 있는 클레멘트 대학을 졸업하였다. 이 후 볼티모어 의과대학을 수석으로 졸업하고 1895년에 전주에 내한하여 10년간 의료사역과 20년간 복음전도사역을 하였다.[390] 잉골드는 전주에 도착한 날부터 윌리엄 해리스[391]선교사가 운영하던 약국을 개조하여 진료실을 차리고 은송리에서 사역을 시작하였다. 진료실에서는 기독교 소책자를 나누어 주고, 어린이들에게는 성구가 있는 그림사진을 주었다. 하루에 2-3명씩 오던 환자들이 봄이 되면서 6-14명으로 늘어나 진료실은 복음

---

387) 김수진, 「호남 기독교 100년사(전북편)」, 56.

388) 안영로, 「전라도가 고향이지요」 (서울: 쿰란출판사, 1998), 105-107.

389)김수진, 「호남 기독교 100년사(전북편)」, 67.

390) 미국남장로교선교보고서(S. P. Report for 1899), 54.

391) 안영로, 「전라도가 고향이지요」, 35-36. 해리스는 의과대학을 다닌 경험이 있기에 자신의 집에다 약국을 운영하였는데 이것이 전주 예수병원의 시작이다. 침으로 인하여 등창이 생긴 소년을 치료하였는데, 그 母子가 전주교회의 첫 세례교인이 되었다.

전파의 중심지가 되었다. 한편, 당시 전주의 풍토는 여자가 활동하는 것을 인정하지 않았기에, 항상 남자직원을 앞세워 다녔으며, 남자 선교사인 클라크를 통하여 말하고 지시하였다.[392]

닥터 잉골드가 여인들과 아이들을 치료하는 일은 기독교에 대한 편견과 오해를 없애는데 큰 도움이 되었고 복음 전파의 기회도 되었는데, 이러한 모습을 보고 니스벳 선교사는 '의료선교사는 선교사 하나 반과 같다'고 하면서 이는 육적인 아픔이 치료되면 치료해 준 자의 말을 쉽게 듣기 때문이라고 기술하였다. 닥터 잉골드는 전주에서 10년간 남자 의사 없이 혼자서 진료를 감당해 냈는데 상냥함이 가득 찬 진료를 함으로서 복음의 통로 역할을 잘 감당하였다. 어느 날 한 여인이 남편의 술 문제로 고민을 토로했을 때, 복음이 바로 남편을 치료하는 약이라고 전도를 하자 그녀의 남편은 교회에 나오게 되었다.[393]

또 한 번은 유씨 부인이라는 그리스도인의 아들이 단독丹毒[394]을 앓자 큰 돼지를 죽여서 그 배 위에 아이를 눕혀 놓았다. 당시 이것은 조선의 최선의 전통적 치료법이었다. 이때 닥터 잉

---

392) 마르다 헌트리, 「새로운 시작을 위하여」, 613.
393) 니스벳, 「호남 선교 초기역사」, 57.
394) 피부의 헌데나 다친 곳으로 세균이 들어가서 열이 높아지고 얼굴이 붉어지며 붓게 되어 종창, 동통을 일으키는 전염병

골드는 빨리 서양의학적인 조치를 취하여서 그 아이를 낳게 하였다. 이렇게 좋은 관계로 인하여, 유씨 부인의 두 딸의 이름이 본래 '첫째, 둘째' 였는데 닥터 잉골드가 그 이름을 큰 보배, 작은 보배라고 개명하여 주었다. 이렇게 그녀는 환자들의 삶을 나누는 의사였다.[395]

한 번은 발목에 독종이 나서 위태롭게 된 부인이 남편에 업혀 와서 한 달반 정도 치료받는 중에 언문을 배우고 예수를 믿어 그 집안 식구들을 예수께로 인도하여 잘 믿는 가족이 되었으며[396] 고침을 받은 그녀는 여러 마을을 다니며 전도하였다.[397] 또 한 번은 독종이 나서 고생하는 무당 할머니가 왔는데 그 무당은 전라도에서 용하기로 소문났었다. 그녀가 아프다고 하니까 용하다는 모든 무당들이 모여 큰 할머니의 병을 고치기 위해 몇 날밤을 지새우며 굿거리를 하였지만 아무런 효과를 보지 못했다. 그러나 잉골드의 진료소에서 독종의 치료가 성공적으로 끝나자 그 무당은 선교사를 집에 초청하고 예배를 드린 후에 신당을 불태우고 예수를 믿게 되었고 후에 전도인이 되었다. 그 소문이 전주시내에 퍼졌고 많은 사람들이 교회[398]에 나오게 되었다. 당시 서울에는 의료사역을 하여도 교회가 없어

---

395) 니스벳, 「호남 선교 초기역사」, 31.
396) 「전라도선교25주년 기념록」, 1917, 4.
397) 안영로, 「전라도가 고향이지요」, 74-76.
398) 전주 서문교회

전도를 한다 해도 어려움이 있었으나, 전주에는 의료사역 이전에 이미 교회가 세워졌기에 의료와 복음 사역의 연결이 비교적 원활했다. 1899년 4개월 동안 그녀는 400명을 치료했다. 1902년에는 전주 화산동에 새 병원을 건립하고[399] 진료를 하였다. 유교가 강하여 남녀의 성 차별이 심한 지역임에도 불구하고 남녀 구별 없이 진료를 받으러 왔다. 이때에 그녀는 1,500건의 시술을 하였으며 유아 요리문답을 출판하여 전도지와 함께 나누어 주었다.[400]

어느 날 닥터 잉골드와 이눌서 목사의 가족이 저녁 식사를 하고 있을 때 한국인 가정부 위우디가 접시를 떨어뜨려 깨뜨리고 말았다. 이 목사 부인은 그가 조심성이 없어서 물건을 종종 잘 떨어뜨린다고 이야기했다. 그러나 이 때 잉골드는 위우디에게 그의 손을 좀 보여 달라 했고, 진찰 결과 위우디가 나병 환자라는 사실을 알았다. 그에게 오는 마비 증상들이 접시를 놓쳐 떨어뜨리게 하였는데, 그는 접시를 잡지 않고서도 잡고 있다고 생각했던 것이다. 위우디는 겸손하고 착실한 그리스도인으로서 수년 동안을 더 생존한 후 세상을 떠났다. 그는 진짜 신실한 신자 중 한 사람이었다.[401]

---

399) 현재 전주 예수병원의 모체가 되었고, 그녀의 활동에 감동을 받은 전라감사 이완용은 선교사의 주택 등의 전체 이전 비용을 부담하였다.

400) Ingold, M. B., "A Korean Dispensary," *The Missionary*, (October 1899), 475-477.

닥터 잉골드는 루이스 테이트 선교사[402]와 함께 오지를 다니며 환자를 돌보면서 복음 전파를 하였다. 김제 송지동교회, 익산 남전교회, 옥구 지경교회가 있는 지역까지 가서 진료하였고 때로는 48km 떨어진 군산에도 왕진을 가기도 하였다. 이런 이유로 전주진료소를 자주 비웠는데도 1903년에는 1,500명을 진료하였다.[403] 닥터 잉골드는 1905년 닥터 W. 포사이드에게 전주 진료소를 맡기고 L. 테이트 선교사와 결혼하여 남편을 따라 20년간 전라북도의 남서북 지방을 다니면서 복음전도사역에 임하였다. 1925년에 남편의 신병으로 30년간의 한국선교사역을 마감하고 귀국하여 플로리다에서 교회봉사에 헌신하며 95세까지의 장수를 누렸다.[404]

❧ Dr. 클레멘트 오웬 CLEMENT C. OWEN, 1867-1909

닥터 오웬은 미국 버지니아에서 태어나 햄던시스네 대학과 버지니아 대학을 졸업하였다. 그리고 유니온 신학교를 졸업한

---

401) 니스벳, 「호남 선교 초기역사」, 67. 니스벳은 그의 집에서도 식구들이 이 무서운 병에 노출될 수가 있다는 것을 보여주기 위해 그에 대하여 이야기 하곤 하였다. 그러나 니스벳 선교사는 '아무도 알지 못하는 어두움 뒤 그림자 속에 하나님께서 서 계시어, 그의 자녀들을 지켜주신다' 는 사실을 잘 알고 있다. 우리는 지금까지 놀라운 방법으로 하나님의 보호를 받아왔다고 회고하였다.

402) Westminster 의과대학 졸업을 1년 앞두고 시카고의 McCormick 신학교에 입학하여 과정을 마친 후, 여동생인 Mattie와 함께 미국 남장로교 선교회 파송으로 내한하였다.

403) 김수진, 「호남 기독교 100년사(전북편)」, 156.

404) 니스벳, 「호남선교 초기역사」, 63.

후에 스코틀랜드 에든버러 대학에 유학을 하여 신학부에서 수학하였다. 성공적인 선교를 수행하기 위해서는 의사가 되어야 함을 느껴 버지니아 의과대학에 입학하고, 닥터 드루를 군산에 선교사로 보내고 재정지원을 하였다.[405] 그 후 의사가 되서 한국에 지원하여 1년 6개월을 준비하고, 미국 남장로회 파송으로 1898년 가을에 목포에 도착하여 10년간 사역하였다.[406] 그는 유진 벨 선교사 집의 사랑채에 '목포진료소'라는 간판을 걸고 진료를 시작하였다. 이때 전단을 많이 뿌렸는데 그 내용은 다음과 같았다.

> 누구든지 자신의 몸에 이상이 있으면 양동에 있는 목포 진료소로 찾아오십시오. 정성껏 치료해 드리겠습니다.[407]

닥터 오웬은 부둣가의 어부들에게 진료안내 전단을 나누어 주었으나 사람들은 좀처럼 내원하지 않았다. 그러다가 복어국을 잘못 먹고 생명이 위급한 환자를 치료한 다음부터 진료소가 소문이 났고 목포교회도 번창하기 시작하였다. 그가 오기 전까지 벨 선교사의 사역은 어려움이 많았다. 그는 전도지를 뿌리고 몇 번 설교하는 것 이외에는 아무것도 할 수가 없었다. 대다

---

405) 차종순, 「양림동에 묻힌 22명의 미국인」, (광주: 삼화문화사, 2000), 78–79.
406) 목포는 1897년 10월에 개항되었고 Dr. 오웬이 내한하기 3년 전에 유진벨 선교사가 선교를 하고 있었다.
407) 안영로, 「전라도가 고향이지요」, 144–145.

수의 관리들과 상류층은 복음을 들어도 믿지 않았으며 기독교 도입자체를 거부하였다. 이런 상황 중에 의료사역이 전개되자 복음 전파가 잘 이루어지기 시작한 것이다.[408]

닥터 오웬은 몇 달 동안에 400여명을 진료하였으며 목포 주위에 있는 많은 섬들을 찾아다니며 진료 겸 전도를 많이 하였다. 원산 경찰서 총순總巡이었던 사람의 모친이 손등의 종기가 나서, 온갖 노력을 하여도 치료가 되지 않아 고생을 많이 하였다. 그러나 그의 치료로 낫게 되자 그 아들은 그의 권유로 훌륭한 그리스도인이 되었고 후에 광주선교부의 큰 일꾼이 되었다.[409] 1901년 과로로 잠시 귀국하였다가 다시 내한하여 진료에 임하였다. 1904년에 오웬은 닥터 포사이드에게 목포 의료사역을 넘기고 광주 선교부로 옮기면서 사실상 의료사역은 그만 두었고 복음전파사역에만 몰두하였다. 목사이기도한 그는 목포 진료소에 각종 기독교 서적을 놓아 읽을 수 있도록 하였고, 약봉투와 벽에 한글로 성경구절을 붙여 놓아 보이게 하였다. 그는 성경 구절이 적혀있는 전단을 환자에게 나누어 주었으며 때때로 큰 소리로 읽어 주기도 하였다. 진료소 밖에서 기다리고 있는 환자들의 순번 대기표에는 '하나님은 사랑이시다' 라고

---

408) 기덕근, "병원선교가 복음증거에 미친 영향 : 광주 선교부를 중심으로," (석사논문, 호남신학대학교 대학원, 2000), 44.
409) 이름은 김윤수이고 양조장의 문을 닫고 학습문답에 임하였고 이후 세례를 받았다.

써놓았으며, 성경이나 쪽 복음을 나누어 주면서 읽게도 하였는데 그들 중에는 큰 소리를 내어서 읽고 있는 사람도 있었다.[410]

동역자인 벨 선교사가 미국에 가 있는 동안은 의료사역과 아울러 목포교회를 전담하였다.[411] 이후 오웬은 광주로 사역지를 옮겨서 벨 선교사는 광주 북부지역을, 그는 광주 남부지역의 복음전파를 전담하였다.[412] 그는 장성, 보성, 낙안, 능주, 동복, 화순, 순천, 광양, 구례, 남원까지 복음을 전파하고 또한 여성반 전도 팀으로 광주, 나주, 화순지역을 순회하면서 특히 달력과 기독교 서적을 판매하였다. 특별히 그는 성경을 좋아해서 성경학교기간에는 예수님의 비유와 설교 그리고 소요리문답을 가르쳤고[413] 차후에 성경학교를 위한 전용건물을 설립하였다.[414]

오웬 선교사는 선교사 연례대회에서 지역 선교부의 필수 조건으로 복음전파를 담당할 목사, 의료사역을 맡는 의사, 가르치는 사역을 맡을 교육선교사, 부녀·아동담당의 여자 선교사

410) 안영로, 「전라도가 고향이지요」, 258–259.

411) 기덕근, "병원선교가 복음증거에 미친 영향: 광주 선교부를 중심으로", 43.

412) Ibid., 46.

413) 차종순, 「호남교회사 연구」 1권, 241–241.

414) 본래는 자기를 키워준 할아버지를 기념하기 위해 병원을 세우려 했으나, 성경학교 건물로 바꾸었고 그의 사후에 오기원(C. C. Owen) 기념각이 세워졌다.

의 팀 사역자의 증강요청을 하기도 하였다.[415] 그는 지칠 줄 모르는 순회 설교자였는데, 13개 군내에 있는 집회소 사역을 맡았고 순회 여행은 보통 한 달이 걸린 사역이었다. 그의 딸이 오웬이 세상을 떠나기 며칠 전에 "왜 아빠는 우리와 같이 집에 안 계세요?"라고 물었던 것은 영적으로 갈급해 있는 수많은 사람들에게 성실하게 그의 사역을 수행했다는 증언이기도 하였다. 삶의 마지막 해에 선교지에서 200명에게 세례를 베풀었고 430명의 학습교인을 세웠다. 오웬은 급성 폐렴으로 10년간의 선교사의 삶을 마감하고 순교하였다.[416]

🌿 Dr. 죠지아나 휘팅 GEORGIANA WHITING, 1862-1952

닥터 휘팅은 미국 북장로교 선교사로 1894년에 내한하여 29년간 사역하였다. 제중원 부녀과에서 4년간 진료하면서 제중원의 재정책임을 맡았다. 1898년에 닥터 오웬과 결혼하여 남장로교 선교부로 옮겨서 목포, 광주, 순천 등에서 남편을 도왔다. 그녀는 선교 활동을 하면서 의료사역을 하였다. 남편의 순교 이후에도 15년간을 계속 선교 사역을 하다가 1923년에 귀국하였다.[417]

---

415) R. T. Coit, "Kwangju, Korea, The Progress and Call of Korea", The Missionary, (Oct.1909), 488-499. 기덕근, "병원선교가 복음증거에 미친 영향 : 광주 선교부를 중심으로," 49에서 재인용

416) 니스벳, 「호남선교 초기역사」, 96.

417) 김승태·박혜진, 「내한선교사총람」, 523.

🔖 Dr. A. 알렉산더 A. J. A. ALEXANDER

그는 1901년에 내한하여 군산 야소교병원에서 의료사역을 시작하였는데 사역 6개월 만에 부친의 사망으로 귀국하고 말았다.[418] 미국에 돌아가서도 1902년에 오긍선이 미국 남장로교 선교부의 장학금으로 본인의 고향인 켄터키 주와 가까운 미국 센트럴 대학과 루이빌 의과대학에서 공부할 수 있도록 도왔다.[419] 또한 그는 1906년에 군산에 병원을 세우도록 헌금하여 의료선교에 기여하였다.[420] 오긍선이 유학 중에 있을 때 2천 3백 달러를 빌려주었는데, 귀국 후 군산 병원장으로 재직 시에 그 돈을 갚으려하자 알렉산더는 오긍선의 뜻대로 쓰라고 하였고 알렉산더의 이름을 따서 안락安樂소학교를 세웠다.[421] 또한 알렉산더는 1915년에는 기부금을 내어 전라도 순천에 30개의 병상을 갖춘 3층 현대식 건물 알렉산더 병원을 세웠다.[422]

---

418) 알렉산더가 집안의 장남이기 때문에 귀국해야 한다고 선교사직을 사임했다. 마서 헌트리, 「한국개신교초기의 선교와 교회성장」, 213.; 안영로는 그가 부친의 재산을 정리를 해야 하기 때문이라고 했고 한국으로 돌아오려 했다고 하였다. 안영로, 「전라도가 고향이지요」, 110.

419) 최제창, 「한미의학사」, 42.

420) 이만열, 「한국기독교의료사」, 206.

421) 최제창, 「한미의학사」, 44. 오긍선은 그 돈으로 소학교를 설립하고, 고향 농토를 처분하여 군산에 전파교회와 1909년에 중학교인 영명학교를 세우고 약 3년간 봉직하였다.

422) H. L. Timmons, "The Opening of Alexander Hospital, Sonnchun, Korea," *The Missionary*, (July 1916): 501–502.

알렉산더의 제자 오긍선[423]은 배재학당에 입학하여 이승만의 2년 후배가 되었다.[424] 1899년 초, 일본총독부가 독립운동가들을 체포하라는 명령이 내려졌을 때 오긍선이 한 집으로 피신했다. 마침 그 집주인은 스테드만 목사[425]로 오긍선은 그 집에 피신해 있는 동안에 예수 그리스도를 믿어 세례를 받았다. 1900년 배재학당을 졸업한 다음 해에 스테드만 목사가 일본으로 떠나면서 오긍선에게 닥터 알렉산더를 소개하여 한국말을 가르치게 하였다. 알렉산더의 도움으로 오긍선은 도미하여 켄터키 주 스프링의 센트럴 대학과 루이빌 의대를 다녔다.[426] 졸업 후 그는 루이빌 시립병원에서 피부과를 연구하였는데, 그 이유는 그가 군산병원에서 돕고 있을 때 성병환자가 많았고 이를 퇴치하기 위한 목적에서였다.[427] 그는 1907년 11월 미국 남장로교 선교부는 오긍선을 한국에 파견할 선교의사로 위촉한 바, 이는 전례가 없는 일이었다. 오긍선은 귀국해서 군산 야소교병원에서 첫 진료를 하였다. 또한 그는 애양원에서 나환자도

---

423) 공주에서 외아들로 태어나서 7세 때부터 부친에게서 천자문을 배우기 시작하여 13세에 논어·맹자·중용·대학을 독파하였다고 한다.

424) 1885년 8월 미국선교사 아펜젤러가 서울에 설립한 배재학당에서는 외국에서 유학한 윤치호, 서재필 등이 선교사들과 함께 영어·물리·세계사 등의 신학문을 가르치고 있었다.

425) 스테드만(F. W. Steadman)은 미국 침례교 목사로 1895년 엘라딩기념 선교단 파송으로 내한하였다가 5년후 일본 선교사로 갔다.

426) 오긍선이 의과대학을 선택한 것은, 배재학당 시절 미국 의과대학을 졸업하고 귀국했던 은사 서재필 박사와 미국 유학을 주선해 준 알렉산더의 영향 때문이었다.

427) 연세대학교출판부, 「海觀 吳兢善」(서울: 연세대학교출판부, 1977), 41.

치료했다. 1911년 그는 다시 목포에 있는 야소교병원에서 사역하였고, 배를 타고 섬을 찾아다니며 순회 진료도 했다.[428]

오긍선은 5년 간 지방 병원에 근무하다가 1912년에 한국인으로서는 처음으로 세브란스의학교 교수가 되었다.[429] 한국 실정이나 세브란스병원과 학교 사정을 잘 몰랐던 닥터 반 버스커크가 세브란스 부교장으로 있을 때, 오긍선은 그의 업무를 도왔고, 1934년 4월, 해외 선교사의 뒤를 이어 한국인 최초로 세브란스의학교의 교장이 되었다.[430]

❧ Dr. 토마스 대니얼 THOMAS HENRY DANIEL, 1879~1944

닥터 대니얼은 미국 테네스 출신으로, 버지니아 대학 의학부를 마치고 뉴욕 병원에서 2년간 근무를 하였다. 그는 1904년에 내한하여 군산에서 닥터 드루가 쓰던 방 2개를 진료소로 개조하여 진료하다가 영명학교의 작은 교실로 옮겨 진료하였다. 이때 조그만 진료실 밖에서 대기하던 환자들은 추워서 덜덜 떨고 기다렸으며, 외과 수술을 받은 환자들은 근처의 여관에서 기거하면서 가족들의 간호를 받았다.[431] 1905년에 남장로회 간호

---

428) 최제창, 「한미의학사」, 44-45.
429) 영국 성공회의 Dr. 와이어, 북감리교의 Dr. 폴웰, 남감리교의 Dr. 레이드가 참여했다. 그러다가 1912년에는 북장로교, 남장로교, 북감리교, 남감리교, 캐나다 장로교, 호주 장로교가 연합해 세브란스 병원과 학교를 운영하게 되었다.
430) 최제창, 「한미의학사」, 45-47.

사인 E. 케슬러Kestler가 오게 되어, 보다 안정된 진료를 하게 되었다. 1906년에는 프랜시스 브리지스 애키슨 기념병원[432]이 신축되어 미국 남장로교의 최초의 병원급 진료기관이 세워졌는데, 수술실을 포함하여 18개 병상규모의 2개 병동을 구축하여 진료에 임하였다. 이곳에서 5년간 사역하였으며, 오긍선 의사와 같이 사역하게 되자 전보다 3배 이상의 진료를 하게 되었다.[433] 대니얼은 1909년에 전주병원으로 부임하였고 1912년에는 30개 병상의 전주 맥토원W. R. McKowan 기념병원을 설립하면서, 세브란스의학전문학교의 내과학 창설자 교수로서 의학교육에도 애썼다. 그러나 그는 건강이 나빠져 1915년 전주 예수병원을 사임하고 군산 예수병원과 세브란스병원에서 진료를 받았지만 차도가 없어서 1918년 귀국하였다. 비록 짧은 기간이었지만 대니엘 선교사는 엄청난 일들을 해냈다. 사실 의사가 되어서 선교사로 활동한다는 것은 보통 힘든 일이 아니다. 그렇다고 그들의 급료가 많은 것도 아니다. 일반 선교사들과 똑같은 급료를 받았는데 급료라야 겨우 생활할 정도인 6백 달러가 고작이었다. 당시 의사들이나 목사들이 얼마나 고달픈 삶을 살았는가를 알 수 있게 해준다.

---

431) 마르타 헌트리, 「새로운 시작을 위하여」, 607.

432) 이만열, 「한국기독교의료사」, 206.

433) 최제창, 「한미의학사」, 41-47. 이때 진료사역 내용은 1905년에 1,986명, 1906년에 2,986명, 1907년에 8,996명, 1908년에 10,784명을 진료하였다.

✸ Dr. 조셉 놀란 Joseph Wynne Nolan

닥터 놀란은 1904년 미 남장로교 선교사로 포사이드, 대니얼과 함께 내한했으며 닥터 오웬의 후임으로 목포 진료소로 부임하였다가 1906년 광주 선교부로 옮겨 광주 진료소에서 1년 6개월간 근무했다. 1908년 닥터 윌슨이 부임한 뒤 의료선교사를 사임하고, 평안도 지방의 금광회사의 진료소로 옮겨 갔다. 당시 한국을 비롯하여 동양권에 나와 있던 의사들은 외국회사로부터 많은 월급을 주겠다는 유혹이 있었다.[434]

✸ R. N. E. 케슬러 E. Kestler, 1877~1953

케슬러 간호선교사는 1905년에 닥터 대니얼의 노력으로 군산 구암예수병원에 최초의 서양인 간호사로 부임하였다. 케슬러는 농부의 딸로 출생하여 미첼 대학을 졸업하고 바울병원 부속 간호학교를 졸업했다. 그 후 그녀는 미국 장로교 병원에서 간호사로 활동하다가 한국에 봉사할 간호사 선교사를 모집한다는 말을 듣고 그 길로 지원해서 한국에 오게 된 것이다. 그녀의 부임으로 구암예수병원은 활기를 띠기 시작했다. 특별히 한국은 당시에는 남녀 구별이 철저한 사회였기에 상당수의 여자 환자는 케슬러 간호사가 거의 도맡아 진료를 하기도 하였다. 케슬러 간호선교사의 활동은 호남 지방에서는 간호사 자격을 갖

---

434) 니스벳, 「호남초기 선교역사」, 92

춘 사람으로서는 최초였기 때문에 역사적 의미도 크다. 그리고 전주예수병원의 핏츠 간호선교사의 자리를 대신하여 군산에서 전주로 옮겨서 한국인 조수들과 열심히 사역하였으며 42년간 이라는 긴 시간을 봉사하였다.[435]

R. N. 라울라 핏츠 LAULA M. PITTS, 1879-1911

핏츠 간호선교사는 미국 노스캐롤라이나주 콘코드에서 출생하였고 미국 남장로회 선교부에서 세 번째로 파송한 간호선교사이다. 핏츠 간호선교사는 1910년 8월에 포사이드 의료선교사가 그만둘 무렵 전주 예수병원에 부임했기 때문에 여간 힘들지가 않았다. 밤잠을 자야 할 시간에도 환자의 병실에서 밤을 꼬박 새워야 하는 일들이 한 두번이 아니었다. 이 같은 열성적인 진료에 힘입어 한국인 환자들은 건강을 되찾아 퇴원을 할 수 있었다. 그러나 이러한 일이 계속 반복되다가 결국 그녀도 알 수 없는 병에 걸려 병원에 입원하고 말았다. 간호사의 사명을 받고 한국에 왔던 그녀의 마음은 더욱 안타깝기만 했다. 다른 환자를 돕기 위해서 이역만리 한국 땅에 왔는데 자신이 오히려 병실에 누워 간호를 받게 된 것이다. 그녀는 자신의 건강 회복을 위해서 열심히 기도하였고, 또한 동료 선교사들도 그의 병이 낫기를 하나님께 기도하였지만 내한한지 6개월만인 1911

---

435) 김수진, 「호남기독교 100년사(전북편)」, 163.

년 2월 끝내 세상을 떠나고 말았다.[436)]

ᛉ Dr. 윌리 포사이드 WILEY H. FORSYTHE, ?~1918

닥터 포사이드는 1904년에 내한하여 전주병원에서 5년간 진료하였고 1907년에 목포로 옮겨와서 의료사역을 섬겼다. 그는 매우 특별하고, 개성이 있는 인물이었을 뿐만아니라 남장로교 선교부내에서 가장 사랑스러운 사역자 중의 하나였다. 포사이드는 자신이 능숙한 의사로서 자신의 직업에 헌신한 사람이었음에도 불구하고, 시장이나 여관에 가서 사람들에게 복음 전하는 것을 더 좋아했다. 그는 본질적으로 '복음의 사람' 이었고 그 복음을 전하려는 불타는 열망을 가진 사람이었다. 오늘날까지 그가 활동하였던 전주와 목포에서 복음 전도에 대한 자극을 느낄 수 있다고 당시 애너벨 니스벳 선교사는 기록하였다.[437)] 포사이드가 1911년 중상을 입었던 사건이 있었는데, 이를 계기로 해서 한 집안 식구가 교회를 출석하게 되었다.

전주에서 일한지 18개월이 지난 어느 날 닥터 포사이드는 강도에게 습격을 당하여 심한 상처를 입은 환자를 돌보러 시골로 내려갔다. 치료가 끝났을 때의 시간은 그가 집으로 돌아오기에는 너무나 늦은 한밤중이었다. 그가 거기서 잠을 자고 있을 때 강도들은 그 집에 다시 들어왔다. 그들은 포사이드의 옷을 경찰관의 옷으로 착각하고, 그에

436) Ibid., 164.

437) 애너벨 니스벳, 「호남초기 선교역사」, 한인수 역 (서울: 도서출판 경건. 1998), 68.

게 칼로 머리를 찔러 심한 상처를 가한 후 죽도록 현관 밖으로 차 버리고 달아났다. 그는 의식불명이 되었고 그 집 안 주인이 자신의 몸으로 그의 차디찬 몸을 보호해 주지 않았더라면, 그는 아마 틀림없이 죽고 말았을 것이다. 그의 귀와 머리는 심하게 찢겨져 있었고 전주에서 반복된 수술을 하였으나 두개골에 골수염이 진전되었는지 상처가 좀처럼 아물지 않았다. 그래서 그는 귀국하여 2년간 치료하여 건강을 되찾아야만 했다.[438]

1906년경에는 전주 병원의 진료인원은 6,000명에 달하였고 1908년에는 간호사인 E. 코델, 한국인 의료조수와 전도인, 그리고 전도부인이 병원에서 함께 사역을 하였으며 전킨 선교사와 같이 고아원을 설립하여 운영하기도 했다.[439]

1909년 포사이드가 목포 프렌치병원에 있을 때 클레멘트 오웬 선교사가 급성 폐렴으로 사경을 헤매고 있어서 급하게 왕진을 가야했다. 그는 목포에서 출발하여 말을 타고, 나주를 지나 광주에 가야되는 상황이었다. 그 때 오웬 선교사가 급하게 나주에 들어서는데 쓰러져있는 여자를 발견하였다. 그녀는 손가락이 굳어져 있었고 눈썹이 하나도 없는 문둥이였다. 그는 그 여자를 말에 태우고 자신은 마부와 함께 광주까지 걸어가서 오웬 선교사에게 갔다. 그러나 도착 직전에 오웬 선교사는 소천

---

438) 니스벳, 「호남초기 선교역사」, 69.; 설대위, 「상처받은 세상, 상처받은 치유자들」, 163. 니스벳은 1년, 설대위 박사는 2년이라고 기록하고 있다.

439) 이만열, 「한국기독교의료사」, 208.

하였다. 이 소식을 들은 광주시내의 깡패 두목인 최흥종과 그의 부하 30여명은 유진 벨 선교사 앞에 나와서, 문둥병환자를 태우고 광주까지 오게 하신 예수님의 사랑에 감동하여 주먹세계를 버리고 예수의 사랑을 배우기로 고백하였다. 이에 유진 벨 선교사는 그들을 주님 앞으로 인도하여 그 다음 주일부터 북문안교회 교인들이 되었다. 최흥종[440]이 교인이 된 것만이 아니라 포사이드 선교사가 문둥병 환자를 사랑한 것에 감동하여 많은 광주 주민들은 북문안교회에 찾아 왔다. 또한 최흥종의 동생 최영욱을 차후 광주 지역의 의사로 봉사할 것을 기대하여 세브란스의학전문학교에 진학시켰으며 의학교 졸업 후 유진 벨 선교사의 주선과 미국 남장로교의 장학금으로 미국 의과대학에 유학을 갔다.[441]

포사이드는 목포에서 1909년부터 3년간 의료사역을 하고, 1910년에는 제주도로 순회전도여행도 했는데 동역자인 맥칼리 부인[Mrs. Henry Douglas McCallie]은[442] 섬을 돌아다니면서 선박 진료소를 운영하고 수백 명을 치료하였다.[443] 니스벳 선교사는 그의 의

---

440) 최흥종은 광주 북문안교회 장로로 시무하였다.

441) 안영로, 「전라도가 고향이지요」, 167-170.

442) 맥칼리 선교사는 미국 텍사스 출신으로 신학을 하고 1907년 미 남장로교 선교사로 내한하여 목포를 중심으로 신안도서지방, 해남, 강진, 장흥, 진도, 완도 등지를 순회하면서 교회를 개척하고 많은 젊은이들을 영흥과 정명여학교에 진학시키고 그녀의 가족들의 후원으로 학비를 댔다. 김승태·박혜진, 「내한선교사총람」, 362.

료사역과 복음전파의 관계에 대하여 다음과 같이 기록했다.

의료선교사역은 단순히 많은 사람들을 그리스도께로 인도하는 수단
만이 아니다. 닥터 알렌이 왕궁에서 진료함으로 말미암아 그 사역을
개시한 것과 마찬가지로 우리는 우리 지역 내에 있는 병원에서 치료
받은 환자를 통해 만왕의 왕께서 그 사람의 마을로 들어오시는 것을
가끔 보고 있다. 맹현리 목사는 다음과 같이 말한다. "새로운 섬들 중
어떤 곳에서는 사역을 시작하기가 몹시 힘들다. 작년 여름 우리는 작
은 섬인 가구도를 처음 방문했다. 놀랍게도 우리는 거기서 외발을 가
진 어떤 남자를 만났다. 그는 우리를 따뜻하게 영접했는데 그의 빛나
는 얼굴은 그가 그리스도인임을 보여주었다. 문의를 통해 우리는 그
가 목포의 프렌치기념 병원에서 한쪽다리 절단수술을 받았다는 것과
거기서 그리스도를 발견했다는 사실을 알아냈다. 그는 즉시 군중을
불러 모아 우리의 전도 강연을 듣도록 만들어 주었고 우리는 좋은 봉
사를 할 수 있었다."[444]

포사이드는 또한 1909년 목포에 부임하면서부터 여러 명의
의료조수를 훈련시켰다. 특히 그는 영국 나병선교회의 지원으
로 광주 나병원을 설립하고, 복음 열정도 대단하여 어디를 가
든지 한 손에는 전도지를, 다른 한 손에는 약을 들고 있었다.[445]
그는 예수교 장로교 선교 역사상 가장 주목할 만한 '십자군' 가
운데 한 사람이었다. 동료들은 그를 '약한 자, 소망이 없는 자

443) The Missionary, (Nov. 1910), 558.
444) 니스벳, 「호남초기 선교역사」, 136-137.
445) 이만열, 「한국기독교의료사」, 408.

만을 위해서 생각하는 그리스도의 기사'라고 표현하였다. 그는 아픈 사람, 약한 사람, 노인, 의지할 데 없는 어린아이, 버림받은 사람들, 문둥병자와 같은 이런 사람들에게 끊임없이 마음을 기울였고, 특별히 그리스도의 구원의 능력을 모르는 사람들에게 더욱 그러하였다. 그는 말 그대로 하나님을 위하여 자신을 불태웠다. 그를 아는 한국 사람들이 '우리 가운데 다시 오신 예수'로 그를 일컬었듯이 포사이드는 지치지 않고 끊임없이 고뇌하고 기도하면서 자기의 마음 가운데 세상의 슬픔과 죄를 짊어졌다.[446] 그리고 그는 한국인과 선교사들 사이에 선한 사마리아인이라는 호칭을 받았다.[447] 1911년 열병에 걸려 미국으로 귀국하였고 7년 후 소천 하였다.

포사이드의 열매 중에 고아 소년들의 이야기는 다음과 같다.

모를 심거나 추수할 때 일꾼들에게 술을 대접하는 것은 조선에 있는 농부들의 관습이었다. 따라서 그러한 때가 되면 예수 믿는 농부들은 일손을 얻기가 힘들었다. 왜냐하면 그들은 조상 전례의 관습을 따르지 않았기 때문이었다. 포사이드와 전킨목사는 몇 명의 소년 고아들을 전주에 있는 어느 신자의 가정에서 살도록 배려해 주었다. 이 소년들은 선교부에 속한 자그마한 논을 경작하는 권리를 부여 받았다. 옆에는 어느 부유한 농부의 큰 논이 있었다. 모내기가 끝나자 그 집의 일

446) 설대위, 「상처받은 세상 상처받은 치유자들」, 김민철 역 (서울: 한국기독학생회출판부, 1997), 163.
447) 김승태 · 박혜진, 「내한선교사총람」, 225.

꾼들은 꽹과리와 북의 장단에 맞춰 춤을 추며 비와 가뭄을 주관하는 신령들에게 경의를 표했다. 소년들이 그들의 논에 모를 심을 준비를 하고 있을 때 술, 춤 그리고 신령들의 호의를 얻으려는 노력을 전혀 하지 않을 것이라는 사실을 알아차린 이웃 논의 주인은 몹시 염려했다. 그래서 그는 소년들에게 쌀, 술 그리고 춤꾼을 위해 드는 일체의 비용을 자신이 부담하겠다는 제의를 했다. 하지만 소년들은 이를 거부했다. 그리고는 하루 종일 모를 심으면서 그들은 명랑한 목소리로 '기쁨으로 단을 거두리로다' 라는 찬송을 불러댔다. 그 해 주님께서는 주님을 믿는 자들에게 약속하신대로 이 소년들에게 풍성한 수확을 내려주셨다. 비록 악마가 한국의 신도들이 가는 길에 많은 시험거리들을 놓지만 그 소년들은 당당히 주님의 신앙을 지킨 것이다.[448]

포사이드의 또 하나의 열매인 최흥종은 본래 악명 높은 폭력배였다. 그러던 중 1904년 포사이드를 비롯한 미국인 선교사들의 희생정신을 알게 된 뒤부터 배유지 선교사를 통하여 그리스도교 신앙으로 새로운 삶을 살기 시작하였고, 그의 부하 30여 명을 모두 광주 북문안 교회 교인이 되게 하였다.[449] 특히 그는 나병 환자들에게 관심을 갖고 1909년 광주 제중원에서 몰려오는 나병환자들에게 일일이 복음을 전하였다. 1911년에는 자신이 소유하고 있던 광주 봉선동의 땅, 일천 평을 무상으로 기증해 한국 최초의 나환자 수용시설인 광주나병원을 설립하

448) 니스벳, 「호남초기 선교역사」, 201-202. 어느 날 아침 유서백(John Samuel Nisbet)목사의 조사인 오씨가 말하기를 그의 가족은 쌀값이 비싸서 보리밥을 먹고 있지만 자기 논에서 일하는 일군들에게는 쌀밥을 대접한다고 했다. 신자인 그는 술을 내어 놓을 수가 없기 때문이었다. 그래서 신자인 농부들은 일군들이 좋아하는 술의 제공을 거부하기 때문에 그 대신 보다 비싼 음식을 제공하였다.

였다. 1919년 3·1운동에 참여하여 1년 4개월 동안 옥고를 치르고 난 뒤 평양신학교에 들어가 목사 자격을 얻었고, 1920년 광주 YMCA를 창설하였다. 또한 1945년 전남건국준비위원회 위원장을 14일 만에 사퇴하고 나병 돌보는데 만 전념하였다. 1932년에는 '나환자근절협회'를 창설하고, 1933년 500여명의 나병 환자들을 이끌고 광주에서 경성의 조선총독부까지 '구라救癩 행진'을 벌여 일본 총독으로부터 소록도 재활시설 확장에 대한 확답을 받아내는 기염을 토하였다.

❦ Dr. 로버트 윌슨 ROBERT M. WILSON, 1880-1963

닥터 윌슨은 미국 콜럼버스에서 출생하여 1905년 워싱턴대학 의학부를 졸업하고 한국 선교를 지망하면서 뉴욕 성경신학원을 졸업하였다. 그는 광주지역 의료선교사로서 1908년에 광주의료원 원장으로 부임하여 50명의 입원 환자를 수용하였다. 그의 진료소는 너무 좁아서 대기실 바닥에 수술한 환자들을 눕

---

449) 사람들은 나병에 걸려 있는 환자를 대하는 포사이드의 행동을 보고 모두들 놀라워했다. 그 후 이 여자는 포사이드의 지극한 사랑을 받으면서 예수님을 구주로 영접을 하고 날마다 주님을 향한 뜨거운 기도를 계속 드렸다. 포사이드의 기록에 의하면 "그 여자는 1개월 정도 예수를 영접하고 고통도 없고 멸시도 없는 주님이 계신 하늘나라로 훨훨 날아갔다."고 말하고 있다. 포사이드는 따뜻한 지방에 나병환자가 많이 있는 것을 발견하고 광주 시내 양림천을 배회하고 있는 한센병 환자를 모두 봉선동 마을로 불러 가마굽는 굴에 기거하도록 하였다. 포사이드의 사랑에 대한 소식이 온 광주뿐만 아니라 전남 지방 각 지역에 알려지자 모두들 봉선동으로 모여들기 시작하였다. 그는 목포와 광주를 왕래하면서 윌슨 의사와 함께 이들을 돌보고 있었다. 김수진, 「한국초기 선교사들의 이야기」 (서울: 한국장로교출판사, 2004), 147-148.

혔는데, 지나다니는 사람들이 감염될 수도 있는 상황이었다. 이러한 열악한 상황에서도 한해에 9,900명을 치료하고, 175건의 수술을 시행하였다.[450] 윌슨의 하루일과는 다음과 같았다.

8시에 간호사들과 기도회, 8시 반에 병실에서 직원들과 기도회, 조수들과 병실 환자 방문기도, 감독순찰, 입원환자 점검, 식당과 전기실 점검, 새건물 공사 감독, 오전진료시작, 중환자 전담, 점심, 점심 후에는 수술, 갑상선 염증수술, 혀의 종양수술, 안과수술, 포경수술, 분만 케이스, 저녁식사, 식사 후 병원 호출.[451]

또한 어려웠던 것은 환자들의 환경이 비위생적이라서 온갖 질병이 만연하였고, 대부분의 환자들은 민간 치료자의 시술에 효과가 없을 때만 서양 의사들에게 왔던 점이다. 또한 환자들이 장기간의 시술에는 인내심이 없어 중단하고, 호전되는 기미만 보이면 약을 중단하거나 지속적인 치료를 받지 않거나 임의대로 빨리 나으려고 약을 한꺼번에 먹기도 하는 어려움에 처해 있었다.[452] 포사이드가 나주에서 데려온 나환자가 세상을 떠나자, 윌슨은 나환자 진료소 소장을 맡아 치료받는 나환자들을 봉선동 마을에 살게 하였다. 그는 녹스[453]와 결혼하고 아내와 함께, 남이 할 수 없는 일들인 나환자들을 위하여 기도하며 돌

450) 마르다 헌트리, 「새로운 시작을 위하여」, 607.

451) Ibid., 606.

452) Ibid., 606-607.

453) B. L. Knox, 1881-1962

보았다. 나환자 어린이들 236명을 주일학교 29개 반으로 만들어 주일 뿐 아니라 매일 모여서 성경을 가르치기도 했다. 이 때 배운 학생들이 윌슨이 일본 당국에 의해 강제 출국되었을 때 나환자 사역을 대신 감당하였다.[454] 윌슨은 자신의 사역과 몇 사례들을 다음과 같이 말한다.

내가 하고 있는 일의 절반 정도는 무면허 민간 의술자들의 시술의 후유증을 치료하는 것이다. 이 분들은 자신들이 병의 원인이라고 믿고 있는 악귀를 쫓아내기 위해 관절이나 육체의 여러 곳에 침을 놓는 거대한 침술 체계를 가지고 있다. 물론 이로 인해 온갖 종류의 감염이 뒤따르기도 한다. 그녀는 어떤 침을 맞았는데 뼈의 탈저脫疽현상이 나타나게 되었다. 우리는 죽은 뼈의 대부분을 제거하였다. 환자들에게 있어서 하나의 밝은 면은 저들이 즐거운 마음으로 복음을 경청하고 있다는 사실이다. 이들은 다른 사람들보다 믿고자 하는 태세가 더 잘 되어있는 것 같다. 또한 지난 해 한 어머니가 게의 발에 목이 찔린 어린애를 데리고 찾아왔다. 가시를 제거한 후 나는 그 여인에게 이 아이가 사내아이인지 계집아이인지 물어보았다. 그러자 그녀는 신속히 '당신은 내가 계집아이를 치료 하려고 35마일이나 떨어진 먼 곳까지 왔다고 생각하지는 않겠지요.' 라고 대답했다. 이것이야말로 이곳 사람들이 남아선호의 실제적 표현이다. 여자가 태어나면 그 날은 산모에게나 전 집안사람들에게 슬픈 날이 되고 만다.[455]

윌슨은 남장로교 의사선교사 23명 가운데 은퇴할 때까지 의료선교사역을 해 낸 유일한 사람이다. 이는 그가 사냥을 즐겼기

454) 안영로, 「전라도가 고향이지요」, 176-177.
455) 니스벳, 「호남초기 선교역사」, 134-136.

에 마음과 몸의 건강을 유지할 수 있었다고 진술하였다. 한번은 곰이 농가에 내려와서 한사람을 죽이고 다섯 사람을 다치게 하였는데 윌슨이 새잡는 총으로 곰을 죽였다고 한다.[456]

🦅 Dr. 제이콥 패터슨 JACOB BRUCE PATTERSON, 1876-1933

1909년에 미국 남장로교 의료선교사로 내한한 그는 사역하기 전에 한국말부터 배웠으며 1910년 전북 군산선교부에 배속되어 군산 야소병원에서 활동했다. 그리고 1906년 닥터 대니얼이 세운 애킨슨Atkinson 병원 건물들을 확충하고 입원실을 온돌방으로 건축하여, 70명의 입원환자들을 수용할 수 있게 하였다. 이것은 닥터 잉골드가 시작하여 돈궤Cash Store상자를 선반으로, 우유상자를 서랍으로 사용했던 전주의 조그마한 한옥 여인진료소로부터 모든 것을 갖춘 현대식 병원으로 탈바꿈하게 되는 큰 변화였다.[457] 1919년에는 113개의 병상을 마련했고 수술 환자는 전보다 3배가 증가하였다. 닥터 패터슨은 1920년에 1,799명을 입원시켜 시술하였는데, 이 숫자는 세브란스병원의 입원 환자수와 비슷하였다. 이러한 결과는 육공필, 정공선, 이충성 같은 의료 조수들의 활약이 컸고 쉐핑 간호선교사가 간호반을 운영하였기 때문이었다. 군산이 무역항이었기 때문에 환자들 중에는 일본인들과 중국인도 많아서, 한 때는 일본인 환

456) 마르다 헌트리, 「새로운 시작을 위하여」, 619.
457) 니스벳, 「호남초기 선교역사」, 136-137.

자가 한국인 환자 수와 같은 적도 있었다.[458] 그는 '한국 부인에게 자주 발견되는 방광질누관'과 '외과분야에서의 세균학'에 관한 논문을 세브란스 학술대회 때 발표하기도 하였다. 한국에서 20년간 의료선교사로서 사역하고 1929년에 귀국, 1933년에 소천하였다.[459]

닥터 패터슨의 열매 중에는 의사 정공선이 있다. 정공선의 어머니는 군산 구암에 있는 선교사로부터 전도를 받고 예수를 믿게 되었으며, 패터슨의 눈에 띄어 그의 조수로 활동하였다. 그는 밤낮없이 의학책을 손에서 놓지 않고 공부하였고 패터슨 선교사가 무료 진료를 나갈 때는 전도지와 쪽 복음서를 준비하고 그의 뒤를 따라가 임상실습을 하곤 했다. 이러한 결과로 그는 군산 선교부 구역이었던 김제 대창교회에까지 가서 진료하게 되었다. 정공선은 총독부의 국가면허시험에 합격을 하고 패터슨의 보좌관으로 그 자리를 확보하게 되면서 더 많은 의술을 습득하게 되었다. 당시의 부자들은 병이 나면 그나마 전주 예수병원이나 군산 구암 예수병원에 가서 치료를 받고 고칠 수 있었지만, 가난한 사람은 하늘만 쳐다보고 병 낫기를 바라다가 악화되어 생명을 잃고 마는 상황이었다. 이러한 때에 정공선은 의료 혜택이 전무한 김제 만경과 김제읍 옥산리에서 진료를 하

458) Mrs. Patterson, "Note from Kunsan," *KMF* (January 1913): 12.
459) 김승태 · 박혜진, 「내한선교사총람」, 410.

였다. 너무 많은 환자들이 몰려왔기 때문에 밤늦도록 그는 수술을 해야 하는 일도 있었다. 그의 의술은 삽시간에 정읍, 부안, 심지어 순창 지방까지 알려져 인력거 두 대로 환자를 실어 날라야 하는 형편이었다.[460) 또한 정공선은 김제중앙교회를 세웠고,[461) 보릿고개라도 만나게 되면 먹을 양식이 없는 사람들을 몰래 찾아다니면서 양식도 전해 주고, 아이를 낳고 고생하는 산모에게 미역과 쌀을 전해 주는 등, 병원에서 번 돈을 구제사업과 교회 봉사하는 일에 정성껏 헌납하였으며, 가난한 환자라도 만나면 정성껏 진료해 주고 예수만 열심히 믿으라면서 전혀 병원비를 받지 않았다고 한다. 이러한 소문이 서울 세브란스의학전문학교 오긍선 교수의 귀에 들어가자, 그의 제자 중 똑똑하고 사회봉사 의식이 강한 제자들을 정공선 의사에게 보내어 그의 삶을 체득하라고 했다고 한다.[462)

R. N. 엘리자벳 쉐핑 ELISABETH JOHANNA SHEPPING, 1880-1934

쉐핑 간호선교사는 독일에서 태어나 미국 뉴욕으로 건너가서 간호학을 전공했으며 이어 비블리컬 성경학교를 마쳤다.

---

460) 제 10회 전북노회 노회록 (1992. 3. 14), 6. 김제읍교회가 경제상 곤란한 형편을 김응규씨가 설명하매 본 노회가 동정을 표하기 위하여 당석에서 연보를 하니 213원 30전 5리요, 현금이 61원 80전 5리이더라.

461) 제 23회 전북노회 노회록 (1929. 5. 28), 47.

462) 김수진, 「호남 기독교 100년사」, 241-245.

1912년 한일합병 직후인 32살 때 미국 남장로교 해외 선교국이 파견하는 간호사 선교사로 선발되어 광주 제중병원의 간호사 선교사로 54세를 일기로 별세할 때까지 22년 동안 간호원장으로 선교를 통해 가난하고 병든 사람의 어머니로서 또한 그 늘진 곳을 밝혀주는 사랑의 사도로서 숱한 일화를 남겼다.[463] 한때 그녀는 군산 구암 예수병원에서 일하기도 했으며, 세브란스병원 간호학교의 교사를 담당하기도 하였다.

그녀가 광주에 도착해서 먼저 한국말과 풍습을 익히면서 이름도 한국식으로 서서평(徐徐平)으로 지었다.[464] 광주의 옛 어른들에 의하면 이때 양림 거리에는 옥양목 저고리와 검정 통치마 그리고 남자용 검정 고무신을 신고 고아를 등에 업은 단발머리 독일계 미국 처녀인 그녀의 모습을 흔히 볼 수 있었다고 한다. 그녀는 선교 활동의 일환으로 금주(禁酒), 금연(禁煙) 운동을 전개했는데 직접 금주 동맹을 만들어 계몽운동을 벌이기도 했다. 아울러 인신매매 반대, 축첩금지, 공창제도 폐지운동의 선봉에 서서 윤락여성 선도 사업을 주도하였다. 때로는 만주의 홍등가

---

463) 광주에 온 많은 선교사들 중에 광주사람들의 기억 속에 잊혀지지 않는 사람은 엘리자벳 요한나 쉐핑이다.

464) 그녀는 원래 성격이 조급했기 때문에 매사를 서서(徐徐)히 해야겠다는 생각으로 성을 徐씨로 하고 이를 또 강조하는 뜻에서 이름의 첫 자를 천천히 할 서자로 두 번째 자는 모난 성격을 평평하게 한다는 뜻에서 평평할 평(平)자를 붙여 서서평(徐徐平)이라 했는데 이는 그의 본 이름인 쉐핑의 발음을 살린 것이기도 했다.

에 팔려갈 19세 처녀를 돈을 주고 구해오기도 하고, 많은 창녀들의 빚을 갚아주고 새 삶을 찾게 했으며 또한 그녀가 설립한 이일* 학교에서 공부를 시키기도 했다. 제중병원에서 많은 환자를 간호하면서 특별히 나병환자들을 정성껏 돌봤으며 길에서 여자 나병환자나 거지들을 만나면 집에까지 데리고 와서 목욕시키고 밥 먹여서 자기의 옷을 나누어 입혔기 때문에 평생 두벌 옷을 갖지 못했다고 한다. 또한 그녀는 엄동설한에 두 사람의 문둥병환자가 거리에서 추위에 떨고 있는 것을 보고 집에 달려가 하나밖에 없는 담요를 가져다가 둘로 나누어 하나씩 덮어주었다고 한다.[465]

그녀는 언제나 굶주린 사람에게 자기의 먹을 것을 나누어 주었는데 그녀가 죽을 때 집에는 밀가루 두 홉 밖에 남은 것이 없었다고 한다. 원래 쉐핑 선교사가 미국에서 나올 때 천주교 신자인 그녀의 부모는 한사코 이를 반대하였다. 그녀의 부모는 제중병원에까지 찾아와 딸이 고생하고 있는 모습을 보고 눈물을 흘리며 돌아가자고 달랬으나 그녀는 완강히 뿌리쳤다. 이것이 부모와의 영원한 이별이었다. 쉐핑 선교사는 1921년 백운동에 진다리교회[466]와 봉선리교회를 세웠으며 1922년에는 전국

---

465) 당시 김윤식장로의 목격담.
466) 현재의 백운동교회.

에서 처음으로 금정교회[467]내 부인 조력회를 조직하여 신앙수련과 협동사업, 신용사업과 봉사활동에 앞장서게 했다. 그는 또한 자비로 3년제 학교를 설립하여 여성들의 문맹퇴치와 계몽에 나섰다. 그때만 해도 학교를 설립하여 여성들에 대한 교육 기회가 봉쇄되어 있어서 정규 교육을 받은 여성은 극히 일부에 지나지 않았으며 대부분의 여자들이 한글마저도 해득하지 못하는 까막눈인 형편이었다.[468]

1926년에 이 학교는 그녀의 미국인 친구인 로이스 니일[Lois Neel]의 원조를 받아 양림동 뒷동산에 붉은 벽돌로 3층 교사를 짓고 이일[469] 학교라 했다.[470] 쉐핑 선교사는 교장으로 섬기면서 가난한 여학생들의 자력을 기르기 위해 명주·모시·마포·무명베 등의 천에다가 자수를 놓아 책상보, 손수건 등의 수예품을 만들어 미국에 수출했다.[471] 이밖에도 양림에 뽕나무밭을 만들고 양잠·제사·직포기술을 학생들에게 보급하여 자립을 꾀하게 하였고 선교사들의 바느질 일감까지도 학생들에게 맡김으

---

467) 현재의 제일교회.

468) 1930년 조선 최초의 국세조사를 보면 문자를 이해할 수 있는 사람이 22.3%, 문맹자가 77.7%, 그 문맹자 가운데 남자가 63.5% ,여자는 92%였다.

469) 기증자 '니일'양 이름자의 발음을 따서 지었다.

470) 이일 성서학교라고도 한다. 「내한선교사총람」 참조

471) 그 수입금은 李一학교 여학생들의 학비로 쓰여 졌고, 이것이 그 고장 수예품들의 첫 대미수출이기도 했다.

로써 자비로 공부할 수 있도록 하였다. 여성들의 교육 기회가 제한되어 있을 때, 이일학교는 이 지방 여성 교육기관으로서 많은 여성 지도자를 배출했다. 그녀는 또한 교회 헌금과 학교 운영비에 대부분의 자신의 월급을 쓰면서 수많은 제자들과 고아들을 돌보아 주었는데 그 가운데는 양딸을 삼아 키우고 교육시켜 시집을 보내 준 사람만도 13명에 달했다.[472] 쉐핑 선교사는 한국에 온지 얼마 안 되어 한국말에 능통하게 되었으며 많은 책을 한글로 저술하고 또 외국서적을 번역하기도 했다. 당시 한국에는 일본인간호협회는 있었지만 한국인의 간호사 협의회는 없어서 1923년에 조선간호협회[473]를 창설하고 국제간호협회에 가입했다.[474] 이 때문에 기관지인 간호협회지를 한글과 영문으로 혼용하여 발행해 왔는데 그녀는 이것을 한글 전용으로 발행하는 한편, 조선간호협회 회칙에도 '본회가 사용하는 언어는 조선어로 한다.'고 못을 박았다. 그녀는 많은 책을 저술했는데 주요 저서로는 우리나라 최초라 할 수 있는 「간호교과서」, 「실용간호학」, 「간호요강」, 「간이위생법」등 4권과 「간호사업사」를 비롯한 많은 번역서가 있다.

---

472) 쉐핑 선교사는 양딸들을 시집보낸 뒤에도 친정어머니로서 그들을 자상하게 돌봤으며 홀로 된 양딸을 위해서는 집과 농토까지 사주었다. 양딸 가운데는 고흥으로 시집간 큰딸의 집안 손자가 해방 후 장관직에까지 올랐다.

473) 현재 한국간호협회

474) 김승태 · 박혜진, 「내한선교사총람」, 464.

쉐핑 선교사는 1934년 6월, 54세를 일기로 골수염과 간장염으로 사랑과 헌신의 생애를 마쳤다. 운명하기 전 그녀는 '먼저 가니 천국에서 다시 만나자' 는 말을 남기고 평화롭게 눈을 감았다. 그의 유언에 따라 뱃속의 장기는 모두 의학실험을 위해 기증되었고[475] 그녀는 지금 광주 양림동 뒷동산에 묻혀 있으며 그를 흠모하는 사람들의 가슴 속에 영원히 지워지지 않을 흔적으로 남아있다.[476]

🌿 Dr. 로이 리딩햄 (ROY SAMUEL LEADINGHAM)

닥터 리딩햄은 1912년 내한하여 포사이드와 오긍선에 이어서 목포진료소 담당의사로 부임하였다. 1914년 화재로 병원이 전소하자[477] 미국의 프렌치와 미주리주 성요셉 교회 교인들이 모금한 5,000불로 2층 석조 건물인 프렌치기념 병원을 신축하였고 이곳에서 6년간 진료한 후 5년간 의료선교를 더하였다.[478]

---

475) 장례식에는 많은 지방인사와 기독교인들은 물론 전라남도지사, 야지마 경찰부장 사또를 비롯한 많은 일본인들도 예복을 입고 참석하였으며 서울, 평양, 부산 등 국내 여러 곳에서 식장이 가득 차게 사람들이 모여 그의 마지막 가는 길을 슬퍼했다. 운구 뒤에는 13명의 양딸과 수 백 명의 거지, 문둥이들이 따랐다. "목 놓아 우는 그들의 통곡소리에 조객들은 모두 눈물바다를 이루었다. 당시 동아일보는 '자선과 교육 사업에 일생을 바친 빈민의 어머니 서서평양 서거' 라는 제목과 '재생한 예수' 부제로 그의 죽음을 대서특필하였다.

476) 안영로,「전라도가 고향이지요」, 199-208.

477) 병원의 조사의 실수로 화재가 났고 조사도 소사(燒死)하였고 건물과 의약품도 전소하였다.

478) 김승태·박혜진,「내한선교사총람」, 341.

리딩햄은 1913년에 1만여명을 진료하였고 80건의 수술을 하고, 1914년과 1916년에는 한국인 의사와 같이 2년간 423건의 수술을 하였다. 1918년에는 14,000여명이 진료를 받았으며 412명이 입원하였고 275건의 수술을 하는 등, 목포에서 11년간 사역을 하고 1923년에 귀국하였다.[479]

🌿Dr. 헨리 티몬스 HENRY LOYOLA TIMMONS, 1878-1975

닥터 티몬스는 미국 사우스캐롤라이나에서 출생하여 노스캐롤라이나 의과대학을 졸업하고 1912년 부인과 함께 내한하여 한국어 공부를 먼저 시작하였다. 1913년에 전라남도 순천에 진료소를 마련하여 의료사역과 전도를 병행 하였다. 첫 6개월 동안 작은 판잣집에서 진료하다가 후에 한옥으로 된 새 진료소로 옮겨 수술과 함께 치료를 했다. 이 같은 열악한 조건 속에서도 7개월간 68명의 수술, 3,814명의 환자를 진료하였다. 1915년에는 30개의 병상을 갖춘 3층 현대식 건물 알렉산더 병원을 짓고 진료를 하였다. 이 병원은 1903년 한국의 군산에서 잠간 사역을 했던 의료선교사 닥터 알렉산더의 기부금으로 지어졌고, 와츠Watts의 보조로 계속 운영되었다. 1916년 당시 의료진으로는 병원장 티몬스 외에 그리어A. L. Greer 간호사 선교사가 관리자로도 사역하면서 몇 명의 한국인 간호사를 양성하고 있었다. 티

---

479) 이만열, 「한국기독교의료사」, 407-408.

몬스의 부인 로라$^{Loura Louise}$는 마취과 의사로서 남편과 함께 훈련시키고 있는 의학생을 가르쳤다. 6명의 의료조수와 세브란스에서 의학공부 중인 1명의 청년인 박승봉과 전도인 1명, 전도부인 1명 등이 사역을 도왔다.[480]

1914년에서 1923년까지의 알렉산더 병원의 의료사역 실적을 보면, 10년간에 진료건수가 2배 가량 증가하였고 입원 및 수술 건수는 6배 이상 증가하였다. 또한 외국인 의사 간호사는 각각 1인으로 변동이 없으면서도 한국인 조수가 3명에서 15명으로 증가한 것은 한국인 의료자의 비중이 급격히 증가하였음을 의미한다.[481] 티몬스와 같은 팀 선교사인 존 크레인의 아들인 폴 쉴즈는 존스 홉킨스병원 부속 의과대학을 나와 수련의와 군의관을 거쳐 1947년 부친 크레인 선교사가 근무했던 순천에서 의료선교사를 하고, 전주 예수병원 원장으로 27년간 사역하였다.[482]

티몬스는 과로로 1919년 귀국했고,[483] 그 공백을 닥터 윌슨이

---

480) H. L. Timmons, "The Opening of Alexander Hospital, Sonnchun, Korea," *The Missionary*, (July 1916) : 501–502.

481) 의료의 개시일은 7월 1일이 보통이었다. 1919년의 경우 한국인 간호사 9명이 근무하고 있었다.

482) 안영로, 「전라도가 고향이지요」, 233–234.

483) Dr. David Seel은 그가 다른 많은 선교사들이 걸렸던 스프루에 걸려 1916년에 고향에 갔다고 한다. 「상처받은 세상, 상처받은 치유자들」, 165.

광주에서 순천을 오가며 담당하였다. 1922년에 다시 내한하여 전주 예수병원에서 사역하였는데, 의사가 없을 시기인 1921년도에는 그리어 간호사가 능숙하게 의사를 대리하여 일을 처리하고, 또 임시 면허증을 가진 한국인 의사가 임명되어 일을 도왔다.[484] 티몬스는 1926년에 귀국하였고, 그의 아들인 존[John R.] 역시 의사로서 전주 예수병원에서 선교사역을 하였다.[485]

❧ Dr. 제임스 로저스 JAMES MCLEAN ROGERS

닥터 로저스는 1917년 남장로교 의료선교사로 내한하였으며 순천 알렉산더병원 원장으로 취임하여 신사참배문제로 일제에 의해 강제 출국당할 때까지 순천에서 활동하였다. 그로부터 30년 후 1947년에 선교사직을 사임하였다.[486] 그가 사역하는 순천알렉산더 병원이 급속히 발전하여 미국 남장로회의 가장 큰 병원이자 국내 제 2의 기독교 병원이 되었다. 1940년 이 병원을 방문한 프라이스[W. Price]는 로저스 같은 의사가 이국땅인 한국에서만 사역하고 있는 것을 안타깝게 여길 정도로 뛰어난 의사였다. 그리고 로저스의 덕성이 의술보다 뛰어나, 사람들은 그를 작은 예수라 불렀다.[487]

---

484) R. M. Wilson, "Medical Work," *KMF* (November 1921), 227.

485) 김승태·박혜진, 「내한선교사총람」, 495.

486) 김승태·박혜진, 443.

487) Ibid., 689~690

4) 미국 남감리교 선교회

미국 남감리교회 한국 선교부는 중국에서 출발하였다. 상해에 있던 남감리교 교회에서 그리스도인이 된 윤치호의 간곡한 요청과 그의 헌금으로 남감리교의 한국 선교가 시작되었다. 윤치호[488]는 선교본부 감독인 E. A. 헨드릭스를 고종과 알현하도록 주선했는데 이때 고종은 "미국 국민들이 선교사들을 보내 준 것을 감사합니다. 더 많이 보내 주시요." 라고 말하여서 선교본부는 중국에서 선교사역을 하였던 C. F. 라이드 박사로 하여금 1897년 송도에 한국 선교부를 세우도록 하였다.[489] 미국 남감리회는 개성과 원산에서 의료사역을 하였고 의료사역 자체보다는 전도의 수단으로써의 의미를 강조하였기에 의료선교사들은 복음전파 사역에 많은 비중을 두었다. 본 선교부에서는 닥터 하디를 비롯하여 닥터 J. E. 소든, 닥터 죠엘 로스, 그리고 부친을 이어 2대 째 선교사로 닥터 W. T. 라이드가 사역하였다.[490]

488) 백낙준, 「한국개신교사」, 206-207. 윤치호는 명문가족 출신으로 한국 임금의 명으로 일본에 유학을 하고 주한 미 공사의 통역관으로 있었다. 갑신정변 후에 중국으로 탈출하여 중서서원中西書院에 입학을 하였고, 미국의 반더빌트 대학교와 에모리대학에서 공부하고 중서서원교수를 한 뒤 한국의 교육부 차관, 장관까지 지냈다. 독립신문의 편집장으로 지내는 등 항일투쟁으로 투옥되었으나 4년 후 석방되어 한국기독교청년회(YMCA) 총무로 일하였다.

489) 백낙준, 「한국개신교사」, 207-208.

490) 미국북감리교선교보고서(M. E. C. Report for 1902), 45.

❧Dr. 로버트 하디 ROBERT A. HARDIE, 1865-1949

닥터 하디목사는 캐나다 온타리오 주 할디만에서 태어나 토론토 의과대학을 다녔는데 한국에 있었던 게일 선교사가 토론토 대학 의과대학생들로 구성되어 있는 YMCA에 편지를 띄워 한국의 부산에 급히 필요한 의료사역에 헌신할 선교사를 요청하였다. 이에 즉각적으로 반응하여 로버트 하디를 선임하고[491] 1889년 9월 토론토 의대 YMCA와 캐나다 대학선교회의 파송으로 내한하여 11년간 의료사역을 하고 35년간 복음사역을 하였다.[492]

처음에는 서울에서 의료 활동을 하다가 1891년 봄부터 약 2년간 부산에서 항만지역 의사로 어부들의 건강을 돌보았고 선박검역관으로도 일하였다.[493] 부산 지역이 미국 북장로교와 호주 장로교의 관할로 되자 캐나다 선교부 동료인 게일 선교사와 함께 서울로 옮겨 자신의 모교 교수였던 에비슨과 같이 얼마동안 의료사역을 하였다. 게일 선교사가 1892년 가을에 원산으로 가자 하디도 같이 가서 펜윅 선교사[494] 집에서 의료시술을

---

491) William Scott, Canadians in Korea, (Toronto: United Church of Canada, 1975), 21. 박노철. "캐나다선교사들이 한국교회에 끼친 영향" (석사논문, 총신대학교, 1998), 11에서 재인용.

492) 그는 의사이면서 목사였고 1898년부터는 미국 남 감리교회 소속으로 사역하였다.

493) Yoo, Young Sik, Earlier Canadian Missionaries in Korea (The Society for Korean and relative studies, 1987), 58. 이상규, "부산지방에서의 기독교전래와 교육 · 의료활동," 「항만부산」, 제11호, 179에서 재인용.

하였다. 닥터 하디는 1897년 5월부터 4개월간 서울 제중원에서 진료를 감당하였고, 1898년부터는 미국 남감리교 선교부로 옮겨서 개성의 의료사업을 맡았다. 1899년 봄에 개성 삼포막의 인삼 창고를 개조하여 5개월간 진료를 하였고 1900년 말에는 원산 구세병원에서 1년간 진료하였다.[495]

그는 의료기관이 복음전파의 직접적인 매개체가 될 때에만 의료기관에 대한 지원을 할 가치가 있다고 여겼기 때문에 진료소에 기독교 서점을 두어 복음이 전파 되도록 힘썼다. 1899년의 경우 신약성경과 쪽복음 184권, 복음서적 184권, 기독교서회 달력 500부를 유료로 공급하고 2천여부의 소책자를 무료로 공급하였다.[496] 1900년 원산에서는 닥터 맥길과 같이 순회 전도를 다녔고 1901년에 닥터 조엘 로스[497]가 의료담당을 맡게

---

494) Malcolm C. Fenwick, *The Church of Christ in Corea(1911)* (New York: George H. Doran Company, 1967). 「한국에 뿌려진 복음의 씨앗」, 이길상 역 (서울: 예영커뮤니케이션, 1994)

495) 이위만, 「남감리교회 의료사업의 역사」, 70. 「초기 한국감리교 의료선교에 관한 역사」, 101. Dr. Hardie가 떠난 후 여선교사인 힌즈F. Hinds와 캐롤A. Caroll이 찾아온 환자들에게 약을 나누어 주었다. 개성에 병원설립을 선교부에 계속 요청하여 1901년 Dr. 로스가 진료와 더불어 병원설립을 계획하였고 1907년 2대째 한국 선교사로 Dr. 라이드가 내한하여 아이비 기념병원(W. C. Ivey Memorial Hospital, 南星병원)을 세우게 되어 개성에 의료선교가 활발하게 되었다.

496) 미국남감리교선교보고서(M. E. C. South Report for 1899), 42-43.

497) 로스Joel B. Ross는 원산 구세병원에서 사역하였다. 28년간 한국에서 사역하였는데, 장로교와 합동으로 운영하기도 하였고 금강산 부근에 원산병원 분원을 설립하기도 하였다.

되자, 맥길은 복음 전파사역에만 전념하였다.[498] 1901년부터 3년간 원산과 강원도 통천 지방에서 개척 선교사로 선교활동을 했으나 선교의 결실이 없자, 심한 패배감에 사로잡히면서 사역을 더 할 수 없을 정도로 절망감에 빠졌다. 자신이 실패한 원인을 모르고 있다가 영적인 능력이 결핍되어있다는 것을 강하게 의식하게 되었고, '힘으로도 안 되고 능으로도 안 되고 오직 나의 능력으로 되느니라.' 고 하나님이 말씀하신 것처럼, 그것이 사역 실패의 주요 원인이라는 것을 깨닫게 되었다.[499]

이러한 상황에서 1903년 8월 24일부터 30일까지 열린 기도회 기간 중 처음으로 선교사들 앞에서, 그리고 후에 주일 오전 예배 때 한국인들 앞에서 공개적으로 고통스럽고 굴욕적이었지만, 한국에 파송된 서양선교사들에게 흔히 찾아볼 수 있는 민족적 우월감, 성령의 도우심보다는 자기의 능력과 학력과 실력을 의지하는 자만감, 한국인을 미개한 민족과 무식한 백성으로 생각하는 깊은 자만심 등, 자신의 죄악을 낱낱이 털어놓으며 눈물로 참회하고 회개하였던 것이다.[500] 한 달 후 그는 '지난달 한 주간의 성경공부 도중에' 우리를 위해 보혈을 흘리신 예수 그리스도를 통해 아버지로부터 성령을 약속 받았음을 깨

498) 미국북감리교선교보고서(M. E. C. Report for 1902), 45.
499) 미국남감리교선교보고서(Minute of M. E. C. South, 1903), 26.
500) Ibid., 1903, 23.

달으면서[501] 선교 실패의 원인이 믿음이 약하여 성령강림의 체험이 없었기 때문이라고 고백하였다.[502] 참된 고백과 회개 후 성령이 충만히 임하면서 '평강과 기쁨'이 그에게 찾아 왔고, 게일 선교사는 성령체험 이후의 그의 변화에 대해 다음과 같이 기술하였다.

우리는 그 이야기를 듣고 그것이 놀라울 정도로 진실이라는 것을 알고 있다. 하나님은 그에게 전혀 아무런 가식이 없는 진지함과 부드러운 촉진의 은사를 주셨으며, 그에게 다른 사람들을 감동시키는 주님나라에 대한 사모함을 주셨다. 그의 삶의 변화는 갈릴리에서의 베드로의 마지막 고기 잡는 여정과 그가 너무도 놀라운 부드러움으로 베드로 서신을 기록하던 그 사이에 일어난 변화만큼이나 차이가 있었다.[503]

이러한 닥터 하디 선교사 자신이 개인적으로 경험한 '깊고 놀라운 경험'은 곧 주변에 영향을 미쳤다. 이 같은 축복이 자신이나 이미 구원의 소식을 소유한 이들에게만 제한된 것이 아니라 모든 사람이 반드시 공유해야 할 축복된 약속이라는 확신을 가졌다. 그의 고백은 모인 이들의 마음을 여는 계기가 되었고, 다른 사람들도 역시 비슷한 죄책감과 후회에 사로잡혀 기도하기 시작해 마침내 모든 선교사들과[504] 한국인 그리스도인들이 불의 세례를 받기에 이르렀다. 그 부흥은 한국인뿐만

---

501) Ibid., 1903, 26.

502) 전택부, 「한국교회발전사」(서울: 기독교서회, 1987), 157

503) Jame Gale, "Dr. R. A. Hardie," KM(Korea Methodist) (July 1905): 114.

아니라 외국인에게도 영향을 미쳤는데, 그 특징은 아무리 작은 죄라도 감추어 놓고 있으면 사람을 못 견디게 하는 것이었기 때문에 회개하는 사람들이 종종 바닥에 뒹굴거나 두려움과 슬픔에 사로잡혀 무섭게 경련을 일으켰다. 이어서 하나님의 거룩함에 거역한 모든 생각과 말과 행동의 고백이 있었고, 마음에서 우러나오는 기도가 계속되었다. 또 전 회중은 통성으로 크게 기도하였으며 함께 울고 기뻐하였다. 특히 1905년과 1906년 사이의 겨울에는 모든 선교회들이 성령의 은혜를 갈구하며 끊임없이 기도하였기 때문에 각지에 축복이 다가오고 있다는 분위기가 감돌았다. 원산에서의 놀라운 경험에 대한 이야기는 한국 전역에 퍼져, 1906년 봄과 초여름에는 그와 비슷한 놀라운 부흥이 목포를 휩쓸었으며, 1907년에는 북부지방의 그리스도인이 있는 곳이라면 어디든 커다란 부흥이 뒤따랐다. 이렇게 해서 발흥한 '부흥운동은 강력한 죄의 회개'로 특징지어졌다.[505]

504) 1894년 청일전쟁이 발발하자 특히 서북지방에서는 생명과 재산을 보호받기 위한 안심입명의 피난처로 많은 사람들이 교회로 몰려들게 되자 선교사들의 자세에도 변화가 있었다. 즉 1895년 이후 각 지방마다 선교기지가 설립되고 교회가 자리를 잡자, 일부 선교사들은 개인 사택에 화려한 생활도구를 들여놓고 피서지까지 확보하는 등, 초기 선교사들의 겸허한 모습이 점차 사라졌던 것이다. 하디 선교사의 위의 고백 가운데도 이와 같은 선교사 자신들의 문제에 대한 자성의 빛이 담겨있었다. 해링톤 F.H 「개화기의 한미관계」, 이광린 역 (서울: 일조각, 1974), 112–128.

505) J. S. Ryang, *Southern Methodism in Korea : Thirtieth Anniversary.* (Seoul: Methodist Episcopal Church, South Korea, 1929), 52.

190

하디는 감리교 협성신학교와 피어선 성경학교 교장으로 봉
직하였고 '신학세계' 의 주관과 조선예수교서회 총무를 겸직하
고 45년간의 선교사역을 마치고 1935년에 귀국하였다.[506]

🌿 Dr. 조엘 로스 JOEL BAKER ROSS, ? - 1930

닥터 로스는 1901년 여름에 내한하여 원산 구세병원에서 사
역하였고 후에는 금강산 부근에다 원산병원 분원을 설립하는
등, 한국에서 28년간 사역하였다. 1910년 원산 구세병원의 신
축으로 원산에서의 의료사역이 더욱 활기를 띠게 되었는데, 이
병원을 찾아오는 환자가 급증함에 따라 로스는 선교부에 빠른
시일 안에 의사와 간호사를 보충해 달라는 청원을 하였다. 그
결과 1915년 닥터 J. B. 트라이스가 내한하여 원산에 파송되었
으나 오자마자 큰 병에 걸려서, 더 이상 환자를 돌보지 못하고
그 자신이 환자가 되어 수개월 만에 귀국하였다. 한편 원산에
서는 감리교와 장로교회의 연합 사업이 의료사역 분야에도 확
대되어 1915년부터 캐나다 장로교회가 참여하였다. 이에 따라
장로교회의 닥터 에멘스될드가 합류하여 더욱 많은 환자를 도
울 수 있게 되었다. 그러나 에멘스될드가 2~3년 후 서울의 세
브란스병원으로 전임되어 간 후부터는 장로교회에서는 더 이
상 의사를 파송하지 않게되면서 남감리교회에서 단독으로 경

---

506) 김승태 · 박혜진, 「내한선교사총람」, 283.

영하게 되었다. 1922년에는 대대적인 구세병원의 시설확충이 있었는데 이때는 미국감리교회 선교백주년 헌금이 많이 들어왔을 때였으므로 이 기금에서 사용한 듯하다. 이때 로스 의사는 안식년으로 귀국하였고 그 빈자리를 닥터 E. W. 앤더슨이 채웠다. 그 후 로스가 안식년을 보내고 돌아와 원산병원에서 함께 사역함으로 원산 구세병원에는 2명의 의사가 열심히 환자를 돌보면서 그리스도의 사랑을 전했다.[507] 이와 같이 원산 구세병원은 해가 거듭될수록 원산지역에 확고한 봉사의 뿌리를 내리고 있었다. 1924년에는 봉사의 영역을 더욱 확대하여 구세병원 지원을 금강산 가까운 고저에 설립하면서 박태형이라는 한국인 의사를 파송하였다. 처음 1년은 구세병원 관리 하에 있었으나 이후 계속적으로 재정지원을 못하게 됨에 따라 박태형 의사가 단독으로 경영하게 되었다.[508]

✄ R. N. 조세핀 캠벨 JOSHEPHINE EATEEN PEEL CAMPBELL, 1853-1920

1897년에 미국 남 감리회의 최초의 내한 간호선교사로, 텍사스에서 출생하여 시카고에서 간호학교를 졸업하였다. 캠벨 선교사는 내한 전에 중국에서 선교활동을 하였는데, 중국인 양녀인 도라유이余小姐를 데리고 왔다. 처음에는 배화학당[509]을 창설

---

507) 김진형,「수난기한국감리교회. 북한교회사」(서울: 기독교대한감리회 홍보출판국, 1999), 390-392.

508) 남감리교 삼십주년 기념보, 72

하며 교육선교와 전도사역에 힘썼고[510] 1917년부터는 세브란스병원에서 선교사역을 하면서[511] 세브란스간호학교의 사감을 지냈다. 1920년에 소천하여 양화진에 안장되었다.[512]

캠벨 선교사가 교장이었던 1912년에는 배화학당이 고간동[513]에 있었는데 세브란스병원의 에비슨이 배화학생들을 진찰한 결과, 결핵을 비롯한 폐 질환을 앓고 있는 학생들이 의외로 많다고 하면서 다음과 같이 학교이전을 강력히 주장하였다.[514]

가능한 한 빨리 새 건물을 마련해 옮길 것을 강력하게 건의합니다. 지금 쓰고 있는 교실들은 오랫동안 환자들이 사용해서 이미 균에 감염되어 있을 뿐 아니라 건물 구조상 완전 소독이 불가능한 형편입니다. 선교사 선생님들도 그런 방에서 오래 머무는 것이 좋지 않습니다. 공기가 탁해 균에 감염되었을 뿐 아니라 맑은 공기가 통하지 못하여 더

---

509) 미국 South Carolina 지역 주일학교 학생들의 헌금으로 고간동 선교부지를 만들었기 때문에 처음에는 케롤라이나 학당(Carolina Institute)이라고 명명하였다. 그러나 한국인들은 잣골학교라고 불렀다.

510) 스크렌튼(M. F. Scranton)대부인은 캠벨 선교사에게 전도부인인 김세라와 백루시를 보내주었다. 미국 본토에서는 남북전쟁(1861-1865)으로 감리교가 남북으로 갈라졌지만 한국에서는 남북감리교회가 서로 우호적인 관계로 출발하였다. 이덕주, 「종로선교이야기」 (서울: 도서출판 진흥, 2005), 115. 또한 학교 내에 잣골 교회를 개척하여 여성 집회를 열고 루이스워커 예배당(Louis Walker Chapel)도 지었다. 이덕주 「종로선교이야기」, 120-121.

511) 신호철, 「양화진 선교사」(서울: 대한예수교장로회 서울서노회, 2004), 55.

512) "연세의학사" (3권1호. 1999): 113.

513) 지금은 내자동에 있는 서울 경찰청자리이다.

514) 이덕주, 122

욱 불안합니다. 햇빛까지 차단되어 있으니 그런 환경에서 버텨낼 사람은 아무도 없습니다.[515)

이러한 일로 인하여 배화학당을 필운산 아래 공기 좋고 아름다운 필운동[516)]으로 옮기게 되었다. 그리고 캠벨 선교사 소천 6년 후에는 캠벨 기념관을 지어 고등학교에서 전용하면서 교실난이 해결되었다.[517)]

❧ R. N. 길버타 해리스 GILBERTA HARRIS

해리스 간호선교사는 미국 아칸사스 출신으로 1910년에 내한하여 황해도 개성에 남성병원에서 간호사 양성사업을 시작하였다. 이미 미국 감리회에서는 간호사 양성사업을 시작하여 상당수의 간호사를 배출한 상태였으나 미 남감리교의 간호사 양성사업은 이 병원이 처음이었다. 1916년경 세브란스 간호학교를 지방의 작은 병원과 연계하여 간호사 양성기관으로 만들자는 논의가 있었다. 해리스는 30병상 이하의 병원에서 간호사를 자체 양성하는 것은 불가능하다고 보고, 세브란스병원에서 연합간호학교를 운영하도록 하자는 에비슨의 제안에 찬성하였다. 해리스 선교사는 간호학생을 작은 병원에서 2년 또는

---

515) 에비슨의 건의로 고간동(잣골) 선교부 시대는 막을 내리고 사직단 뒤쪽 언덕 필운동으로 이전하였다.
516) 지금의 인왕산
517) 이덕주, 「종로선교이야기」, 124-127.

2년 6개월 동안 기본적인 훈련을 받게 한 다음에 연합간호학
교에서 1년 또는 6개월 동안 훈련을 받게 할 것을 제안하였
다.[518] 해리스 선교사는 5년간 사역을 하고 귀국하였다.[519]

R. N. 로사 로우더 ROSA MAY LOWDER

로우더 간호선교사는 미국 출생으로 1916년 황해도 개성에
내한하여 아이비 기념병원에서 간호원장을 지내며 간호사 양
성사업을 하였다. 그 해에 간호사 양성소에 남자 1명, 여자 2
명, 총 3명의 간호사가 졸업했으며 다른 병원에서 아이비기념
병원의 간호사 졸업생을 보내달라는 요청이 많이 들어오지만
졸업생이 적어 보낼 수 없었다. 이는 그 당시 일본인들이 간호
사 규정을 가일층 강화하고 있었기 때문이었다.[520] 그녀는 한
국에서 13년 사역을 하고 1929년에 귀국하였다.[521]

R. N. 린다 브레이 LINDA BRAY

원산 구세병원이 증축되고 앤더슨 의사가 부임하던 1922년
에, 처음으로 외국인 간호사 브레이가 구세병원에 부임하게 되

---

518) 이만열, 「한국기독교의료사」, 365–366. 지역병원과 세브란스가 연계된 교육체계에
대한 구상은 실현되지 못하고 세브란스 간호부 양성소와 몇 개의 병원에서 독립적으로
간호사 양성업무가 진행되었다.

519) 김승태·박혜진, 「내한선교사총람」, 286.

520) "Miss Rosa Lowder's Report," (WEC Report, 1918~1919).

521) 김승태·박혜진, 「내한선교사총람」, 350.

어 병원은 더욱 활기를 띠면서 많은 환자들의 고통을 덜어주게 되었다. 구세병원에 부임한 브레이는 특별히 간호사 양성이 한국의 병원상황에 절실한 과제라고 판단하였다. 다음은 브레이의 보고서이다.

금년 9월부터 2달간 우리는 병원건물 작업을 하여 입원환자를 들일 수가 없었습니다. 그러나 우리가 병원 문을 열었을 때 환자들은 생기를 얻어 찾아왔습니다. 우리에겐 3명의 졸업생 간호사와 2명의 조무사들이 근무하고 있습니다. 이렇게 적은 수의 간호사를 데리고 일을 수행하기는 매우 어렵습니다. 그래서 1월 1일에 우리는 병원과 연계하여 간호사 양성소를 열고, 꽤 좋은 교육을 받은 전원 기독교 가정출신 여성 6명을 확보했습니다. 이들은 모성 의학, 해부 등의 교실 수업을 시작하기 전에 배울 것이 많았습니다. 이들은 훌륭하고 유능한 간호사가 될 것입니다. 금년 우리의 입원 환자 수는 총 6백여명이었으며, 진료건수는 2만을 넘어섰습니다.[522]

이렇게 시작된 간호원 양성사업은 브레이에 이어 부임한 하우저[B. H. Hauser] 선교사에 의해 계승되어 유능한 간호사를 배출해내었다.[523]

❦ R. N. 메리 로저 MARRY HELLEN ROSSER, 1895-?

로저 간호선교사는 1924년에 내한하여 개성의 아이비 기념병원인 남성병원에서 의료사역과 병원부설 간호원 양성소에서

---

522) "Lynda Bray's Report," (WEC Report, 1923~1924)
523) "Lynda Bray's Report," (WEC Report, 1924~1925)

교육에 주력하였다. 해방 후에는 부산에서 공중위생사역을 통해 의료선교를 하다가 1960년에 귀국하였다.[524]

5) 호주 장로교 선교회

한국에 선교사를 파송한 두 번째 장로교 선교회인 호주 장로교 선교회Presbyterian Church of Victoria는 1889년 10월 조셉 데이비스 선교사와 그의 누이인 메리 데이비스 선교사를 파송하면서 시작되었는데, 얼마 안 되어 죠셉 데이비스 선교사가 천연두와 폐렴으로 소천하고 말았다. 이후 J. 맥케이 선교사를 비롯하여 첫 의료선교사인 닥터 커렐이 내한하기까지 7명의 선교사가 부산을 거점으로 경남지역에서 선교활동을 하고 있었고, 그 후에 간호사인 F. L. 클러크, 닥터 C. I. 맥라렌 등 5명의 의료선교사가 진주를 중심으로 사역하였다.[525]

🌿 Dr. 휴 커렐 HUGH CURRELL, ?-1943

닥터 커렐은 아일랜드 북부지방인 엔트림에 인접한 칸로우Carnlough에서 태어나 1892년 벨파스트에 있는 아일랜드 왕립대학교Royal University of Ireland인 퀸즈 대학에 입학하여 의학을 공부하면서 의사가 된 후 만주지방에 가서 선교사역에 동참하려고 하였다. 당시 아일랜드 장로교회는 만주지방에 선교사를 파송하

---

524) 김승태 · 박혜진, 「내한선교사총람」, 446.

525) 진주노회, 「진주(서부경남)선교약사」, (2001), 2-6/17

고 있었고 의료선교사를 필요로 하고 있었기 때문이었다. 그러나 커렐은 호주로 이주하여 빅토리아 주의 키아브람에서 일반의로 15개월, 루터글렌Lutherglen에서 약 2년간 일하였다. 그 후 커렐은 한국선교사인 A. 애덤슨의 긴급한 요청으로 빅토리아 장로교 해외선교부에 한국 선교를 자원하였고 청년연합회 YMFU 파송으로 1902년 5월에 부산에 도착해서 13년간 의료선교사역을 하였다.526)

그는 도착한 다음날부터 일신여학교의 교실에서 몸이 심히 아픈 경우를 제외하고는 하루도 빠짐없이 매일 진료를 하였다. 하루 평균 20명을 치료하였고, 1902년 9월 콜레라가 번창하여서 초량에서는 인구 2,800명중 300명이, 부산 진고개와 양산고개 인근의 3,000여 명 중 700 명이 콜레라로 사망하던 때에 상당한 치료의 효과로 주민들에게 큰 위로를 주었다. 다음 해에는 G. 엥겔 선교사와 함께 기장, 기찰, 암평 지역으로 의료순례여행을 다녔고, 애덤슨 선교사와는 양산지역으로 순회하며 의료시술을 베풀었다. 부산에는 이미 미국 북장로교 선교부가 운영하는 병원이 정착되어 있었지만 경남지역은 기독교 불모지였기 때문에 의사이자 목사였던 커렐은 1905년에 진주의 개척선교사로서 전도, 의료, 교육 사업을 하였다. 커렐 부부와

---

526) 진주노회, 「진주(서부경남)선교약사」, (2001), 4/17.

그의 조수인 박성애 부부는 인구 4만의 진주가 남도제일의 양반도시이기에 직접전도에 어려움이 있을 것으로 예상하여 우선 의료사역을 통해 복음의 문을 열기 시작하였다. 그는 진주성 북문 안에 있는 초가집의 방 한 칸으로 진료소를 시작하였고 배돈기념병원이 설립될 때 까지 8년간 매년 7천여 명의 환자를 돌보았다. 당시 제일 흔한 질병은 피부병과 종양, 폐결핵, 눈병이었는데 이것은 주거환경과 비위생적 환경에 기인하는 것으로 커렐은 환경개선, 위생교육, 검역 등에도 관심을 기울였다. 의료사역이 그 지역에서 신임을 얻게 되자 복음 전파의 결실이 빠르게 나타나기 시작하여 진주사역 2개월 만에 매 주일마다 3차례 예배를 드리게 되어 평균 20여명의 남자와 7명의 부녀자들이 참석하였다. 또한 커렐 부부는 의료사역과 함께 교육사역을 시작하였는데 이것이 진주의 첫 근대학교인 시원여학교The Nellie R. Memorial School이다. 커렐은 한때 세브란스의학교 교수와 진주성경학교에서 가르치기도 하였는데 가정문제로 귀국하였다.[527]

❧ Dr. J. 맥켄지 J. NOBLE MACKENZIE

닥터 맥켄지는 글레스고에서 의학교육을 받고 1910년 2월에 부산에 내한하여 28년간 나환자를 돌보는데 전념하였고 그의

---

527) 진주노회, 「진주(서부경남)선교약사」, (2001), 5-6/17.

딸은 부산의 일신기독병원Il Shin Womens Hospital을 설립한 닥터 헬렌과 간호사인 캐더린이다. 이들은 한국 출생이며 닥터 헬렌은 한국 여의사에게 원장 자리를 넘기고 자신은 평의사로 환자들을 섬겼다.[528) 해방되자 중국선교사로 일했고 한국 전쟁이 발발하자 부산에 와서 환자들을 돌보았다.

그는 1909년 부산이 호주장로회의 선교지로 정해지자 나환자를 담당하게 되었다.[529) 본래 부산의 나환자는 닥터 어빈에 의해 감만동에 마련된 장소에서 12명이 입원하는 것으로 출발하였는데, 그 이듬해 영국 나병선교회의 지원을 받아 정식 개원을 하였다. 처음에는 미국 북장로회와 같이 운영하다가 1916년에는 호주 선교부 단독으로 운영하게 되면서 '상애원'으로 이름을 지었다. 닥터 맥켄지가 원장을 맡았으며 나환자를 대풍자 유Chaulmoogra Oil로 치료하여 1916년에는 25%의 사망률을 1917년에서 1920년에는 7%로 격감시켰다. 대풍자 유油를 복용했을 때 피부주사로써 훨씬 좋은 효과를 내었다. 이 Oil에서 추출한 Sodium Gynocardiate 나 Ethyl ester를 사용하기도 했다.[530) 나환자들의 신앙은 G. O. 앵겔이 맡았고 상애원에 수용된 나환자의 수는 1924년까지 966명이었고 이들 중 세례를 받은 사

---

528) 영남교회사편찬위원회, 「한국영남기독교사」(서울: 양서각, 1987), 69–70.

529) J. Noble Mackenzie. "Leper Work in Fusan," *KMF* (April 1921): 82.

530) J. Noble Mackenzie. "Leper Work in Fusan," 83.

람은 235명이었다.[531] 나환자 소녀가 기독교인이 된 것에 대해 다음과 같이 적고 있다.

그녀는 자신의 병든 육체를 치료받기 위해 구주를 찾았으나 자신이 죽어야 할 영혼을 구원 받을 수 있다는 것을 발견하고 너무나 기뻐서 육체의 필요한 모든 것을 잊은 것 같았다.[532]

6) 캐나다 장로교 선교회

한국에서 선교를 하던 윌리엄 맥켄지의 죽음을 계기로 1898년 가을에 이르러서야 캐나다 장로회는, 윌리엄 푸트, 던컨 맥래 선교사 등과 함께 닥터 그리어슨을 파송하여 의료선교와 아울러 한국 선교를 시작하였다.

Dr. 로버트 그리어슨 ROBERT G. GRIERSON, 1868-1965

닥터 그리어슨은 캐나다의 할리팍스에서 태어나 달하우지 대학교, 파인 힐 신학교, 감리교 신학교 등을 졸업하고 1898년 9월에 푸트, 맥래 선교사와 함께 내한하여 38년간을 사역하였다.[533] 의사이며 목사인 그는 언더우드 선교사와 순회전도여행을 하고 1899년 초에 원산에 도착하여 한국어를 익히는데 중점을 두고 급한 환자나 중환자만 치료하였다.[534] 순회전도에도 열

---

531) 이만열, 「한국기독교의료사」, 481-483.

532) "Report of Leper Asylum, 1911-1912," *KMF*, (November 1912). 331-332.

533) 김승태 · 박혜진, 「내한 선교사 총람」, 271.

심을 내어 같이 내한한 두 동료 선교사와 함께 새벽부터 밤늦게까지 먼지로 뒤덮인 거리에서 전도를 하기도 하였다. 또한 원산 세관의 전임 의사직을 맡아 외국인들을 치료하였다.[535] 1900년 초여름에는 함흥 선교지부의 책임자로 임명되어 조사 서경조와 함께 3차 전도여행을 하였으며 1901년 봄에는 A. F. 롭 선교사와 함께 팀을 이루어 성진에 선교지부를 설치하고 조사 홍순국과 함께 주로 전도사역을 하며 자신의 집에서 소규모의 진료소인 제동병원을 운영하였다. 황소 뿔에 받혀서 생긴 비탈저脾脫疽(Anthrax)병, 일명 '핏독'을 앓고 있던 환자가 온갖 노력을 했음에도 불구하고 결국 생명이 위독하게 되어 진료소에 오게 되었는데 그는 간단한 마취를 하고 한 차례 수술을 하자 환자의 병세가 많이 호전 되는 등의 많은 시술을 베풀었다.

닥터 그리어슨은 1명의 한국인 의료조수에게 조제학, 화학, 수학, 영어 등을 가르치는 등 그에게 많은 훈련을 시키고 가르쳐서 조수로 일하게 하였다.[536] 1902년부터 입원실을 마련하기 시작하였고, 1904년에는 러일전쟁으로 의료선교가 중단되었지만,[537] 원산에서도 많은 환자를 돌보았다. 후에 성진 제동

---

534) 박노철, 21.

535) 캐나다장로교보고서(C. P. Report for 1901), 77-78.

536) McCully, 「케이프 브레튼에서 소래까지」, 유영식 역 (서울: 대한기독교서회, 2002), 226.

537) 캐나다장로교보고서(C. P. Report for 1901), 48.

병원에 정착하여 자신의 제자인 김용배에게 진료를 맡기고 자신은 목회·교육·행정사역을 주로 하였으나 환자가 많아지면 진료를 하기도 하였다. 병원운영에 있어서 경제적인 자립 여건을 마련하였고 진료와 더불어 한해에 1만 명에게 복음을 전하였다. 한 때 성진 제동병원은 일제로부터의 독립운동을 위한 중심 센터로 이용되기도 했다.[538] 삼일운동 당시의 성진 병원은 환자들로 가득 찼고 심지어는 치료 할 수 없을 정도의 치명상을 입은 한 환자도 들어왔다. 그날 밤에 그리어슨은 경찰서에 끌려가 자기 집에서 있었던 회담에 대한 취조를 받을 정도로 환자를 사랑하였다.[539] 그는 1935년 정년퇴임 후 귀국하여 1965년에 98세로 소천하였다.

🦋 Dr. 케이트 맥밀런 KATE MCMILLAN, ? - 1922

닥터 맥밀런은 볼티모어 여자의과대학을 졸업하고 개업을 하다가 뉴욕에서 특별연구와 병원경험을 익힌 후 캐나다 뉴브런즈윅 주에 속한 장로교회의 후원으로 1901년 롭 선교사와 함께 내한하여 20년간 사역하였다. 선교사로 임명될 때 그녀는 자신을 의료사역에만 제한하지 않겠다고 말함으로서 복음사역

---

538) 이만열, 「한국기독교의료사」, 509

539) 군중들은 손에 손에 태극기를 들고 흔들며 시위행진을 하는데 그리어슨 가족은 시위대를 뒤따라갔다. 우체국 앞과, 시장 관사 앞과, 경찰서 앞에 각각 멈춰 서서는 평화스럽게 "대한 독립 만세"를 외쳤다.' 마서 헌트리, 「한국 개신교 초기의 선교와 교회 성장」, 370-372.

도 성실히 할 계획이었다.[540] 이런 생각을 하게 된 것은 그녀가 한국에 왔을 때의 한국주재 선교사들은 모두 전도사역을 너무나 강조하였고, 다른 나라처럼 복음전도의 문을 열기 위한 목적으로서의 의료사역은 필요하지 않다는 견해를 가지고 있었기 때문이었다. 그래서 그녀는 진료사역보다는 성과가 있다는 것이 입증된 전도사역을 힘껏 도우려 노력하였다.[541]

한국어를 익히기 위해 원산에 머물면서 주로 여성과 어린이를 대상으로 진료하였지만 전도에 힘을 많이 쏟아 주일학교, 야간학교, 부인반 그리고 소녀들을 위한 주간학교를 맡아서 가르쳤다. 그녀는 강원도와 함경도 지방의 160km에 해당되는 지역의 전도여행을 하였고 원산과 함흥을 오가면서 진료를 하였다. 1903년부터 맥래 선교사와 함께 팀을 이루어 함흥 제혜병원에서 본격적으로 의료사역을 하였는데 원산에서 훈련시킨 한국인 조수가 보조하였다. 환자들이 늘어남에 따라 병원을 확장하게 되면서 이에 따라 전도사역도 체계적으로 이루어졌는데, 특히 그녀는 전도에 힘을 많이 쏟아 그녀와 함께 유 장로 부부, 마리아 부인 등 한국인들과 함께 헌신했다. 함흥에서는 비

---

540) William Scott, *Canadians in Korea*, (Toronto: The Board of World Mission United Church of Canada, 1975), 50–51. 김승태, "한말 캐나다장로회 선교사들의 선교활동과 일제와의 갈등, 1898–1910", 「한국기독교역사」 제12호 (2000): 153에서 재인용.

541) Louise H. McCully, 70.

록 소규모의 진료사역을 하였으나 발진티푸스, 콜레라, 천연두 환자들을 치료하여 그들에게 영혼을 고칠 수 있는 의사상을 심어 주었다.[542] 닥터 맥밀런은 1913년 함흥에 캐나다 장로회의 최초 병원인 40개 병상규모의 최신식 시설을 갖춘 '함흥 캐나다 선교병원'을 짓고 매해 1만 명이상의 환자를 돌보았다. 1922년에 여학교 기숙사에 발병한 열병을 치료하다 자신도 감염이 되어 순교함으로 20년간의 선교사의 삶을 마감하였다.[543]

🌿 Dr. 토마스 맨스필드 THOMAS D. MANSFIELDS

닥터 맨스필드는 1912년에 내한하여 함경북도 회령에서 의료사역을 시작하였다. 이듬해 서울에서 공부를 마친 김석현 조수와 함께 진료소를 준비하고 1915년 새해, 공식적으로 의료사역을 개시하였으나 진료 6개월 후에, 환자가 너무 없고 의사의 노력이 다른 곳보다 많이 들어 회령 진료소를 폐쇄하고 원산에 정착했다. 원산에서는 캐나다장로회와의 연합의료사역이 1915년에 결정되어서, 1916년 새해부터 미국 남 감리회의 닥터 로스와 함께 원산 연합기독병원을 운영하였다. 그는 1917년부터는 세브란스의학전문학교 이사가 되었고, 1920년에 세브란스에서 가르치면서 후에 세브란스병원을 감독하였다.

---

542) 캐나다 장로교 보고서(C. P. 1903)

543) A. F. Robb, "What One Life Accomplished," *KMF* (June 1922): 70.

닥터 맨스필드는 폐결핵 퇴치에 많은 힘을 기울였다. 그는 폐결핵 요양원이 지어지면 운영비는 자급할 수 있을 것으로 예측하면서 의료선교사들에게 폐결핵 예방에 대한 보건교육의 실시가 시급하다는 것을 지적했다. 그는 이미 중국에서 그림, 포스터, 전단 등의 계몽자료를 제작하여 사용하고 있으므로 이를 번역하여 사용하였다. 대중계몽교육의 내용으로는 다음과 같은 내용을 추천하였다.

각혈을 하거나 6주 이상 지속되는 감기 증상이 있을 때에는 일단 폐결핵이 아닌지 의심해 보아야 한다. 조사에 의하면 폐결핵은 75-90%가 15세 이전에 감염되므로 청년기 아이들이 병에 감염되지 않도록 조심하여야 한다. 특히 스트레스와 긴장이 발병의 주요한 원인이므로 주거와 작업조건을 개선하고 휴식시간을 충분히 갖는 것이 필요하다.[544]

아울러 그는 폐결핵의 가장 큰 원인인 무지와 빈곤의 퇴치를 위해 교회가 책임을 져야 한다는 점을 지적하였다. 비위생적인 진흙 집, 매일 16시간을 일해야 겨우 식비와 주거비를 조달하는 상황에서 폐결핵을 예방하고 치료하는 것은 불가능한 것이었다. 그래서 맨스필드는 한국인들의 경제적 조건을 향상시킬 것을 주장하였고, 우선 선교사들 스스로가 고용인들을 이러한 열악한 생활환경에 내버려둔 것을 깊이 반성해야 한다면서 선

---

544) T. D. Mansfield, "Tuberculosis : Its Menace and Its Cure," *KMF*, (July 1922): 144.

교사와 비슷한 수준으로 생활할 수 있도록 급여를 인상해 주어야 한다고 주장하였다.[545] 한국의 폐결핵 환자를 다 입원치료 시키려면 당시 한국의 모든 병원의 병상을 다 사용해도 불가능할 정도로 하루에 수백 명이 이로 인해 죽어가고 있었다.[546] 그는 선교사들과 총독부 당국 모두가 폐결핵에 대한 대책이 전무했던 1920년대 초반까지 결핵에 관한 계몽활동을 하였다.[547] 의료선교사들 사이에는 한국인들의 질병을 퇴치하고 건강을 증진하기 위해서는 경제적 빈곤상황을 개선하는 것이 중요하다는 인식이 점차 확대되어 갔다. 그는 저임금과 장시간 노동이 폐결핵의 원인임을 지적하였다.[548] 그는 17년간 진료와 폐결핵 퇴치에 힘쓰고 1929년에 귀국하였다.[549]

🖋 Dr. 스탠리 마틴 STANLEY H. MARTIN, 1870-1941

닥터 마틴은 캐나다 뉴펀들랜드 세인트존스시에서 출생하여 의학을 전공하고 1915년 내한하였다. 그는 바커Barker 목사와 함께 간도 용정에 와서 제창병원장으로 사역하였다. 1919년에 용

---

545) Ibid., 143. "적당한 경제적인 상황에서 행복하고 위생적인 삶을 살고 교육을 받는 사람은 병에 걸리는 것을 거의 두려워하지 않아도 된다. 그런 사람들은 자연적인 저항력이 증대 될 뿐 아니라 그들이 가진 지식을 사용하여 병이 생겼을 때에도 병을 퇴치하는 방법을 알 수 있기 때문이다."

546) A. G. Fletcher, "Tuberculosis : The Medical Problem of Korea", 146.

547) T. D. Mansfield, "Tuberculosis : Its Menace and Its Cure," KMF (July 1922): 143.

548) Ibid., "Tuberculosis : Its Menace and Its Cure," 144.

549) 김승태 · 박혜진, 「내한선교사총람」, 357.

정의 만세사건 때 부상자를 치료했으며 1920년 간도학살 사건 때도 치료를 하면서 구미각국에 사건의 전말을 알리면서 독립운동에 많은 협조를 하였다.[550] 간도 한국민의 경제상황은 아주 열악했다. 1920년 겨울, 목단에는 한국인 34가정(성인 103명, 어린이 84명)이 식량이 다 떨어져 돌피 등으로 연명하였다. 그러나 기독교인들은 교회에 대해 불평하거나 하나님을 원망하지 않고 스스로 양식을 해결하려 하였다. 쿠크 선교사는 이들의 생활에 대한 지원을 'The Korea Mission Field'를 통해 호소하였다.

1916년의 제창병원St. Andrew Hospital의 의료진으로는 1명의 한국인 의사, 2명의 간호사, 1명의 약제사, 그리고 간호부장으로 마틴 부인 등이 함께 일하였다. 간호사로는 1918년 성진에 있던 매키논 간호사가 옮겨와서 3명이 간호학생을 교육하다가 1919년 7월에 건강 악화로 본국으로 휴가를 떠났으며, 대신 팔레도르프Palethorpe가 부임했다. 1918년에 새롭게 건립된 제창병원은 30개의 병상을 갖춘 길이 30m의 현대식 건물로 남녀 입원실과, 수술실, 방사선 촬영실 등을 갖추고 있었다.[551] 제창병원은 개원 후 2년 만에 연간 12,000여 명을 진료하였다.[552] 1919년

550) W. T. Cook, "Koreans Starving in the Vicinity of Moukden," KMF (Febuary 1921): 43.
551) 원래 병원은 7개의 방으로 된 진료소밖에 없었고 수술실은 10×10 피트의 작은 규모였다. 1916년 11월부터 병원신축을 시작하였다.

이후 몇 년 간은 의사 수급의 불안정으로 의료사역이 급격히 쇠퇴하였고, 이 무렵의 닥터 마틴은 화요일 오후에만 수술하였다.[553] 1917년 환자 구성 비율을 보면 한국인 75%, 중국인 20%, 러시아인 5%로 용정이라는 지역적 특성상 중국인과 러시아인이 꽤 많이 병원을 찾았음을 알 수 있다. 제창병원은 일찍부터 전도에 힘을 기울여 많은 결실을 거두고 있었다. 1917년에 쪽 복음을 5,000명에게 배부하였으며 같은 해 총상을 입었다가 회복된 환자들 대부분이 기독교인이 되어 귀가했고, 그해 전도팀의 노력으로 150명이 개종을 희망했다. 1920년에는 500명이 개종을 희망하거나 개종할 정도로 전도팀의 활약이 대단하였다.

닥터 마틴은 한국인의 민족자주권을 수호하는 데도 크게 기여하여[554] 1920년 10월에 독립군이 토벌될 때, 그는 자전거로

---

552) 다른 기독교 병원과 마찬가지로 1920년을 기준으로 하여 증가일로에 있던 의료사역이 쇠퇴하였음을 보여준다.

553) S. Haviland Martin, "Correspendence," *KMF* (May 1919): 109. 1919년경에 한 중요한 수술로는 아편재배 농부의 수술이 있다. 두 눈 모두 백내장 수술을 한 경우도 있었다. 마틴은 적십자 병원 활동에 헌신했던 의사와 간호사들이 동양의 의료선교에 헌신해 주기를 촉구하였다.

554) 1919년 3월 13일 용정에서 항일독립운동이 일어났을 때 일본군의 한국인 학살사건이 발생하였다. 일본군의 사주를 받아 맹부덕(孟富德)이 지휘하는 중국군이 시위 군중에 총격을 가하여 17명이 사망하고 40여 명이 총상을 입었던 것이다. 마틴 의사는 위험을 무릅쓰고 그들을 응급환자로 입원시켜 치료하면서 사격에 사용한 탄환이 모두 일본제임을 확인하여 총을 쏜 중국군 배후에 일본군이 있었음을 고발하였다.

피해지역을 돌아다니면서 부상자들을 치료하였다.[555] 이로 인해서 마틴과 제창병원은 만주지역의 중국인과 한국인에게 널리 알려져서 기독교 신앙을 전파하는 데 큰 역할을 하였다.[556] 1921년 닥터 마틴이 건강이 악화되어 휴가 중인 2년 동안에는 여의사 플로렌스 머레이가 잠시 병원장으로 일하였다. 1924년에서 1925까지의 용정 제창병원 진료내용은 외래진료 12,000여건, 수술 365건을 했다고 기록되어 있다. 그 후에 닥터 마틴은 세브란스로 옮겨가고 후임으로 중국에서 활동하던 닥터 D. M. 블랙 선교사가 부임해 와서 병원 사역을 이었다.[557] 또한 서울 세브란스병원에서 흉곽외과 과장으로 부임하면서 결핵치료 사업을 시작하였다. 이 무렵 매년 1,000여명의 환자를 치료하고 있었는데 대부분 폐병 환자였다. 결핵환자의 치료 필요성에 대한 자각에서 마틴 의사를 중심으로 교직원, 학생들이 함께 세브란스 항결핵협회를 조직하였다.[558] 또한 그는 「결핵을 발견하고 치료하는 법」이라는 책자를 만들고, 선교사들이 사경회의 위생 강의 담당자에게 가져다 줄 것을 요청하였다.[559] 이 책자는 조선기독교서회에서 수백 부 출간하여 선교사를 비롯하여 관계자들에게 배포하였다.[560]

---

555) 그는 일제의 만행 현장을 사진으로 찍어 세계에 폭로하였다.

556) 1922년에는 20명의 러시아 난민을 구조해 준 적도 있었다.

557) A. I. Ludlow, 「The Research Department of Severance Union Medical College, Seoul」 96.

또한 그는 기독교 병원의 의사들과 구세군의 직원들과 함께 매주 토요일 밤에 보신각을 중심으로 하여 서울 동부지역에 노숙하는 걸인들을 정기적으로 방문하여 치료하였다. 아직 영하에 가까운 날씨였던 어느 날 저녁, 60여 명의 건강을 진단하고 구세군의 식사 식권을 나누어 주었다. 그는 2명의 걸인을 병원에서 치료받게 하였다.[561] 마틴은 성육신적 행동으로서의 의료활동이야말로 그리스도가 세상에 있는 자신의 제자들에게 명명한 고난에 참여하는 것이라는 것을 너무나 당연한 것으로 이해했다. 주님께서는 그의 기도시간에 "나는 네가 나의 남은 고난을 나의 몸 된 교회를 위하여 너의 육체에 채우도록 남겨두었다. 내가 나의 마음을 너에게 주었으니, 이제 너는 너의 마음

---

558) S. H. Martin, "The Tubercular Problem in Korea," *JMYB*, (1932): 50. 발기인호에서는 창설에 관한 준비 규약의 기초 위원으로 임시 회장에 마틴(Martin), 최 동과 이용설이 피선되었다.「세브란스 교우회보」1929년 11호 ; 다른 한 자료는 1928년 10월 16일 같은 날에 결핵협회의 조직과 해주 구세요양원의 개원이 이루어졌다고 한다. "An Interesting Date," *KMF* (May 1930): 105. 그러나 결핵사업 관련된 두 사건의 일시는 결핵사업에 직접 종사하였던 마틴의 견해가 옳다고 보인다. 10월 16일을 주장한 위의 글은 제목을 "An interesting Date"를 "Au interesting Date"로 기재하는 등 오자가 있는 것으로 보아 부정확할 확률이 더 많다고 생각되기 때문이다.

559) S. A. Martin, "Tuberculosis in Korea,", *KMF* (December 1928), 270–271.

560) Louis C. Brand, "Tuberculosis in Korea Today and Tomorrow," *KMF* (May 1928): 993. 1930년경 각국 인구 10만 명당 결핵으로 인한 사망자는 캐나다 54.5명, 미국 87.4명, 일본 190명, 한국 262명이었다. 한국의 이 수치는 연간 약 5,000명이 결핵으로 사망하고 있음을 보여준다. 또한 한국은 결핵환자의 사망률이 다른 나라에 비해 아주 높았다. 특히 청소년층의 감염률이 높아 문제는 더욱 심각했다.

561) S. H. Martin, "Our Doctor Makes Midnight Rounds," *KMF* (May 1930), 100. 이날 저녁에 왕진할 때 시체 1구를 발견하였고, 그들이 왕진하는 도중에 1명이 죽었다.

을 바쳐라."고 말씀하셨다고 기록하고 있다.[562]

✒Dr. 플로렌스 머레이 FLORENCE JESSIE MURRAY, 1894-1975

닥터 머레이는 캐나다 노바스코시아주에서 목사 집안의 장녀로 태어나, 프린스 오브 웨일즈대학 의예과를 졸업하고 1919년 달하우지대학교 의과대학을 졸업하였다. 미국 메사추세츠주 롱아일랜드병원에서 인턴을 수료하고 해부학 교실에서 조교를 하였다. 1921년 만주 용정의 제창병원에서 병원장으로 2년간 진료하였고[563] 1923년부터 함흥의 제혜병원[564]에서 2대 원장으로서 소아과와 내과를 담당하면서 복음을 전파하였다.[565] 영생여고에서는 생리학을 강의하였고 농촌교회를 순회 진료하였다. 1925년부터 1942년까지 함흥 신창리에 병원을 세우고 병원장으로 봉직하였고, 1929년부터는 한국의료선교사 협회 회장을 맡았다.[566]

---

562) Haviland Martin, "Correspendence," *KMF* (May 1919): 109. 용정 캐나다 장로회 병원에서 의료선교를 하던 마틴이 인용한 말로서 원래 1919년 제 1차 세계대전 때에 적십자 활동을 하던 의사와 동양의 의료선교에 헌신해 주기를 촉구 하면서 고든(A. J. Gordon)이 한 말이다.

563) Dr. 머레이는 함경북도 성진의 제동병원에서 3년간 진료하였다고도 되어있다.(이만열, 「한국기독교의료사」, 459)

564) 캐나다 연합장로회 여선교회(Women's Missionary Society)에 의해 운영되었음

565) Florence J. Murray, "Medical Work in the Canadian Mission," *KMF*(May 1941): 78.

566) D. B. Avison. *KMF*. (April 1929): 86.

함흥 제혜병원의 첫 결핵환자였던 의대생 이중택을 위해 병원 베란다에 침대를 놓고 결핵치료를 시작하면서 결핵요양원 건물을 별도로 운영하기 시작하였다. 그 후 점차 병상을 늘려가 선교사들의 사택 지역에 요양원 별관을 지음으로써 병상을 늘렸다.[567] 1940년경에는 늘어나는 폐결핵 환자를 치료하기 위해 흉곽외과 진료실도 개설하였다. 또한 근로자에 대한 건강 검진도 하였다.[568]

닥터 플로렌스와 관련된 결핵 환자 이야기가 많이 남아 있다. 결핵말기 환자인 박 일이라는 소년이, 그의 부모와 형 2명이 결핵으로 죽은 후 2명의 자매와 같은 집에서 계속 살고 있다는 것을 병원이 발견하고 가족에 대한 전염을 방지하기 위해 요양시켰다. 또한 공장에서 12시간 일하면서 가계를 책임지고 있던 19세 된 그의 누나를 병원의 간호사 양성학교의 예비 간호사로 일하게 하였다. 이중택은 기독교인이었지만 자신의 병이 결핵임을 알고 자살을 결심하였고 병원에 입원한 후에도 음식도 먹지 않았다. 제혜병원의 모든 의사들의 수시로 이중택을 방문하여 결핵을 치료할 수 있으며 또한 결핵에 걸린 것은 하

---

567) Florence J. Murray, "Medical Work in the Canadian Mission,", *KMF* (May 1941): 78; idem, "mission Hospitals in Korea: 10. Canadian Mission Hospital, Hamheung," *KMF* (May 1937) 101.

568) Florence J. Murray, "Skirmishes With Tuberculosis," *KMF* (October 1940): 147–149.

나님의 버림을 받은 것이 아니라 하나님이 그 어두운 상황에서도 인도하실 것이라고 설득했다. 닥터 머레이의 표현에 의하면 "용기가 생기고 신앙이 회복 되면서, 그는 병이 회복될 것을 확신하게 되었다."고 했다. 2년 후에 그는 완치되어 퇴원하였다.[569] 김성천이라는 환자는 병이 너무나 진전된 상태로 요양원에 입원하였다. 그는 요양원에서 성경을 읽으며 독실한 기독교인이 되었지만 병은 치료할 수 없어서 그냥 퇴원하였는데 기독교인이라 하여 자신의 집에서 쫓겨나 처가에 가서 임종할 때까지 전도활동을 하였다. 그는 병원에서 하나님을 알게 되었고 '가난과 질병 가운데서도 평화와 기쁨'을 누리게 되었으므로 병은 자신에게 축복이라고 말했다. 김성천의 전도로 몇 사람이 기독교인이 되었다.[570]

점차 함흥 제혜병원의 한국인 의사는 중요한 역할을 하였다. 고병간 의사는 세브란스의학전문학교를 졸업한 후 1927년부터 외과과장으로 10년간 근무한 후에, 머레이 의사가 선교사로 있음에도 불구하고, 머레이 의사의 뒤를 이어 제 3대 병원장으

---

569) 그는 퇴원 후 세브란스를 졸업하고 제혜병원 인근에서 개인 병원을 개업하여 제혜병원 지부로 운영하였다. 교회를 시작하여 교회건물도 짓고 별도로 학교도 구입하였다. 그 자신은 장로가 되었고 1명의 목사와 전도부인을 유급으로 초빙하여 함께 전도활동을 하였다.

570) Florence J. Murray, "Skirmishes with Tuberculosis," *KMF* (October 1940): 147-149.

로 취임하였다.[571] 그는 70명의 직원이 근무하는 병상 83개의 큰 병원의 책임자로 일하였다. 선교사 병원이 자국인에게 넘어가면서도 계속하여 진료가 원활하게 이루어지는 것은 의료선교에서 귀감이 되는 것이다.

닥터 머레이는 참된 치료는 인간의 육체만 치료하는 것이 아니라 인간의 육체·정신·영혼 등 세 영역에서 모두 치료하는 것이므로 의료사역은 교회의 중요한 사명이라고 생각하였다. 그래서 전통적으로 교회의 전도에 대해서 쓰는 '사역ministry'이라는 용어를 원용하여 의료사역을 '의료사역'이라고 표현하였다.[572] 머레이는 육체, 정신, 영혼의 세 영역을 치료하여야 한다는 데 머물지 않고 세 영역의 치료가 상호 관련되어 있음을 강조하였다. 일반의학계에서도 심리학과 심리요법의 발전에 나타나 있듯이 점차로 인간이 육체·정신·영혼의 3중적 존재이며 이 각 영역이 상호 관련되어 있다는 인식이 일반화되고 있었다. 그녀는 당시의 한국 기독교 의료사역이 육체 또는 영

---

571) Florence J. Murray, "The Tiger Year in the Hamheung Hospital," *KMF* (September 1939): 184. 고병간 의사는 1900년 경상북도 영주에서 출생, 1919년 선천 신성학교를 졸업하고 1925년 세브란스연합의전을 졸업하였다. 외과학교실에서 인턴을 마치고 함흥 제혜병원 외과과장으로 부임하였다. 고병간 의사는 머레이 의사가 휴가를 떠난 1935년 병원장 서리직을 맡았다. 1941년 다시 함흥 제혜병원으로 돌아와서 선교사역을 이었다.

572) Florence J. Murray, "The Ministry of Healing," *KMF* (February 1934): 26.

혼의 치료 등 어느 한쪽으로만 기우는 경향이 있음을 지적하고 의사의 임무는 질병만 다루는 것이 아니라 인간을 다루며, 인간의 한 부분이 아니라 인간의 모든 부분을 치료하는 것이라며 균형 있는 의료선교를 주장하였다.

또한 예수 그리스도는 사랑과 동정의 표현으로서 질병을 치료하였고 또 그의 제자들에게도 그것을 명령하였기 때문에 의료사역은 기독교의 본질적 한 구성 요소라고 강조하였다. 닥터 머레이는 한국의 기독교 의료사역을 기독교 사역의 중심위치로 회복할 것을 주장하였고, 이를 위해 기독교 의사는 자신에게 없는 다른 재능을 가진 사람들과 협력하는 팀 사역이 바람직하다고 하였다.[573]

닥터 머레이는 1961년 귀국하여 1975년에 81세로 소천하였다.[574] 머레이가 개척한 교회 수는 아홉 개가 되는데, 의사로서 진료와 교육에 바쁜 가운데서도 복음전파에 얼마나 열정적이었나를 볼 수 있다. 닥터 머레이는 1942년 출국하였다가 1947년에 다시 한국에 와서 이화여대 의대 부학장을 맡았으며, 1949년부터는 세브란스병원 소아과장과 부원장을 지냈다. 1958년에 원주기독병원의 산파역할을 하였고 나환자 병원인 경천원

---

573) Ibid., 26-27

574) 김승태 · 박혜진, 「내한선교사총람」, 393.

을 세워 매일 치료하였다. 또한 그녀는 지방 순회진료를 하면서 망국병으로 일컫는 결핵 치료에도 힘썼는데, 그녀는 본국으로 갔던 1942년부터 4년간 미국 뉴욕의 트루딘 결핵학교에서 결핵을 연구한 바 있기 때문이었다.

Medical Missionaries in Korea for Christ

4

4
내한 의료선교사 사역 분석

　의료선교사들은 의료사역 이외에도 다양한 사역을 수행하였다. 빈튼은 북장로교 선교부 총무로, 스크랜튼은 북감리교 선교부 책임자로, 헤론과 빈튼은 문서선교를, 엘러즈와 커렐은 교육선교를, 로제타 홀은 특수학교인 맹아사역을, 알렌은 외교사역을, 스크랜튼, 헤론, 필드는 성경번역사역 등의 선교사역을 하였다. 그러나 대부분 의료 사역에 충실하게 임했는데, 의료선교사들의 사역을 다음의 몇 가지로 나누어 볼 수 있다.

1. 의술

1) 진료소사역

　진료소는 전국에 15군데 설치되었고 주로 의료선교사 혼자서 사역한 경우가 대부분이었다. 서울을 비롯하여 서울이남 지역의 진료소는 11군데가 있었는데 서울 5곳(헤론의 집, 모화관, 동대문 볼드윈 시약소, 월더 진료소, 아오개 진료소), 경상도 3곳, 전라도 3곳이 있었다. 서울이북 지역에서는 8곳에 진료소가 설치되어 있었는데 평양 2곳을 비롯하여 평안도 3곳, 함경도 3곳에 진료소가 있었다. 평양은 북감리교가 먼저 시작하였는데 이 진료소는 8년 후에 병원 규모로 바뀌었다. 진료소 개척이 갖는 의미는 복음 전파가 안되는 시기에 접촉점이 될 수 있는 근거가 마련되었다는 점에서 의의가 있다. 북장로교의 평양사역은 감리교가 개설을 시작한지 6년 후에나 진료소가 설치되었다.

감리교 여자 의사의 사역은 결혼이 의료 사역에 큰 변화를 주었는데, 결혼으로 사역지를 이동한 경우가 3건이 있었다(로제타, 휘팅, 피쉬). 사역지 이동 후에는 진료를 조금밖에 못하거나(호튼) 아예 그만둔 경우도 있었는데(휘필드), 선교부(서울 제중원)에서는 이를 안타깝게 여겼다. 그러나 남편을 잃고서도 꿋꿋하게 평생을 헌신한 로제타 셔우드, 휘팅의 경우도 있으며, 로제타 셔우드는 그녀의 자식까지도 의료선교사로 대를 이어 가기도 하였다.(로제타)

서울에 있었던 진료소 5곳 중에서 3곳은 병원사역을 하면서도 동시에 자기 집에서도 진료를 했으나 복음 전파를 중심사역으로 하였기 때문에 진료 규모는 매우 작았고, 근무기간도 몇 년(2-6년) 안 되었는데, 동대문 여성 진료소만 번창하여 후에 병원규모로 바뀌었다. 1885년부터 1894년까지는 서울과 평양에서만 의료선교가 가능했다가 복음전파가 자유화된 이후에는 전국적으로 12지역에 진료소 설치를 할 수 있게 되었다. 진료소로서 제일 활발하였던 곳은 닥터 웰스의 평양 진료소로 1년에 평균 9천명을, 닥터 어빈의 부산에서는 7천명을 상회했고 수술도 많이 했으며 장기간 이루어진 것이 특징으로 볼 수 있다. 잉골드의 전주 진료소는 여자의사 혼자서 한 달에 100여 명을 상회하는 진료를 하였는데, 진료소를 비우지 않고 꾸준히 시술을 하여 지역주민에게 큰 신뢰를 얻었고 복음에 큰 영향을 끼쳤다. 그러나 개성, 목포, 군산이나 대구의 경우에는 휴진이 잦아서 지역 주민들이 아플 때 어려움이 많았다. 이유는 의사들이 순회 진료로 비우기도 하였지만 건강을 잃었기 때문이기도 한데 대신 진료를 맡을 만한 의사가 거의 없었다. 이것이 바로 진료소의 약점이었다.

2) 병원사역

내한 의료선교사 절반가량인 15명이 병원 규모에서 사역하였는데 서울 제중원(40bed)과 시병원(45bed), 그리고 평양 기독병원(12bed)에서 외래와 입원환자를 돌보았다. 초기 제중원에서는 10명의 의사가 있었는데 이 중 6명은 고정적으로, 4명은 단기간 근무하였다. 그리고 시병원에서는 사역자 6명 중에 3명만이 고정적으로 사역하였고, 의사의 이동이 많았던 것이 단점이었다. 초기의 제중원은 한국에 선교의 기초를 놓는데 중추적인 역할을 하였다. 제중원의 역할을 꼽는다면 먼저 제중원은 조선에 입국할 수 있는 통로 역할을 하였다. 또한 임금을 포함한 귀인에서부터 걸인, 나환자에 이르기까지 모든 계급을 치료하고, 이러한 진료를 통하여 자유·평등·박애의 기독교 정신을 보여줌으로써 사람들로 하여금 기독교에 눈을 돌리게 하였다. 그리고 이미 그리스도인이 된 사람들의 일부가 자연스럽게 선교사와 만날 수 있는 만남의 장소가 되어 서상륜 등은 병원전도를 위한 권서인으로 활동하기도 했다. 또한 초기 제중원은 선교사와 조선 왕실과의 교량 역할을 하였으며, 심지어는 청나라에서 귀국한 대원군도 제중원으로 알렌을 찾아올 정도였다.[575] 한편 초기 제중원을 중심으로 내한 선교사들과 주한 외국인과 외교 사절을 구성원으로 하는 교파를 초월한 신앙공동체가 형성되었고, 이곳에서의 지속적인 예배로 인하여 1886년 7월에는 알렌의 어학 선생인 노춘경이 조선인 최초로 세례를 받기도 하였다.[576] 제중원에 근무하는 조선인들도 '교회Union Church'에 참석하게 되어 복음전파의 통로가 열렸는데, 이 교회가 발전하여 1887년 10월에 정동감리교회가 되었다.[577]

---

575) Allen, "알렌의 일기", (1885년10월5·7·11일), 104-106.

576) Herrington, 「개화기의 한미관계」, 73.

577) 유동식, 「정동제일교회역사, 1885-1990」(서울: 기독교대한감리회 정동제일교회, 1992), 51.

알렌이 한국을 떠나자 의료선교를 담당하는 병원과 복음선교를 담당하는 교회로의 분립의 필요성을 느낀 언더우드는 1887년 9월에 새문안교회를 조직교회로 출발시켰다.[578] 이렇듯 초기 제중원은 의료선교와 더불어 초교파 교회의 역할과 교회 양육기관으로서의 역할을 충실히 하였다.[579] 제중원은 병원 규모가 한국에서 제일 컸고 시술 내용의 탁월함이 인정되어 어의나 시의로 계속 있을 수 있었다. 그러나 가장 큰 열매라고 한다면 9년만에 정부 운영의 국립병원에서 선교사가 운영하는 선교병원으로 바뀌는 놀라운 역사가 일어나 1894년에는 온 한국 땅에 복음전파를 자유롭게 할 수 있는 위대한 역사를 이루게 된 점이라고 할 수 있겠다. 세계 의료선교역사를 돌아보면 의료선교사가 어의가 된 경우는 1830년대에 버마에서 사역한 미국의 닥터 프라이스 선교사와, 비슷한 시기에 태국의 몽쿳왕의 주치의를 백인 선교사가 했다는 기록뿐이다. 궁정의사의 경우에는 인도에서 닥터 스웨인Swaine 선교사가 궁정의 여자 의사로서 여자들을 담당한 예 밖에 없는 것에 비해, 한국에서는 내한한 여러 의료선교사가 20년 이상을 어의, 시의, 궁정 의사직을 맡으면서 복음 선교에 크나큰 공로를 하였다.

병원사역의 좋은 점은 내한 의료선교사들이 훈련 적응기간

578) Underwood, 「한국개신교수용사」, 84.
579) 신재의, "제중원 신앙공동체 연구", 「한국기독교와 역사」 제10호(2002년 8월): 128.

동안 사역할 수 있는 기지 역할을 할 수 있다는 점, 그리고 비교적 지방 진료소 보다는 의사들의 지원이 원활했던 점이다. 그러나 진료적 측면에서의 병원사역의 단점은 의사가 진료뿐 아니라 병원운영을 하면서 선교사로서 복음 사역까지 하기 어려웠다는 점이다. 이 세 가지를 다하려 했던 의사들은 거의 큰 병을 앓거나 심지어 병사한 경우도 많았다. 그럼에도 병원규모의 진료에서 찾아볼 수 있는 좋은 점으로는 역시 큰 수술을 할 수 있고 입원한 환자들이 선교사와 같이 지낼 수 있어서 복음을 들을 기회가 주어질 수 있었다는 점이다. 또한 지역 의료선교병원이 바쁜 가운데서도 분원을 차린 경우가 있었다. 강계병원의 비거는 굴래라는 곳에 한국인 의사를 파견하였고, 고성병원의 밀러는 영변에 분원을 차려 수요일마다 가서 진료를 하였다. 또한 원산병원의 로스는 금강산에 분원을 차려 진료를 하였다.

3) 복음의 접촉점이 된 탁월한 의료시술

전통의술에 비해 진료내용이 탁월하게 돋보여 한국 사람들의 마음을 가장 많이 움직이게 한 것은 외과 수술 분야였고 한국 최초 병원 설립도 바로 전통 의술로는 죽을 수밖에 없었던 환자를 수술로 살려내서 가능하게 되었다. 헤론의 의술은 미국에서도 탁월한 의술로 인정받았고, 에비슨은 한국에 내려진 최고 축복의 의료선교사라고 할 만큼 훌륭했다. 또한 내한한 남자 의사들은 그 당시 세계의술의 최고봉이었던 뉴욕, 토론토,

보스턴 등지의 의과대학 출신들이었으며 대부분의 여자 의사들 역시 볼티모어(존스 홉킨스), 펜실베이니아, 시카고, 미시건 등의 명문학교 출신들이었다. 심지어 그들 중에는 수석졸업자도 몇 명 있어 한국에서 이루어진 의술 내용은 가히 세계적인 수준이었다고 볼 수 있다.

높은 평가를 받은 의료선교사들을 살펴보면 인술로 유명했던 의사로 비록 3년 밖에는 사역을 못했지만 닥터 윌리엄 홀을 꼽는데 그는 항상 기쁨으로 진료에 임했고 성인다웠다는 평을 받았다. 잉골드 여의사는 상냥함이 가득 찬 진료를 했다고 기록되어 있고 그녀는 남 장로교의 선교사 중에 가장 훌륭한 선교사로도 평가를 받아 1917년에 호남선교 25주년 기념식에서 대표로 축시(祝詩)를 할 만큼 존경을 받았다.[580] 로제타 셔우드는 자기 피부를 떼어 환자에게 이식하여 미혼처녀의 손의 흉터를 낫게 해주었고 맥밀런 여의사는 정성을 다하는 모습을 통하여 영혼까지도 고치는 의사로 함흥사람들에게 인식되었다. 샤록스는 항상 친절하게 진료함으로써 삶을 통하여 선천의 젊은이들에게 진실과 정직의 본을 보여주었다고 평가 받고 있다. 헤론은 철저한 책임감과 헌신으로 장로교 선교사 중에 최고의 훌륭한 의사로 추대될 정도로 높은 사람들에게도 존경받고 천한

---

580) Nisbet, 「호남선교 초기역사」, 5-6.

사람에게도 흠모와 사랑을 받았다.

의료선교사들의 뛰어난 서양의술을 살펴보면, 비거는 폐병 치료에 탁월하였고, 부츠는 소독개념을 도입하고 당시 세계최고의 피츠버그 치과대학의 시술을 행하였다. 웰은 호열자박사 라는 호칭을 받았으며, 에비슨은 콜레라 방역에 성공하여 65% 의 완쾌율을 보여서 수많은 이들의 목숨을 구했으며, 퍼비안스 는 광견병 백신을 만들어서 치료했다. 노튼은 안과수술에 유명 하였고 그 중 백내장 수술을 잘 하였다. 그리고 마틴과 맨스필 드도 폐결핵 치료와 학술부분에 탁월하였다. 그리고 윌슨은 나 병환자를 치료할 때, 대풍자 유의 복용을 주사요법으로 바꾸어 서 뛰어난 효과를 보여 세계의 의료계를 놀라게 하였다.

세브란스 병원의 선교사역 내용을 보면, 에비슨은 진료, 행 정, 의학교육 부분 모두에 매우 뛰어난 활동을 보였으며, 한국 의 지식인들이 기독교인이 되게 하는 데에 큰 공헌을 하였다. 허스트는 세브란스를 세운 세브란스 집안의 주치의로 의학교 육은 물론, 진료와 연구에 훌륭한 산부인과 의사였고, 밀즈는 임상병리 교수로 일본어 의학서를 영어로 요약하여 출판하였 으며, 한의(韓醫)영역과 기생충에 대한 연구, 그리고 약용 식물을 수 천종을 수집하여 연구하였다. 세브란스 가문의 주치의로서 내한한 러들로 박사는 연구에도 깊이 몰두하여 세계적으로 명성을 날렸고, 아시아 최고의 외과의사로서 아시아 각국의 유명 인사들이 수술을 받으러 올 정도였다. 마틴도 흉부외과 분야에서 탁월한 학술 능력을 발휘했다. 부츠는 치의학 분야의 학술에 열심이었으며 당시에 최신식 장비를 설치한 것이 특징이었다. 당시 세브란스의학원에서는 많은 한국인 의사들이 배출되었는데, 미국에서도 최고봉에 이르는 의사들로 교수진이 구성되었기 때문에 높은 의학 기술과 좋은 신앙을 가지고 졸업하여 한국 교회발전에 크게 이바지 했다.

4) 순회 진료

진료형태의 하나인 순회 진료는 한국 초기 선교에서 너무나도 값진 사역이라고 할 수 있다. 드루의 경우는 군산이 진료 거점이었지만 의료선교 전략을 군산 근처의 섬들과 해안도시의 여러 지역의 순회 진료에 더 두었기에 누구보다도 순회 진료에 열심이었다. 빈튼도 순회 진료의 중요성을 인식하고 국립병원의 원장이면서도 병원을 비우고 자주 원근 각 지방과 의주까지 다녔다. 북장로교 선교부 책임자였던 마펫 선교사도 빈튼의 순회 진료가 너무나 귀중한 사역이었다고 보고하였다. 로제타 홀은 만주, 은산, 의주 등의 산간지방을 열심히 다녔고 맥길도 원산을 중심으로 여러 함경도 지역을 다니고 심지어는 공주까지 갔다. 웰스도 평양중심으로 여러 지방을 열심히 다녔으며 잉골드도 전주 인근 지역과 멀리 군산까지도 갔다. 휘팅도 지방에서의 간절한 요청에 따라 지방 순회 진료를 12번이나 나가서 30개 마을을 다녔다. 맥밀런도 함경도와 강원도 지역을 열심히 다녔다. 또한 퍼비안스는 청주에서 계속 순회 진료를 하였고, 대구의 플래쳐는 산간벽지를 다녔으며, 로제타 홀은 평양에서, 비거는 만주에서, 목포의 포사이드는 제주도로 가서 진료를 하였고, 영변의 노튼은 주일마다 시골에 가서 위생 강의를 했다. 또한 평양 여자 의사 커틀러는 트럭에 이동진료 장비를 가지고 재해 지역과 질병이 많은 빈민 지역에 순회 진료를 하였다.

병원급의 의료선교를 수행함에 있어서는 병원을 비우고 순회 진료를 하기는 어려운 여건이었지만, 순회 진료는 시골 사람들의 반응이 가장 열렬하고 또 가장 큰 수확을 기대할 수 있는 강점을 갖고 있었다.[581] 순회 전도 형태의 복음 전파야말로 초기 한국 복음화의 제일 큰 결실을 거둔 것이라고 선교 백년 후에 장로교 선교부는 평가하였는데 진료와 더불어 이루어졌을 때는 더욱 좋은 성과를 거두었다.[582] 이는 고정 진료소의 사역과는 달리 순회 진료가 복음 선교사와 팀으로 사역하는 형태의 선교였고, 의료진이 고통의 현장에 찾아감으로 고정 진료소

---

581) 미국북장로교선교보고서(N. P. Report, 1893), 145.
582) 한국교회백주년준비위원회 사료분과위원회 편, 「대한예수교장로회 백년사」(서울: 대한예수교장로회총회, 1984), 72.

보다 주민들의 마음이 훨씬 복음에 쉽게 열려 복음의 열매가
좋을 수밖에 없었다.

5) 의술교육

제중원이 시작되면서 의술 교육에 노력을 하였으나 정식적
으로 한국인 의사가 나오기까지는 23년이 걸려서야 가능했다.
정부의 공식적인 인정을 받기까지도 쉬운 과정은 아니었지만
의학 기초과목이나 의서번역이 큰 사역임에도 불구하고 진행
이 너무 미미했고, 의사들이 자주 바뀌어 오랜 시일이 걸렸기
때문이었다. 서부 아프리카에서는 영국의 닥터 애쉬우드가 프
리타운에서 현지인에게 의료훈련을 1847년에 시작하여 12년
만에 스코틀랜드에서 의사 자격증을 받게 한 것에 비한다면 한
국에서의 의료교육은 매우 더디게 이루어졌다고 할 수 있다. 오
히려 병원규모가 아닌 진료소에서 의료훈련을 잘한 지역들이
있는데, 성진 제동병원, 평양 기독병원, 선천 미동병원에서는
한국인 의료 조수들을 진료에 참여시켜 자주적인 병원 운영의
길을 열었다. 가장 성공한 사례는 로제타 셔우드로 사역 처음
부터 현지 여성에게 의료훈련을 시행하고, 그 중 한 제자를 미
국 유학까지 시켜 서울과 평양에서 같이 고정적으로 진료했을
뿐만 아니라 같이 순회 진료도 많이 다녔다. 이는 진료소에서
한 의사가 꾸준히 자리를 지키면서 지속적으로 훈련시켰기 때
문에 가능하였다. 에비슨이 한국인 의료인 양성에 많은 노력을

하였으나 초기 의료선교의 시대가 지나서야 의료훈련은 정규 의학교육으로 바뀌게 되고 정부가 인정하는 의사나 간호사를 배출하게 되었다. 간호사의 경우에는 쉴즈가 세브란스에서 간호사 양성학교를 이끌었다. 쉐핑은 광주에서 한국간호협회를 창설하고 간호에 관한 책을 한글로 번역하여 간호교육에 이바지를 하였으며, 배화 학당을 창설한 캠벨 간호사도 세브란스에서 교육하였다. 개성 남성병원에서는 브레이 간호사가 교육을 하였으며, 미동병원에서도 간호 교육이 이루어졌다.

6) 한국인 제자들과의 동역

의료선교사들은 한국인 제자들을 훈련시키면서 함께 사역을 하였는데, 의사조수 훈련은 로제타 홀을 비롯하여, 포사이드, 샤록스, 티몬즈, 패터슨, 비거 선교사 등이 열심히 하였다. 특히 샤록스는 선천에서 의료 제자를 가르치는 것을 선교의 목표로 두고 혼신을 다 하였다. 그리하여 진료와 선교를 한국인과 동역하기에 이르기도 하였다. 한국인들과의 동역한 경우를 보면, 선교초기에는 한국인 여의사 에스더 박이 평양에서 로제타 홀의 사역에 참여한 것이 유일한 동역이었다. 그러나 중기의 의료 사역 중에는 1907년 의료 조수였던 오긍선이 미국에서 의사가 되어 돌아와서 선교사와 같이 의료선교에 참여하기 시작했다. 또한 1915년 강계에서, 1921년 선천 등에서 세브란스 출신의 한국 의사가 동역하였다. 세브란스의전 출신의 많은 한국인 의사들이 기독교인이 되었고, 졸업생의 1/3가량이 선교병원 근무를 자원한 사건은 세브란스병원의 선교 교육이 성공하였음을 보여준 놀라운 증거였다. 그리고 이 당시는 일제 강점기였기 때문에 내한 의료선교사들은 조선 총독부가 이끄는 의학교와 의술의 수준보다 더 높아야 한다고 하면서 의료연구와 시술 향상에 박차를 가했다. 한편 세브란스 병원의 부츠는, 일본 치과대학을 졸업한 닥터 김을 채용하였는데 그 역시 크리스천으로서 성실히 사역을 감당하였다.

7) 한국인 간호사들의 활약

기독교 병원의 간호사들은 환자의 간호뿐 아니라 환자를 돌보는 법과 어린아이를 위생적으로 양육하는 법 등 위생교육도 담당하는 등 다양한 역할을 수행하였다.[583] 1911년에서 1912년에는 이은혜, 김 마르다, 김배세 등이 참여하여 '환자들 음식'에 관한 전시회를 개최하였다.[584] 점차 간호사 지원자가 정규학교를 나온 명석한 여학생들이 많아짐에 따라 간호사들의 간호 실력도 우수해졌다. 1919년 급한 환자가 발생하였을 때 간호사들은 20분 만에 수술실을 다 준비 하였는데, 초기라면 이렇게 빨리 준비할 수 없었고 또한 간호사들이 여기저기 흩어져

---

583) A. G. Fletcher, "Concentration and Efficiency," *KMF* (February 1916): 32.

584) 이만열, 370.

있어서 환자의 생명을 구하기 힘든 상황이었다. 간호사들은 간호기술이 우수할 뿐 아니라 정신 또한 강한 기독교적 정신으로 무장되어 있었다. 그 결과 병원에서 간호사들이 보여주는 친절한 간호 활동을 통해 기독교의 가치를 알게 되어 기독교인이 되는 사례가 보고되었다.[585] 1921년경에 한국에 콜레라가 유행하여 오긍선 의사가 간호사를 모집하였을 때 오화영과 장의숙 간호사가 지원하였다. 봉사 일이 다 끝난 후 이들 간호사에게 많은 봉급을 주었는데 그들은 보통의 급여만 받고 나머지는 다른 사람을 돕는 데 사용하도록 했다. 이 일화에서도 한국 간호사들의 헌신을 읽을 수 있다.[586]

1920년 가을에 인구 15,000명인 경상남도 통영에서 콜레라가 유행하였을 때 한국의 부인들은 남자에게 주사 맞는 것을 거절하였다. 따라서 기독교 학교의 여교사 4명, 전도부인과 집사부인 각 1명 등 6명의 여성 주사 요원을 모집하여 진주에 있는 내피어 간호사에게 여성요원의 훈련을 의뢰하였다. 내피어 간호사는 통영으로 갔으나, 보수적인 원로들은 내피어 간호사의 말을 들으려 하지 않았다. 이때 청년회의 요청에 따라 과부인 한국인 박 간호사가 23명의 남자들이 보는 앞에서 콜레라

---

585) Mrs. Theresa Ludlow, "Is It Worth While to Train Korean Nurses?," *KMF* (October 1919): 218.

586) 이만열, 371.

의 예방 및 치료에 관해 강의하였다. 그리고 한국인 간호사는 내피어 간호사와 함께 격리 병동에 들어가서 테일러의 책을 참고하며 치료를 시도하였다. 또한 병동에 들어와 있던 환자들 스스로가 온수로 몸을 따뜻하게 하고 생쌀을 먹는 등 자발적인 노력을 기울여 전체 80명 중 20명만 사망하였고 나머지는 생명을 구하였다. 박 간호사는 2개월 간 콜레라 환자를 치료한 후 진주로 돌아왔다. 당시 한국 사람들은 자신과 혈연관계가 없는 사람들을 위해 궂은 일을 하는 것을 천하게 여기는 풍조가 있었는데, 이러한 상황에서 간호사들의 헌신적인 노력은 '그리스도의 정신, 간호의 정신' 없이는 불가능한 것이었다.[587]

2. 의료선교와 복음전파

1) 개척선교로서의 의료선교

개척 선교로서의 의료선교는 선교의 문을 여는데 너무나도 필요한 사역이었다. 제중원과 시병원은 개척 선교의 효시였는데 제중원은 국립병원이므로 많은 직원들이 정부 관리인들로 구성되어 있는 관계로 복음을 전할 수 없는 국법이 적용되었다. 그리고 선교사가 있어도 정부관리가 병원을 운영함으로 복음적인 분위기가 전혀 이루어질 수 없는 상황이었으므로 에비슨

---

587) G. Napier, "At Grips with Cholera," *KMF* (March 1921): 63–65.

의 큰 결단이 없었다면 국립병원에서의 복음전파는 할 수 없는 채로 지속되었을 것으로 추정된다. 그러나 정동 시병원인 경우는 처음부터 고종이 인정하는 선교사가 운영하는 병원이었기에 복음적인 분위기 속에서 복음을 전할 수 있었고 국립병원에서는 이루어질 수 없는 세례 교인으로까지도 인도할 수 있었다.

1894년 복음의 자유화 이전에 애오개 진료소, 헤론, 빈튼의 자가 진료소는 자유롭게 진료와 더불어 복음을 마음껏 전할 수 있었다. 그러나 국법이 공개적으로 교회를 세우는 것을 금지하는 상황이었기에 복음 선교사와 동역하는 공동 운영체로서의 교회가 없었고 진료를 통한 복음의 효율은 미미하였다. 실제로 초기 제중원과 초기 시병원의 경우에는 복음 선교사(언더우드, 아펜젤러, 메리 스크랜튼 등)가 지방 진료소와 달리 병원과 협력 사역을 하지 않고 각각 독립적인 복음사역에 몰두하였기에 서울의 초기 의료선교사는 독립적으로 개척사역을 할 수 밖에 없었다. 초기 제중원 병원사역의 경우 전국의 복음전파 자유화를 이루게 한 공로만으로도 충분한 열매를 맺었으며, 초기 시병원의 병원사역 경우는 어떠한 형태로도 복음 전파가 없는 시점에서 수많은 사람들에게 좋은 의술을 통하여 기독교 복음에 마음을 열 수 있게 하는데 지대한 공로를 하였다고 본다. 결국 서울이나 평양에서 행해진 개척 선교로서의 의료선교는 복음의 씨를 뿌리는 역할을 감당하였다고 볼 수 있다. 지역 개척 의료선교사로 서울의 알렌, 헤론, 빈튼, 스크랜튼, 맥길, 평양의 윌리엄 홀, 성진과 함흥의 그리어슨, 선천의 셔록스가 험난한 복음선교 개척의 길을 밟았다.

2) 의술과 복음전파

진료가 복음에 큰 영향을 미치고 또 복음의 결실을 이어가는 사역은 정동 시병원이 상동병원으로 통합된 후에 한국인 간사나 전도사가 출현하면서 가능하게 되었고, 감리교 상동병원은 의료인과 한국인 복음전도자가 연합하여 병원교회에 초신자들이 늘고 세례자가 생기는 등 그야말로 한국 초대교회의 아름다운 시작을 볼 수 있는 역사적인 사건을 이루었다. 윌리엄 홀, 에비슨, 폴웰 등은 입원환자에게 직접 복음을 전하였고 평양의 웰스도 미국 북장로교의 복음 선교사인 마펫 선교사 및 헌트 선교사와 팀 사역을 이루어 진료에 매진을 하면서 복음 전파가 원활하게 이루어지도록 힘썼다.

1894년 복음의 자유화가 이루어진 후에는 지방에서 활발한 의료선교가 이루어졌다. 우선순위로 진료하면서도 복음을 직접 전하는데 열심이었던 의사들은 잉골드, 하디, 맥길, 오웬 등이었다. 이들은 진료에 있어서 감당할 만한 정도의 환자에게 복음을 전하면서 의료선교의 본질을 놓치지 않았다. 드문 경우지만 많은 환자를 돌보면서도 진료 이외의 시간에 활발하게 복음 전파를 하면서 예배당을 개척한 선교사가 있었는데 바로 스크랜튼이었다. 그는 정동 시병원, 애오개 진료소, 보구녀관, 상동 시병원을 설립하여 초기 기독교 전파에 큰 역할을 하였다. 미국 남장로교의 복음 선교사들은 대체로 의료선교와 별도의 사역을 하였던 북장로교나 감리교 선교지부와는 달리, 진료소에서 이룰 수 있는 복음 사역을 잘 감당함으로써 팀 선교의 귀감을 보여주었다.

서울을 비롯하여 부산, 대구의 복음 전도 선교사는 교육과 복음전파에 몰두하여 진료소와는 팀으로 사역하지를 않고 별개로 사역하였는데, 선교의 효율적인 면에서 논의를 해 볼 여지를 남기었다. 그러나 미국 남장로교의 경우 드루는 전킨 선교사 및 데이비스 선교사와, 잉골드는 루이스 테이트 선교사와, 오웬은 유진 벨 선교사와 팀을 이루어 다른 지역과 다른 선교부와는 달리 의료사역의 복음화 효율을 뛰어나게 하였을 뿐 아니라 진료소 이외에도 순회 진료를 복음전도와 함께 부지런히 하였다. 또한 그들은 팀 사역을 통하여 선교 사역의 효율을 극대화 하였다. 남장로교 대부분의 복음 선교사들은 진료소에 온 환자들에게 복음을 전할 수 있는 기회를 놓치지 않았다. 그러나 많은 의사 선교사들이 열심히 진료를 하였어도 복음 선교사와 동행 없이 이루어진 지역에서는 심지어 실패한 것으로 여겨질 정도였다. 이것은 선교본부의 복음 선교사 배정에 있어서 의료선교를 팀으로 하지 않고 개척선교를 위해 분산시켰기 때문에 의료선교가 열매가 없었다고 평하기도 하였다. 시간이 지나가면서 한국인들이 그리스도인이 되고, 조사나 전도자들이 생기게 되면서부터, 이들을 통해 의료현장에서 복음을 전하게 되는 여건들이 형성되면서 점차 진료만 하고 복음을 전하지 않는 상황은 줄어들게 되었다.

의료선교사의 복음 활동을 보면, 그리어슨, 오웬, 파이팅, 하디는 의사이면서도 목사여서 복음 전도를 많이 하였다. 그리어슨 경우는 각 지방마다 교회를 개척하였고, 한 해에 만 명을 전도하였다. 그러나 목사가 아닌 의료 선교사들도 각기 복음전도를 열심히 하였다. 존스는 자전거를 타고 다니면서 열심히 전도를 하였고, 허스트는 교회에서 기독교 교육에 열심을 냈으며, 플래쳐는 병원 안에 전도회를 조직하여 진료와 더불어 적극적으로 전도를 하였다. 그리고 노튼은 전도에 열성이어서 진료 전에 환자와 함께 30분 동안 예배를 드렸으며 4개월 동안 123명의 신자를 얻었는데 여승이 개종하기도 하였다. 포사이드는 한 손에는 전도지, 한 손에는 약을 들고 선한 사마리아인이라는 별명을 얻을 정도로 열심히 복음을 전했으며, 쉐핑 간호선교사는 광주의 진다리와 봉선리에 교회를 설립할 정도로 전도에 열성을 다했다. 밀러는 입원환자를 열심히 전도하여 95%가 기독교인이 되었다고 보고를 하였고, 남성병원에서는 병원내의 전도뿐만 아니고 병원에서 전도대를 파송하여 주민들을 찾아다니면서 전도 활동을 하였다. 특히 닥터 머레이는 진료에 성실히 임하면서도 9군데에 교회를 개척하는 놀라운 열매를 거두었다.

의사선교사로 진료는 진료대로 열심히 하고 진료이외의 시간에 직접 복음을 열심히 전파한 선교사는 스크랜튼, 휘팅, 커렐, 맥길 등이었다. 복음의 자유화 이후에는 많은 사람들이 복음에 갈급해 있던 상황이라서 진료를 하면서도 복음에 더 열정을 낸 의사로서는 맥밀런이 제일 열심이었다. 의사이면서도 의료사역을 중지하고 복음전파나 목회에만 전념하게 된 의사로서는 남자는 스크랜튼, 오웬, 하디였으며, 여자로는 복음 선교사의 아내가 된 잉골드, 필드, 호튼, 피쉬 등이었다.

한국의 의료선교의 모범이 제중원이라고 한다면 중국에서는 박제의원이 의료선교의 모범이었다. 미국 공리회에서는 1834년 싱가포르에서 병원을 시작하여 광저우廣州에 박제의원을 세우고 미국 북장로교의 파송으로 닥터 존 케어가 선교하였는데, 병원에 예배실을 마련하고 전도목사로 하여금 환자들에게 복음을 제시하고 성경을 강의하였다. 선교병원에 근무하는 의사와 간호사 및 모든 병원 직원들은 전도훈련을 받고 직무에 임하였고 의료선교사는 신학훈련을 받은 자라야 임명되었다. 이는 환자들에게 말뿐이 아닌 피부로 느끼게 복음을 전하는 것이 중요해서였다. 이들은 육신의 고통을 덜어주며 영혼의 문제를 다루었기에 환자들은 치료받는 동안 감동을 받았고 병을 치료한 후에도 신앙인이 될 때 까지 계속 돌보아 주었다. 닥터 케어는 40년간 1백만이 넘는 환자를 돌보았고 의학교육, 여러 권의 의학서적 편찬과 아울러 1872년에 간질병 환자가 많음을 보고 이들을 위해서 이후에 풍전의원을 설립하였다.[588] 닥터 에비슨도 같은 교단이며 의료선교사로서 선배인 닥터 케어에게 뒤지지 않는 업적을 이루었다고 볼 수 있다.

당시 활동하였던 의료선교사들의 신학적 인식은 다음과 같다. 샤록스는 의료선교가 그리스도의 사랑을 실천하는 것이라고 하였고, 러들로는 진료와 더불어 복음을 전하는 것 이외에도 그리스도의 사랑이 꼭 필요하다고 강조를 하였다. 그리고 그는 의료선교가 진료에만 국한되는 선교가 아니고 진료, 복음전파 그리고 그리스도의 사랑을 나타내는 총체적인 선교라고 말했다. 폴웰은 의술이 복음전도에 귀한 도구라고 얘기를 하였지만, 포사이드는 진료가 그리스도로 인도하는 수단에 그치는 것이 아니고 진료 자체에 그리스도께서 함께 하는 것이라고 말하였다. 그래서 마틴은 의술을 성육신적인 활동으로 보고 의료

588) 이관숙, 「중국기독교사」(서울: 쿰란출판사, 1997), 418-419.

선교가 그리스도의 고난에 참예하는 것이라고 말하였다. 머레이는 복음을 전도 할 때에 사용하는 사역이라는 용어를 의료시술에도 표현하였다. 참된 치료란 인간의 육체, 정신, 영의 세 영역 모두를 치료하는 것이므로 의료사역은 교회의 중요한 사명이라고 여겼다. 그러나 그 당시의 한국 기독교 의료사역이 육체나 영혼치료의 한쪽만 기우는 경향이 있음을 지적하고 의사가 질병만 다룰 것이 아니고 인간을 다루어야 하며, 인간의 한 부분이 아니고 인간의 모든 부분을 치료하는 균형 있는 의료선교의 정체성을 행동으로 보여주었다. 그리하여 이를 이루기 위하여 많은 은사를 가진 다양한 사역자들이 팀 사역을 하는 것이 바람직하다고 여겼다.

3) 의료선교 정책과 운영

제중원 3대 원장으로 전임 의사보다도 훨씬 많은 시술을 베풀었던 빈튼은 의사이면서도 의료가 복음을 여는 수단이기에 의료선교사도 복음이 자유화된 이상 복음 전파에 진력해야 한다고 선교부에 보고하면서, 의료선교사보다는 복음 선교사의 필요를 역설하였다.[589] 그러나 미국 장로교가 18년간의 초기 의료선교를 평가하면서 의료선교는 복음 전파의 기회가 주어질 때까지의 잠정적이고 예비적인 방편, 그리고 복음 전도를

---

589) The Missionary Review of the World, (September, 1898), 673.

위한 부수 사업, 그 정도 이상의 소임을 다할 수 없다고 의료정책을 조정하였다.[590] 선교정책에는 예산과 선교사 배정을 포함하기에 경제적 자립이 어려운 선교병원에 이러한 조치를 내릴 수밖에 없었고, 감리교 서울 선교병원은 시작한지 15년이 못되어 교육과 복음 전파를 주로하기 위해 폐쇄되었다. 사실 폴웰이 사역했던 병원수준의 감리교 평양병원이 1901년의 경우에는 일 년 예산이 겨우 100달러여서 큰 어려움을 겪어 그 긴장으로 인하여 의사가 건강까지 악화되었다.[591]

한국에서는 의원과 병원의 규모에 비하여 의료선교사가 부족했기 때문에 의료선교사들을 자주 이동시키는 정책을 세울 수 밖에 없었다. 그래서 포사이드는 전주에서 목포로, 퍼비안스는 선천에서 청주로, 플래쳐는 원주에서 안동, 그리고 대구로 옮겼고, 비거는 부산에서 강계로 그리고 평양으로 갔고, 맨스필드는 회령에서 원산, 그리고 세브란스 의학교로 갔으며, 노튼은 영변에서 해주로, 커틀러는 정동에서 평양으로, 다니엘은 군산에서 전주로 이동하면서 세브란스 교수로 활동했다. 세브란스 병원이 생기면서, 의학교 교수를 할 만한 선교사들을 서울로 이동시켰기에 의사들이 자리를 옮긴 첫째 원인이었고,

---

590) 한국교회백주년준비위원회 사료분과위원회 편, 「대한예수교장로교백년사」, 73–74.
591) Huntley, 「한국개신교초기의 선교와 교회성장」, 218.

또한 아파서 귀국한 경우로도 이동한 경우가 있었다. 비록 잦은 이동은 아니었지만, 세브란스 병원에 너무 많은 의료진이 모여서, 결과적으로 각 지방의 진료소에서는 재배치 부족으로 많은 차질을 빚었다.

대체적으로 선교병원을 꾸려나가는 예산이 커서 의료선교사 자신이 심지어는 자신의 생계를 위해서도 모금을 하고 병원 짓는 일도 스스로 모금하기도 했다.[592] 전체적으로 선교병원은 운영상에 있어서 자립도가 높지는 않았지만, 선교사들이 자립하려는 의지로 간신히 운영하였고 부산의 장로교 진료소만이 자립의 기반을 닦았을 정도였다. 만일 두 가지를 다 운영하기 어렵다면 의료선교가 복음 선교의 중요성을 넘어서는 안 된다는 허드슨 테일러가 한 말을 기억할 필요가 있다. 이는 인도나 태국의 선교병원들이 기독교 열매가 거의 없는데도 오랜 세월 동안 인력과 경제력을 투입한 것에 대하여 문제를 제기한 선교사들이 한둘이 아니기 때문이다. 장로교 서울 선교병원의 확장 때도 재정적 문제로 선교사간의 심한 이견이 있었고 미국 선교 본부에서도 병원선교가 복음 선교보다 앞설 수 없다는 입장이었는데 한국 현지 시찰 이후에 정책이 변경되어 세브란스병원 설립이 수락된 것이다.

---

592) Ibid., 216.

3. 서양의술이 교회와 사회에 미친 영향

1) 의료 업적

에비슨은 서양의술이 남긴 직접적인 공헌으로 다섯 가지를 꼽았다. 첫째, 콜레라 만연 때의 시료나 종두에 의한 질환이 미신과 악귀의 소행이란 공포에서부터 사람들을 해방시켰다. 둘째, 종두의 보급으로 인한 어린이의 사망률이 현격하게 감소하였다. 셋째, 남을 돕는 정신을 구현해서 그런 구제 사업을 실천해 나갈 수 있는 동원력을 교육·훈련시킬 수 있었다. 넷째, 육체적 건강이나 질병의 시료와 함께 기독교 신앙이 전파되고 정착되었다는 사실, 다시 말하면 이러한 의술의 과학성과 기술성에서 기독교 복음이 함께 정착하였다는 것은 기독교의 합리성과 그 신앙의 정당성이 입증되었다는 것을 의미한다. 다섯째, 의학 교재의 번역과 저술 간행을 통하여 과학교육에서 영구한 공헌을 남길 수 있었다는 것 등이다.[593]

정부나 백성들은 전염병을 병으로 인식하지 않고 역신疫神에 의한 종교적 재앙으로 인식하였으나 서양의술을 통하여 조선인들은 질병의 원인이 세균에 있으며 따라서 치료도 세균을 방어하는데 있음을 알게 되었다. 질병의 원인이 귀신이라 생각하

---

593) O. R. Avison ,"History of Medical Work", 41-43.

던 미신은 청결을 통한 예방과, 과학적인 서양의술의 뚜렷한 치료의 효과로 인하여 점점 사라지게 되었다. 중국에서도 서양 의사가 감기로 열이 난 환자에게 아스피린을 주어 낫게 하니, 눈 파란 서양의사에게는 천 년 묵은 귀신도 꼼짝 못하고 쫓겨 난다는 소문이 퍼지면서 재래의 미신적 의료의 기반이 흔들리 게 하였다.[594]

2) 교회 성장

조선에서 기독교의 성장은 대단한 것으로, 제 1세대 선교사 들이 왕성하게 활동을 하면서도 그렇게 풍성한 열매를 목격한 경우는 세계 어떤 선교지에서도 보기 드문 일이었다. 해가 거 듭될수록 복음의 열매는 확대되어 갔으며 선교사들의 눈에는 마침내 조선이 비 기독교국으로서는 최초로 복음화 될 것같이 보였다. 1884년 최초의 개신교 선교사가 도착하고, 1886년 최 초의 개종자에게 베푼 세례 이후 49년 만에 개신교인은 32만 7,060명을 헤아리게 되었다.[595] 가장 규모가 컸던 미국 장로교 선교부는 선교지 조선을 개발하기 위해 집중 방법론을 사용했 는데, 이것은 다른 선교부들이 채택한 광범위 방법론과는 구별 된다. 조선 장로교 선교부의 급박한 호소로 선교본부는 인구가

---

594) 이관숙, 「중국기독교사」, 417.

595) 이 숫자는 오순절 사건 이후 반세기가 지난 로마제국에 있었던 기독교인수의 세 배에 해당한다.

더 많은 다른 선교부에 배정한 것보다도 많은 선교 인력과 재정을 조선에 집중하여 지원하게 되었다.[596] 한편 미국 장로교의 조선 선교 정책에 대한 J. 에덤스의 설명은 다음과 같다.

1. 교회의 우선적이고 주요한 임무는 가능한 많은 영혼에게 복음을 전파하는 것이다.[597]
2. 가능하면 복음을 받아들이는 모든 사람들을 지식, 믿음, 절제, 기독교적 활동으로 훈련시켜야 한다. 그리고 이들 중에서 가장 그리스도를 닮은, 능력 있는 사람들을 선택하여 교회와 민족의 지도자로 만들기 위해 교육해야 한다.
3. 그러한 훈련을 하면서 가능하면 교회가 스스로 재정을 꾸려 나가도록 하는 것이, 개인들에 관한 경우와 마찬가지로, 교회의 자존감과 독립을 위해 필수적이다.[598]

또한 미국 장로교 선교본부 총무였던 브라운 박사는 실제로 동일한 선교원칙을 적용하였지만 조선이 중국과 일본과는 구별되는 점에 대하여 다음과 같이 언급하였다.

첫째, 한국인은 기질적으로 중국인이나 일본인보다 더 감정적이어서 쉽게 감동받는다.
둘째, 수세기 동안 조선은 이웃 강대국의 속국이었다. 인접 국가들과 비교해 볼 때 작고 약한 한국인들은 외부로부터 지도를 받는데 익숙

596) 아더 J. 브라운, 「한·중·일 선교사」, 76-77.
597) 조선에서 최초의 세례인은 1886년 7월11일 언더우드 선교사에 의한 '노도사(노춘경)'이다. 백락준. 144.
598) 아더 J. 브라운, 「한·중·일 선교사」, 76-77.

해 있다. 따라서 당시 중국이나 일본과는 반대로 한국인에게 선교사는 우월한 존재로 보였다.

셋째, 조상숭배와 귀신숭배가 엄청난 장애가 되기는 했지만 선교사들에 대항할 만한 영향력과 기반을 갖춘 승려계급이 없었고, 정령숭배에 사로잡힌 사람들은 흔히 복음 메시지에 가장 적극적으로 반응했다.[599)]

넷째, 가난과 억압은 구원에 대한 열망을 불러 일으켰으며, 선교사들이 그들에게 그 구원을 가져다주리라는 희망을 갖게 하였다. 한국인은 다른 아시아에서 본 다른 어느 민족보다도 더 애절하게 손을 펴고 비참한 속박에서 벗어나기 위해 도움과 인도를 구하고 있었다. 또한 그들은 중국인이나 일본인에 비해 기독교를 받아들임으로써 오는 세상적인 손실이 적었다.[600)]

다섯째, 개종자들로 하여금 동포들 사이에서 그리스도의 일꾼이 되도록 유도하는 것이 상대적으로 쉬웠다. 그들은 시간을 많이 낼 수 있었기에 중국, 일본, 인도처럼 사회가 고도로 발달되어 바쁜 나라의 개종자보다 선교사의 지시에 더 잘 응했다.

여섯째, 1894년의 청일전쟁 중에 그들은 두려움과 당혹감 속에 우호적인 선교사들에게로 가서 자기들을 구해 달라고 간청했으며, 동정적이고 헌신적인 선교사들의 반응은 그들의 마음을 사로잡았다.

일곱째, 선교사역 초기에 알렌 의사가 황후 조카의 생명을 구했으며

599) 그들은 귀신에 대한 끊임없는 두려움 속에 살고 있기 때문에 기독교가 그들에게 복된 구원으로 다가오게 되는 것이다. 아프리카의 우간다와 카메룬, 남태평양의 남양제도(諸島)는 이에 대한 좋은 실례가 된다. 미얀마에서 침례교 선교의 놀라운 성공도 정령숭배적인 사고가 가장 강한 사람들 가운데서 주로 이루어진 것이었다. 조선에서 초기 선교의 성공은 이런 비슷한 상황에 영향을 받았다. 선교사가 전하는 공포로부터의 해방에 관한 메시지는 정말 '큰 기쁨의 소식'이었던 것이다.

600) 인도의 카스트 경우나, 터키나 페르시아처럼 이슬람이 무자비한 적으로 있는 경우에 국가 제도의 저항력은 어마어마하다. 그러나 선교사역의 초기를 제외하면, 한국은 다른 나라의 개종자들이 극복해야 했던 것과 같은 장애물에 부딪히지는 않았다.

고종황제는 감사한 마음에 그에게 병원을 하사하였다. 황후가 살해된 이후 두려움에 사로잡힌 황제는 선교사들로부터 조언을 구하였다. 또한 1901년에 황제는, 자신이 위험에 처했을 때 보여 준 선교사들의 성실함을 기억하고 있었다. 황제가 비호하는 선교사들을 적대시하려는 한국인은 거의 없었다.[601]

그러나 기억해야 할 점은 아무리 토양이 좋다 하더라도 올바른 씨앗이 뿌려져서 재배되지 않는다면 아무 열매도 맺을 수 없을 것이다. 그러므로 이에 덧붙인다면, 복음의 본질이 영혼의 굶주림을 채워준다는 점, 신적 영향력 아래에서 복음의 강력한 확산 능력, 복음을 선포하는 의료선교사들과 복음전파 선교사들의 지칠 줄 모르는 자기희생적 열정이 귀한 씨앗들이었다.[602] 또한 선교본부는 자전自傳의 의무를 강조해 왔는데, 개종자들은 기독교의 메시지를 자기 이웃과 친구들에게 즉시 전하라는 권면을 받았다. 한국인은 공중 연설에 대한 천부적 재능을 타고난 달변가들이었는데, 이런 재능을 복음을 선포하는 데 잘 발휘하고 있었다. 실제로 직접 전도라는 주요한 사역은 이제 한국인 스스로에 의해 이루어지고 있었다. 그리스도에 관해 다른 사람에게 기꺼이 말하려 하는가 하는 것은 교회 회원이

---

601) 아더 J. 브라운, 「한·중·일 선교사」, 79–81.
602) 조선은 농부가 쟁기질할 수 있도록 준비되어 있어서 첫 해에 수확물을 산출할 수 있었던 미국의 대평원과 같았다. 그러나 미신적 두려움, 게으름의 타성, 절망으로 인한 무관심, 식자층에 대한 질시, 관리들의 풍기문란 행위, 이 모든 것들은 엄청난 장애물이었다.

되기에 적합한가에 대한 판단 기준이 되었다. 많은 경우, 지국에 있는 선교병원이나 학교를 방문했을 때 전도를 받아 개종한 한국인은 자기 고향 마을에 돌아가서 외국인 선교사 없이도 복음을 전하여 신자들의 모임을 만들어서, 외국인 선교사는 교회를 조직해 달라는 그들의 요청에 의해 그 모임에 대해 처음으로 알게 될 정도였다. 조선에서 시행된 선교 방법론 중 본국과 해외에 있는 기독교인들에게 모범적인 부분은 목사가 자기 대신 해 줄 것이라는 기대나 재정적 보상에 대한 기대 없이 그리스도를 증거하려는 개인 제자들의 의무감과 특권 의식이라 하겠다.[603]

3) 사회개혁

서양 의술은 교육과 복음전도 선교와 함께 한국의 근대화와 사회개혁에 지대한 공헌을 하였다.[604] 첫째는 계급타파, 둘째는 여성해방과 여권신장, 셋째는 구습타파, 넷째는 한글의 재발견과 대중화 등이 서양 의술이 미친 영향일 것이다.

(1) 계급타파

먼저 계급타파는 성경 말씀에 기초를 두고 있다. 양반과 상놈의 차별을 숙명적으로 받아들이고 체념 속에 있던 상민들에

---

603) 아더 J. 브라운, 「한·중·일 선교사」, 86.
604) 한승홍, "초기선교사들의 신학과 사상", 「한국기독교와 역사」제1호(1991, 7월): 65.

게 '만인은 하나님의 형상대로 지음을 받았으므로 하나님 앞
에서는 모두가 평등하다' 는 말씀이 복음으로 받아들여졌다.[605]
백정이었던 박성춘이 장티푸스로 앓고 있을 때 사무엘 무어 선
교사[606]의 인도로 임금의 시의가 백정의 마을에 나타난 것부터
가 큰 사건이었으며, 왕이 내린 전용 가마를 타고 그의 집에 들
어와서 손수 몸에 손을 대며 치료하는 모습은 충격적인 것이었
다. 왕의 몸에 댔던 그 의사의 손이 백정의 몸에도 닿았다. 그
리고 그가 완쾌될 때까지 에비슨은 그 집을 왕진하여 치료했
다. 그리하여 그는 그리스도인이 되었고[607] 백정 해방운동의
선구자로 정부에 탄원서를 내었는데 그 내용은 이러하였다.

우리는 모든 사람들에게 멸시를 받고 삽니다. 심지어는 관가에서 심
부름하는 하치들까지도 우리를 업신여기고 가끔 우리의 재산을 노략
질 해 갑니다. 만약 우리가 그것을 거절하는 날이면 벼락이 떨어집니
다. 그네들은 우리 뺨을 갈기고 옷을 찢고 온갖 악담과 욕설을 퍼붓
습니다. 우리의 당하는 천대와 멸시란 이루 형언하기 어렵습니다. 우
리 백정보다 더 천한 광대들은 갓도 쓰고 망건도 쓰고 긴 소매 옷도
입고 다니는데 당신의 충복, 우리 백정들만이 그렇게 할 수가 없으니
어찌 슬프지 아니하며 뼈에 사무치도록 아프지 않겠습니까?[608]

605) 송길섭, "한국교회 초기선교의 민족사적 의의", 「신학과 세계」 8호 (1982): 247.
606) 옥성득, "무어의 복음주의 신학", 「한국기독교와 역사」 제19호 (2003년 8월): 31. 사
무엘 무어 목사는 시카고 맥코믹 신학교 출신으로 1892년 내한하여 승동교회의 전신인
곤당골교회를 1893년에 설립하여 14년간 양반과 백정을 아우르는 목회를 하였고 백정
신분해방운동에 앞장섰다.
607) Clark, 「에비슨 전기」, 259-262.
608) 전택부, 「토박이 신앙산맥」(서울: 대한기독교출판사, 1977), 35-37.

이들의 호소로 그들도 망건과 갓을 쓰고 다닐 수 있었지만 냉대와 차별의식은 여전하였다. 그래서 또 정부에 탄원을 하여 개선이 되기 시작했고, 백정 출신의 그리스도인들은 많은 천민들에게도 복음을 전파하였다.[609]

(2) 여성해방

당시의 한국 여성들은 남성 중심의 지배 구조와 이념으로 인하여 억압과 소외를 당했을 뿐만 아니라 세습적으로 내려오는 신분적 차이로 경제적 사회적 불평등을 겪는 고통을 당하고 있었다. 그리하여 의료시설로부터도 철저히 소외당했던 한국 여성들에게 여선교사들이 세운 병원은 열렬한 환영을 받았다. 제중원에는 부녀과가 있어서 한국 최초로 여성도 자유로이 진료를 받을 수 있게 되었고 정동 시병원의 보구녀관을 비롯하여 모화관과 동대문의 볼드윈 시약소에서, 평양에서는 광혜여원에서 여성 전용 진료 혜택이 주어졌다. 또한 전주와 함흥에서도 여자 의사가 장기간 진료를 하였고 목포와 원산에서는 일시적으로 여성전용 진료소가 운영되었다. 여성이 귀하게 여겨지는 문화권에서 온 여자 의료진에 의해 시술을 받는 과정에서 복음을 통하여 많은 여성들에게는 남녀동등권과 사회적 지위가 고취되었다. 지금까지 무지하고 나약하게 살아왔던 한국 여

609) Ibid., 37-38.

성들은 자신들에게 힘과 격려를 주고, 육체적 고통까지도 치유해주는 선교사들에게 감사함을 느꼈으므로 그들이 끊임없이 전하고자 하는 '예수 그리스도의 진리'에 대해 관심을 갖게 되었다. 이러한 가운데 최초의 공식적인 예배가 드려진 다음 주일에 한국 최초의 여성 세례자가 탄생한 것이다. 아펜젤러 선교사는 다음과 같이 기록하였다.

> 1887년 10월 16일, 나는 28세의 젊은 여성인 최씨 부인에게 세례를 주었다. 그녀는 질문에 분명하고도 명확하게 대답했다. 그녀는 이 나라에서 개신교 목사에게 세례 받은 최초의 여성임에 틀림없다. 나는 우리 감리교가 안방으로 길을 개척하게 된 것이 무척 기쁘다. 그 외에도 말씀을 받아들인 다른 여성들도 있다. 하나님이시여, 이 첫 열매들을 축복하소서.[610]

한국 최초의 여성 세례자인 최씨 부인은 세례를 통해 그 믿음이 더욱 굳건해져서 수많은 신앙의 열매를 맺기 위한 디딤돌이 되었고, 남자 세례 교인과 함께 한국 최초의 감리교회 성만찬에 참석하였다. 권서인인 남편의 뒤를 이어 세례 교인이 된 그녀는 결국 한국 최초의 기독교 가정을 이루었다.[611]

선교정책의 일환으로 설립한 병원, 학교 등을 통한 복음 전도 계몽 사업은 이제 독자적인 여성교회를 설립할 만큼 발전했

---

610) Allen, "알렌의 일기", (1887년 10월 31일)
611) 장현주, "여성세례와 여성해방", 「한국기독교와 역사」 창간호(1991, 7월): 126-127.

고 세례자의 수도 날로 증가했다. 1891년에는 세 명의 부인이 세례를 받았는데 한 명은 선교부의 일꾼인 프리실라, 다른 한 명은 학교 학생의 어머니, 또 한 명은 병원의 간호부장인 사라였다. 주위의 냉대와 질시를 과감히 뿌리치고 자신들의 현재 삶에 대한 고통과 한恨을 주님께 온전히 맡긴 그녀들은 자신들만을 위한 이기적인 신앙생활에 만족하지 않고 복음의 일꾼으로서 병원에서 매일 환자들에게 책을 읽어주고 성경과 책자를 팔았고 지방 곳곳을 돌아다니며 하나님의 말씀을 전했다.[612)

북부 지방의 첫 세례 교인이 되고 전도부인으로 30여년간 활약한 전삼덕 여사 역시 처음 교회에 나오고 세례를 받을 때 고위 관리인 남편과 집안 식구들의 극심한 반대에 부딪혔다. 좀처럼 자유롭게 나다니기 어렵고 남편마저 첩을 얻어 그녀를 소홀히 대하자, 전삼덕 여사는 80리나 되는 평양까지 교회를 다니면서 마음의 위안을 얻게 된 것이다. 처음에는 호기심으로 믿던 것이 날이 갈수록 점점 그리스도의 진리의 말씀에 빠져들었고, 자신뿐 아니라 집안의 며느리에게까지 예수 믿기를 권고했다. 그녀는 주일을 지키고 성경을 배우고 읽는데 만족치 않고 작은 딸과 함께 처음으로 세례를 받게 되었다.[613) 그 후에 그

---

612) 여성감리교선교잡지(WFMS., 1891), 66.

613) 전삼덕, "내 생활의 략력", 〈승리의 생활〉, (서울, 조선예수교서회, 1927), 9.

녀는 개인전도로만 600명을 그리스도인으로 만들었고 후손들을 그리스도인이 되도록 교육하였고 한 손녀는 이화학당에서 가르치기도 했다.[614] 노살롬 여인 역시 예외는 아니었다. 출가한 시누이 덕분으로 그리스도를 알게 된 노씨 부인은 열심히 교회를 다니기 시작했다. 그러자 남편은 밤마다 술이 만취해서 행패를 부렸고, 칼로 그녀를 내리치기까지 했다. 집안 대대로 섬기던 우상을 끌어내어 불태우자 시어머니와 식구들에게 죽도록 매를 맞기도 하였는데 때리고 쫓겨나도 3, 4년을 버텨내자 점차 그의 가족들도 그를 따라 예수 믿기를 작정했다. 뿐만 아니라 그의 남편인 김재찬은 협성신학교를 나올 정도로 변화했다. 그 후 이 부부는 순회 전도를 하여 각 처마다 교회를 세우고 학교를 세워 주의 복음을 전파하는 일꾼을 길러냈다.[615]

(3) 구습타파

의료선교는 구습타파에도 일조를 하였는데 보수적이며 청교도적인 내한 선교사의 생활 이념은 한국 사회구조 개혁의 원동력이 되었다. 먼저 근면을 삶의 기본으로 하는 청교도적인 선교사들의 삶의 영향으로 노동경시 풍조가 타파되기 시작하였으며, 뉴잉글랜드에서 흡연이 그리스도인으로서는 할 수 없는

---

614) Noble, M. W., 「한국초대교인들의 승리생활」, 사지형 역 (서울: 규장문화사, 1985), 37.
615) 장현주, "여성세례와 여성해방", 「한국기독교와 역사」 창간호(1991, 7월): 133.

죄로 간주되었기에 흡연을 비롯하여 음주들을 금지시켰다. 바른 신앙생활뿐 아니라 건강을 해치는 이유를 들어 금하였는데 성과를 거두게 되었다. 그리고 이것이 '그리스도인'이라는 하나의 상징이 되기도 하였다.[616] 초기 기독교 때에 성황당 같은 미신 타파는 시골에 있는 아이들에게도 영향을 미쳐서 불교의 부처를 우상으로 간주하여 경계하게 되었다. 그리스도인이 된 사람들은 집안의 복주와 토주, 삼신 항아리를 불사르는가 하면, 많은 무당과 판수 및 풍수지관들이 그리스도인이 되어 복음을 전파하며, 자녀의 새로운 교육에 진력하기도 하였다.[617]

조상 제사문제는 이미 일본이나 중국의 교회에서 잘못된 일로 규정되어 있어서 큰 어려움 없이 따라 주었다. 그러나 첩을 두는 문제를 해결하는 일은 어려웠다. 축첩이 사회제도화 되어 있던 사회에서 첩을 둔 양반들의 수가 의외로 많았기 때문이다. 그러나 본처 이외의 첩은 재산을 나누어주고 헤어지게 한 후에야 세례를 주었으므로 그 문제는 차츰 해결되었다. 또한 당시의 큰 사회문제는 부모에 의한 강제 결혼과 조혼이었다. 장로교 공의회에서는 이 문제에 대하여 다루면서 결혼이 부모에 의한 것이 아니라, 결혼 당사자가 서로 알고 서로 사랑하는 마

---

616) 「대한 그리스도 신문」, 48호 (1897.12.30).

617) 「조선 그리스도 회보」, 13호(1897.4.28), 30호(1897.8.25).

음으로 혼사가 이루어지기를 권했으며, 후에는 결혼 연령을 2년 올려서 여자 16세, 남자 18세로 결정하고 이를 위해 교회와 교인들이 실천을 해 보임으로써 사회개혁을 꾀하였다.[618]

(4) 한글의 재발견

한국 초대교회는 한글의 재발견과 대중화를 이루는데 큰 역할을 감당하였다. 당시 한글은 언문이라고 하여 지식인들에 의해 천대를 받았다. 선교사들이 내한하기 전에 중국에서 사역하는 로스 선교사에 의해 이미 로스 버전이 한글로 번역이 되어 있었다. 로스 선교사는 이미 오래 전에 조선이 자기 문자를 가진 나라이고, 그 문자가 익히기 쉬워 얼마간 노력하면 부녀자들도 깨우칠 수 있는 우수한 글임을 알고 번역하였던 것이다. 초대교회에서는 이 한글로 된 신약 성경을 통해 한문을 모르는 여성과 어린이를 포함하여 사람들에게 한글을 깨우치게 했으며 더불어서 하나님의 말씀은 깊이 스며들어 갔다. 이를 계기로 사람들은 열심히 한글을 공부 하였고 성경 말씀도 많이 깨닫고 영혼의 양식을 넉넉히 만들었다.[619] 1893년을 전후하여 야소교서회에서는 많은 성경 번역물 등을 한글로 발간하였는데 의료선교사들은 의술과 함께 복음 문서들을 환자들에게 나

---

618) 「대한 그리스도인 회보」, 3권 29호(1899.7.19).

619) 이덕주, "한글성서번역에 관한 연구", 이만열 외, 「한국기독교와민중운동」, (서울: 보성, 1986), 109.

누어 주고 읽게 함으로써 4백년간 감추어졌던 언문이 빛을 발하게 되는데 일조를 하였다.[620]

4. 의료선교사의 순교 및 과로

가장 안타까운 일은 초기 선교기간에 8명의 의료선교사가(의사6, 간호사2) 의료시술이나 선교 사역의 과로로 목숨을 잃은 것이다. 헤론, 윌리엄 홀, 해리스, 오웬, 버스티드, 브라운, 간호사 제이콥슨, 셔먼이 바로 한국의 기독교 복음을 위하여 일하다가 순교하였다. 이들은 진료업무, 선교본부의 역할, 진료소나 병원 운영, 의술 훈련, 순회 진료, 각종 위원회 활동, 집회 참석, 보고서 작성, 한국인에게 복음 전파활동, 외국인 모임에서 성경공부와 기도회 주관을 해야 했던 매우 힘든 상황에 놓여 있었다. 이러한 과로의 상황에서 피츠 간호사(전주)와 쉐핑 간호사(광주)가 순교하였다. 그리고 의사선교사 중에서는 포사이드가 열병을 앓았고 다니엘, 널, 팁톤, 쉐프리, 노튼, 밀러, 티몬즈, 샤록스 등이 선교사역 중에 건강이 악화되어 귀국하였으며, 특히 샤록스(선천)는 귀국 후에 바로 소천하였다. 티몬즈의 과로는 수술을 너무 많이 했기 때문이었고, 과로한 오웬 의사선교사(광주)와 맥밀란 의사선교사(함흥)는 한국 땅에서 순교를 하였다.

---

620) 「그리스도 신문」, 5권 40호(1901.10.3).

헤론의 경우는 병원에서 큰 수술을 많이 하면서도 외래 진료를 하고 또 자가 진료소에서는 진료와 아울러 열심히 복음을 전하는 영적인 사역을 하였다. 그러나 환자가 본래 많아서 여러 의사가 진료를 해도 바쁠 상황에 처해 있던 국립병원의 원장인 알렌이 견미사절단의 수행원으로 시작하여 국가적 차원의 한미외교 역할을 맡아 병원을 떠날 수밖에 없었다. 이에 따라 헤론은 그 큰 병원에서 4년간을 혼자서 의학교육을 비롯하여 다른 의사의 도움 없이 진료를 감당했는데 그것이 건강을 해치게 된 제일 큰 원인이었다. 또한 비록 잠깐이었어도 산후의 아내 건강을 위해 병원으로부터 먼 곳에 살면서 오간 것도 건강을 해치는 큰 요인으로 작용하였다. 특히 그가 죽게 된 것이 선교사간에 갈등으로 심적 부담이 많았던 것도 무시 할 수 없었다고 미국 선교 본부에 보고되었다.[621]

윌리엄 홀의 경우에는 살신성인殺身成仁이라는 말이 어울리는 경우였다. 그는 복음의 불모지인 평양에 개척 선교사로서 숱한 핍박과 어려움 속에서 큰 고통을 당했는데 그것이 바로 평양 박해사건이다. 이는 외국 선교사가 내지에서는 부동산을 소유할 수 없는 국법을 모르고 평양 선교부에서 부동산을 구입한 것에 대한 주민들의 반발로 사건이 확대되었다. 그러나 사

---

621) 마포삼열, 「마포삼열목사의 선교편지」, 115-116.

실은 병원에서 야소교가 전해진다는 것과 병원의 조사인 한국인들이 개신교인이라는 이유로 한국인이 사형을 언도 받았을 때, 책임자로서 홀의 심적 부담이 얼마나 컸을까는 아마도 당사자 이외에는 느낄 수 없었을 것이다. 그러나 병원 조사인 김창식의 목숨을 건 믿음의 절개로 큰 위로를 받았다. 그러나 평소에 과다한 진료와 영적사역을 동시에 감당한 것도 있지만, 청일전쟁 때 부상자 군인들을 밤낮 할 것 없이 한 달가량을 잠도 별로 못자고 치료하면서 목숨을 구하느라 진력한 것이 병에 걸린 결정적인 요인이었다. 당시 교통이 열악한 상황에서 자주 평양과 서울을 왕래한 것도 건강을 해친 원인으로 보고되어 있다.

버스티드의 경우에도 환자가 끓는 남대문 상동병원에서 4년간 혼자서 진료를 한 것이 큰 무리였다. 병원을 이끌어 왔던 스크랜튼은 감리교 한국 지역의 총 선교 책임자로 전국을 다녔기에 진료를 도와줄 수 없었다. 버스티드는 병원 교회에서 설교도 맡았을 뿐 아니라 진료 후에도 전도를 열심히 하다가 불과 4년 만에, 하버드와 뉴욕대학교를 나온 유능한 인재가 과로로 귀국하여 병사한 것이 참으로 안타까운 일이 아닐 수 없다. 해리스의 경우에도 동대문에 여성전용병원인 규모가 큰 볼드윈 진료소 소장을 맡으면서 과중한 업무에 무리를 하였고 언니가 있는 평양의 광혜여원에서도 진료에 몰두하면서 영적인 사역까지 하였는데, 내한한 여자 선교사로서는 처음으로 순교하여 평양 대동강변에 안치되었다.

초기 의료선교 18년 동안 미국 북감리회 소속의 의사 11명 중에 4명이 순교를 하였고 1명은 병환으로 귀국하여 다른 선교부보다 사람을 많이 잃었다. 병세가 심하여져서 의료사역을 도저히 감당할 수 없어서 귀국한 의사로는 드루, 하워드, 소돈[622] 등이 있다. 물론 한국에서의 초기 의료선교는 너무나도 성공적인 선교로 평가받고 있지만, 미국 선교 본부에서 환경이 열악한 한국에 선교사를 파송할 때 신체가 매우 건강한 사람만을 엄선한 사실을 감안하면, 근본적으로 한국에서의 초기 의료선교에서 병원급의 운영에 대하여는 고려해 볼 여지가 있었다. 이는 순교자가 진료소에서는 2명이었으나 병원에서는 6명이나 나왔기 때문이다. 그러나 이들의 순교는 우리가 계산할 수 없는 고귀한 죽음이었다. 그것은 그들의 순교로 사려가 깊은 수많은 한국 사람들이 감동을 받고 개신교에 대하여 좋게 생각했을 뿐 아니라 그리스도인이 되기로 마음을 먹는 동기가 되었기 때문이다.

---

622) Dr. J. E. Sawdon은 미국 남감리회 소속으로 1902년에 개성에 의료선교사로 왔으나 건강이 악화되어 수주일 만에 귀국하였다.

Medical Missionaries in Korea for Christ

5

5
초기 40년간의 의료선교 결론

1. 1884년 ~ 1903년

초기 40년간을 두 기간으로 나누어 본다면 1903년까지는 '초기'라고 구분할 수 있겠다. 초기에 내한한 의료선교사는 총 45명으로, 의사선교사 40명(여자의사 12명), 간호사선교사 5명이었다. 초기 의료선교병원은 서울에 2곳, 평양에 1곳 있었으며, 진료소는 서울을 비롯하여 부산, 평양 등 15곳에서 운영되었다. 초기 의료선교를 한 개신교 선교단체는 미국 북장로교를 비롯하여 미국 북감리교, 미국 남장로교 등이었다. 미국 북장로교는 기독교 불모지였던 한국에 서울을 중심으로 한 의료선교를 통하여 복음의 자유화를 이루어내는데 가장 중요한 역할을 하였고, 미국 북감리교는 서울과 평양에서 의료선교를 통하여 복음전파 개척에 힘썼으며, 미국 남장로교는 진료소를 중심으로 복음전도 선교사와 의료선교사가 팀 사역을 이루어 가장 뛰어난 복음의 열매를 맺었다. 호주 장로교는 진주를 중심으로 진료와 더불어 영남지방에 복음의 문을 열었고, 캐나다 장로교는 의료사역과 더불어 함경도 지역을 개척하여 복음화를 준비하였다.

기독교 전파가 국법으로 금지되어 있던 조선 말기에 의술을 통한 선교형태가 교육선교나 복음선교에 앞서서 한국 땅에 복음의 문을 여는데 가장 큰 공헌을 하였다. 그리하여 의료선교사에 의해 운영되었던 국립병원이 10년이 채 안되어 복음을 전파할 수 있는 선교병원으로 바뀌게 되었다. 이는 의료선교사들이 임금을 비롯하여 황후, 궁중의 사람들에게 주치의가 되어 기독교가 한국에 크나큰 도움을 줄 뿐만 아니라 신뢰할 수 있는 종교임을 인정받았기 때문으로 복음을 한국 땅에 자유롭게 전파할 수 있도록 만든 대위업을 이루어 내었다. 초기 병원규모의 의료선교는 복음을 전국적으로 전파할 수 있는 선교기지 역할을 하였고 한국 초대교회의 장을 여는 통로역할을 하였으며 진료소와 순회진료를 통하여 활발하게 복음이 전해져 초대교회의 기초를 세웠다.

초기 의료선교의 두 가지 공헌을 꼽는다면 첫째로, 서양의술이 아니었으면 죽을 수밖에 없었던 헤아릴 수 없이 많은 사람들을 살려냈다는 점이고, 둘째로는 한국 복음전파의 자유를 일구어낸 점을 들 수 있는데 이는 내한 의료선교사의 뛰어난 의

술과 목숨을 건 시술의 열정과 삶으로 나타난 기독교 신앙의
열매로 볼 수 있다.

2. 1904년 ~ 1924년

1903년까지를 초기라고 한다면 1924년까지는 중기로 구분
할 수 있다. 이 기간 동안에 내한한 선교사 48명은 서술한 것처
럼, 대부분의 의사선교사들이 건강이 상할 정도로 수많은 진료
를 하였다. 간호선교사도 마찬가지로 건강을 해칠 정도로 몰두
하였는데, 이는 당시 의료 문화가 여자 환자는 남자의사를 기
피하였기에 여자 간호사가 진료업무까지도 감당을 했기 때문
이다. 이 시기의 의료사역자들은 오랜 시간 사역하였는데, 에
비슨, 커틀러, 쉴즈는 40년 이상을 사역하였고, 평양에서 사역
한 로제타 홀은 42년간, 나병치료에 힘쓴 플레처는 43년간을
사역하여 가장 오랫동안 의료선교를 하였다. 그리고 30~39년
동안 한 선교사는 로저스, 그리어슨, 머레이, 허스트, 비거, 윌
슨 등이었고, 25~29년동안 선교한 사람은 폴웰, 러들로, 매켄
지, 화이팅(남자의사) 이었고 20~25년간의 사역자는 웰, 샤록
스, 맥밀란, 쉐핑, 노튼, 패터슨이었다. 그리고 10~19년 사이
는 다니엘, 밀러, 밀즈, 맨스필드, 커렐 등이며, 10년 미만은 쉐
프리, 포사이드, 로버트슨, 핏츠, 널 등이었다.

이 기간 동안에 일어난 새로운 일은 많은 선교병원들이 현대식으로 지어졌고 입원실도 늘어났다는 점이다. 한국에 병원을 지원한 곳들을 보면 재령병원은 뉴욕 메디슨 에비뉴 장로교회에서, 던컨병원은 뉴욕의 J. P. 던컨여사가, 강계의 계례지병원은 뉴욕의 J. S. 케네디가, 노튼병원은 노튼의 모친이 지원하였고, 평양의 여성병원과 아동병원은 로제타 홀 본인이 안식년 때 모금하여 지어졌다. 또한 대형 종합병원이 서울과 평양에서 세워졌으며, 그곳에 초교파적으로 실력이 탁월한 의사들이 모였다. 그리고 1907년에는 한국의료선교 협회를 설립하여 의료기술과 의학의 발전과 교육, 그리고 의료선교에 대하여 매년 세미나를 개최하였다.

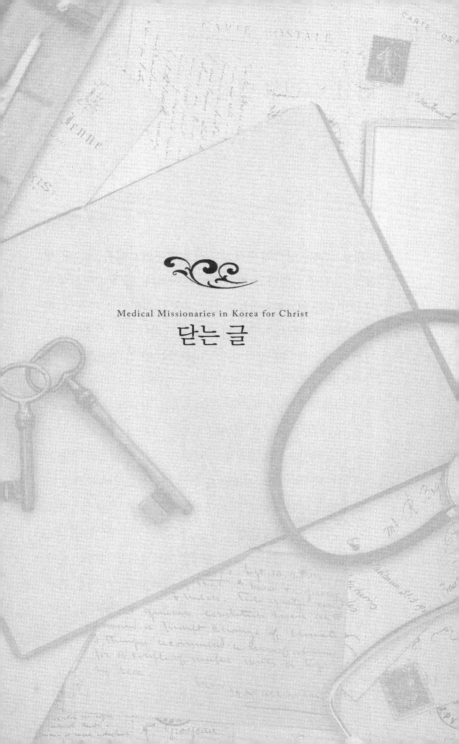

Medical Missionaries in Korea for Christ

닫는 글

헌신, 그리고 열정

　　의료 선교는 당시에 닫혀진 조선 사람들의 마음을 여는데 가
장 큰 공헌을 하였다고 해도 과언이 아니다. 더욱이 헌신되고
수준이 높은 의료선교사들의 한국에 와서 사역한 것은 한국 개
신교 뿌리내림에 있어 축복된 요소 중의 하나이다. 서술하였듯
이 닥터 헤론의 의술을 탁월하다고 평가 받았고, 에비슨은 하나
님께서 한국에게 주신 최고의 의료선교사라고 불리울 정도였
다. 한국에서 활동하였던 의료선교사들은 최고 명문 대학의 출
신자들이 대부분이었다. 탄탄한 배경과 그들의 인격적인 영향
력은 초기 개신교 뿌리내림에 큰 영향을 주었다. 의술과 인술로
높이 평가 받았던 닥터 윌리엄 홀 같은 의료선교사들이 한국 개
신교 초기에 내한해 준 것은 한국교회에 큰 축복이었다. 그리고
당시의 의료 선교사들은 단순하게 의술만을 베푼 것이 아니라,
의료 전문학교를 세워서 많은 한국인 의료진들을 양성한 것이
다. 그리고 자신들이 교육시킨 의사들과 동역하면서 복음 전파
에 힘을 쏟았다는 점도 매우 귀감이 될 만한 내용들이다. 이들

의 뿌리가 오늘날 한국의 의료계에 깊이 뿌리내려 있다.

오늘날 선교사 파송이 두 번째로 많은 한국은 2013년 통계에 의하면[623] 441명의 의료 선교사들이 활동하고 있는 것으로 나타났다. 한국 개신교 초기에 의료선교가 복음 전파에 큰 역할을 하였던 것을 우리 모두가 인정한다면 오늘날의 한국선교가 의료 사역을 수행할 때 초기 의료 선교사들의 역할과 활동 상황을 참조하여야 한다고 본다. 선교 환경과 세상이 많이 바뀌어서 20세기 초와 같은 상황이 아니라 해도 그 '본질'은 동일하기 때문에 충분히 참고하고 배워야할 만한 것들이 있다. 이 글이 한국 개신교 수용 과정에서 특별히 의료선교사들을 집중적으로 조명한 것은 바로 그러한 것들을 찾아낼 수 있는 요소들이 있기 때문이었다.

불모의 땅에 당대 최고의 의과대학 졸업자들이 탁월한 의료 시술을 통해 굳어진 사람들의 마음을 기경하고자 헌신적인 수고를 다하였다. 또한 많은 의사와 간호사 선교사들의 단신의 몸으로 지방 곳곳에 흩어져서 모범적인 사역의 열매가 오늘날 서울에, 인천에, 전주에, 광주에, 대구에 부산에 지금까지 이어

---

623) 매년 한국세계선교협의회(KWMA)가 조사하여 발표하는 자료에 따르면 2013년 현재 선교사 파송은 24,742명이고, 그 가운데 의료사역은 1.7%로 48개국에서 약 441명 정도가 사역하고 있다고 발표하였다.

져내려 오고 있다. 우리가 그 실체들을 보고 있기 때문에 의료 선교의 중요성을 간과할 수 없게 된다. 그리고 현대 의학을 공부하게 되면서 가문의 변화를 가져온 개개인의 삶은 또한 얼마나 많은가! 이렇듯 개인의 삶의 변화만이 아니라 무지한 병치료로 허무하게 죽어가던 목숨들이 구해지고, 보건 교육 등을 통해 사회 변혁에도 큰 역할을 한 의료선교였다. 그러나 무엇보다도 중요한 것은 한국 개신교 초기에 활동하였던 의료사역자들은 '의료'를 복음 전파의 수단으로만 생각하지 않았다는 것이다. 끊임없이 복음으로 이어지게 하였기 때문에 선교 전략적인 관점에서도 높은 평가를 받을만한 자세로 임하였던 것이다. 이러한 점이 오늘날 우리가 배워야 할 요소일 것이다.

육신의 질병과 영혼의 질병 양쪽 모두의 치료를 위해 끊임없이 의술로 인품으로 보여주었던 의료선교사들의 열정이 오늘날 한국 개신교의 뿌리에 심겨져 있다. 그들에게 감사하고, 또한 지금도 현장에서 의료선교사로 그 뒤를 이어가는 한국 의료선교사들에게 박수를 보낸다.

Medical Missionaries in Korea for Christ

감사의 글

의료선교사를 기억하며

선교를 꿈꾸며 의료인으로 살아온 나는 조선말기 한국에 들어 온 의료선교사들의 수고를 늘 잊지 않는다. 언젠가 때가 되면 그 분들의 수고에 대해 정리해 보고, 많은 사람들과 나누리라고 생각하였다. 무엇인가를 많이 알아서가 아니라 '예수 그리스도'를 위해 섬김의 마음으로 불모의 땅에 왔던 초기 개신교 의료선교사들은 어떤 형태든지 기억되어야 한다고 믿기 때문이었다. 누가 하라고 한 것은 아니지만, 그렇게 하는 것이 그 분들에게 의료인인 내가 드릴 수 있는 최대의 존경의 마음이기도 하다. 이번에 그 '마음'이 나오게 되어 하나님께 감사드린다.

틈틈이 한국 개신교 초기 의료선교사들에 대한 자료들을 모아서, 연구하다가 박사 논문으로 결집하여 보았다. 방대한 자료들을 하나의 논문으로 정리하는 것이 어려워서 초기와 중기로 나누어 논문을 작성하였다. 그러면서 보다 많은 사람들이 한국에 와서 수고한 의료선교사들을 기억하길 바라는 마음으로 초기와 중기의 상당부분을 하나로 정리하여 '한국개신교초기 그리스도를 심은 의료선교사'라는 책을 출판하기에 이르렀다. 오랫동안 미루었던 숙제를 해 낸 마음이다. 이 일이 이루어 질 수 있도록 은혜 주신 하나님께 감사의 마음을 올려드린다.그리고 언제나 내 옆에서 영적 조언자로 때로는 비평자로 함께 하는 아내 강명희에게도 고마움을 전한다.

하나의 책이 나오는 것이 얼마나 어려운 일인가를 알면서도 끝까지 책이 나오도록 섬겨 준 조명순 선교사와 Ruth Eshnauer 박사님, David Eshnauer 의료선교사님, 20여년 선교사역에 멘토역할을 해 주신 손영준 박사님, 학업을 이끌어 주신 미국의 Trinity(TDES)의 Paul Cedar 교수님, Fuller(FTS)의 Daniel Shaw 교수님, 그리고 Minnesota 신학대학원의 Peter K. Jung 교수님과 David Sigvertsen 교수님께 깊은 감사를 드린다. 무엇보다도 선교사역을 할 때마다 독려해 주셨던 고 옥한흠 목사님을 잊지 못한다.

캄캄한 암흑에서 병들고 아픈 것을 운명으로 받아들이며 소망 없이 죽어가던 조선 백성들을 위해서 말씀에 순종하여 조선까지 와서 자신의 생애를 드렸던 수 많은 의료선교사들에게 존경과 감사의 마음을 전한다. 그 분들의 수고가 헛되지 않게 한국 선교가 계속 성숙해 나가길 기도한다.

Medical Missionaries in Korea for Christ

참고문헌

1. 총류

- 「광혜군일기」, 권36. 광혜군 2년 12.
- 「기독교대백과사전」, 기독교대백과사전 편찬위원회. 제7권. 기독교문사. 1984.
- 「내한 선교사 총람」, 김승태 · 박혜진 엮음. 한국기독교역사연구소. 1994.
- 「대한성서공회사 I」, 이만열 · 옥성득 저. 서울. 대한성서공회. 1993.
- 「대한성서공회사 II」, 이만열 · 옥성득 · 류대영 저. 서울. 대한성서공회. 1994.
- 「배재백년사」, 배재학당. 1989.
- 「대한예수교장로회백년사」, 한국교회백주년준비위원회 사료분과위원회. 대한예수교 장로회총회. 1984.
- 「의학백년」, 연세대학교 의과대학. 의학백년편찬위원회. 1986.
- 「醫學入門」, 「治藥」, '胡麻'.
- 「이화의대 동창회 50년사」, 이화여자대학교 의과대학 동창회. 2002.
- 「정동제일교회역사 1885-1990」, 유동식 저. 기독교대한감리회 정동제일교회. 1992.
- 「진주(서부경남)선교약사」, 진주노회. 2001.
- 「한국 감리교회사」, 기독교대한 감리회 교육국. 1980.
- 「한국선교핸드북 2001」, KRIM(한국선교정보연구원).
- 「한국 영남 기독교사」, 영남 교회사 편찬 위원회. 양서각. 1987.
- 「靑邱野談」, 進神方皮醫壇名.

2. 한국 책

- 기창덕. 「한국근대의학교육사」, 아카데미아. 1995.
- 김기원 · 조병욱. 「타일랜드 역사」, 엘맨. 2001.
- 김대인. 「숨겨진 한국교회사」, 한들. 1995.
- 김선홍. 「광주100년사」, 금호문화. 2004.
- 김성일 대표집필. 사진 · 김영우 · 이강근. 「한민족기원대탐사」, 창조사학회.1999.
- 김수진. 「한국초기 선교사들의 이야기」, 한국장로교출판사. 2004.
  - ───── 「중국 개신교회사」, 홍성사. 2003.
  - ───── 「한국 기독교의 발자취」, 한국장로교출판사. 2004.
  - ───── 「호남 기독교 100년사(전북편)」, 서울. 쿰란출판사. 1998.
- 김순일. 「한국선교사의 가는 길」, 성광문화사. 1980.
- 김승태 · 박혜진. 「내한선교사총람」, 한국기독교역사연구소. 1994.

- 김영재. 「한국교회사」. 개혁주의신행협회. 1992.
- 김용복. 「한국 민중과 기독교」. 형성사. 1988.
- 김우겸. 「장수의 비결」. 서울대학교출판부. 2003.
  ───── 「한의학과 현대의학」. 서울대학교출판부. 2003.
- 金麟瑞. 「金益斗 牧師 小傳」. 「金麟瑞著作全集 5」. 신망애사. 1976.
- 김주찬. 「소아시아의 7대교회」. 옥합. 1998.
- 김진형. 「수난기한국감리교회 북한교회사」. 기독교대한감리회 홍보출판국. 1999.
- 류대영. 「초기 미국 선교사 연구」. 서울. 한국기독교역사연구소. 2001.
- 閔庚培. 「한국민족교회형성사론」. 서울. 연세대학교 출판부. 1988.
  ───── 「알렌의 宣敎와 近代韓美外交」. 서울. 연세대학교 출판부. 1992.
- 박용우. 「요한과 아시아 일곱교회」. 바울서원. 2004.
- 박형우. 「제중원」. 서울. 몸과 마음. 2002.
- 백낙준. 「韓國改新敎史」. 연세대학교출판부. 1985.
- 백종구. 「한국 초기 개신교 선교운동과 선교신학」. 서울. (사)한국교회사학연구원. 2002.
- 서명원. 「한국교회 성장사」. 이승익 역.
- 宣川郡誌編輯委員會. 「宣川郡誌」. 宣川郡誌編輯委員會. 1977.
- 성명훈 · 전우택 · 천병철. 「의료의 문화사회학」. 몸과 마음. 2002.
- 송영규. 「황제내경과 성경」. 한국누가회출판부(CMP). 2004.
- 宋昌根. 「말씀에 對한 默想」. 「神學指南」. 1932.
- 申東烈. 「西洋醫學發展史」. 서울. 修文書館. 1994.
- 信聖學敎同窓會. 「信聖學敎史」. 고려서적주식회사. 1980.
- 신호철. 「양화진」. 대한예수교장로회. 서울서노회. 2004.
- 신동원. 「한국근대보건 의료사」. 서울. 한울 아카데미. 1997.
- 안영로. 「전라도가 고향이지요」. 쿰란출판사. 1998.
- 연세대학교출판부. 「海觀 吳兢善」. 연세대학교출판부. 1977.
- 영남교회사편집위원회. 「한국영남교회사」. 양서각. 1987.
- 오택현 · 서진교 · 오원석. 「터키의 기독교 성지」. 크리스천헤럴드. 2005.
- 유동식. 「韓國巫敎의 歷史와 構造」. 연세대출판사. 1978.
  ───── 「韓國宗敎와 基督敎」. 기독교서회. 1983.
- UBF교재연구부. 「위대한 선교사들」. 대학생성서읽기선교회출판사. 1990.
- 윤춘병. 「맥클레이 박사의 생애와 사업」. 서울. 한국기독교 문화원. 1984.

- 이관숙. 「중국기독교사」. 쿰란출판사. 1997.
  ――― 「기독교와 중국문화의 충돌」. 쿰란출판사. 1997.
- 이괄린. 「한국 개화사상연구」. 일조각. 1979.
- 이광린. 「올리버 알 에비슨의 생애」. 연세대학교 출판부. 1990.
- 이광호 · 전명기. 「식민지교육과 민족교육」. 「한국사 14권」. 한길사. 1994.
- 이규태. 「세상에 불상한 죠션녀편네」. 신태양사. 1988.
- 이덕주. 「초기한국 기독교사연구」. 한국기독교역사연구소. 1995.
  ――― 「한국토착교회형성사」. 한국기독교역사연구소. 2001.
  ――― 「기독교수용과 교회의 성장」. 한국기독교역사연구소. 2004.
  ――― 「종로선교이야기」. 도서출판 진흥. 2005.
- 이만열. 「한국기독교의료사」. 아카넷. 서울. 2003.
- 이만열 외. 「한국 기독교와 민족운동」. 서울. 보성, 1986.
- 이성배. 「유교와 그리스도교」. 분도출판사. 1985.
- 이준남 · 주광석. 「21세기 전인치유사역」. 침례신문사. 2001.
- 이찬영 편저. 「황해도 교회사」. 황해도 교회사 발간위원회. 1995.
- 이 철. 「세브란스 드림스토리」. 꽃삽. 2007.
- 이한수. 「치과의사학」. 연세대학교 출판부. 1988.
- 李炫熙. 「韓國現代史散考」. 탐구당. 1975.
- 임병식. 「바울과 이제마의 만남」. 가리온. 2002.
- 장희근. 「韓國長老教會史」. 亞成出版社 1970.
- 전세일. 「동 · 서의학과 대체의학의 건강지혜」. 2006.
- 전우택 외 17인. 「의료선교사가 현장에서 쓴 의료선교학」. 연세대학교 출판부. 2004.
- 전택부. 「토박이 신앙산맥」. 서울. 대한 기독교출판사. 1977.
  ――― 「한국교회발전사」. 서울 기독교서회. 1987.
- 정진홍. 「基督教와 他宗教와의 對話」. 전망사. 1980.
- 조철수. 「한국 신화의 비밀」. 김영사. 2003.
- 조 훈. 「중국기독교사」. 그리심. 2004.
- 차신정. 「의료인류학 1」. AIC. 2004.
  ――― 「The Developmental Strategy for Future Overseas Mission」. AIC. YoongSung Press. 1999.
- 차종순. 「양림동에 묻힌 22명의 미국인」. 광주. 삼화문화사. 2000.

- 최병철. 「음악치료학」. 음악춘추사. 1994.
- 崔濟昌. 「韓美醫學史」. 서울. 營林카디널. 1996.
- 한국교회백주년준비위원회사료분과위원회. 「대한예수교장로회백년사」. 대한예수교
- 장로회총회.1984.
- 한국기독교사연구회. 「한국기독교의 역사」. 기독교문사. 1989.
- 황상익. 「인물로 보는 의학의 역사」. 여문각. 2004.
  ──── . 「문명과 질병으로 보는 인간의 역사」. 한울림. 1998.

3. 외국 책

- Adams, Jay E. Christian Living in the Home. Philadelphia : Presbyterian and Reformed Publishing Company. 1972.
- Allen, Horace N. Things korean. 1908. Fleming H. Revell Company. New York.
- Allen, H. N. & Heron, First Annual Report of the Korean Government Hospital,
- Seoul, For the year Ending April 10th, 1886, Printed by R. MEIKLEJOHN & Co., No.26 Water Street, Yokohama, Japan, 1886.
- Appenzeller. H. G., Bring to the Light and Liberty, diary 1886.
- Armerding, Paul L. Doctors for the Kingdom. William B. Eerdmans Pub.. 2003.
- Avison, O. R. Some High Spots-Part I. 1921-1922.
- Boxberger, Ruth. A Historical Study of the National Association for Music Therapy. Music Therapy. XII 1962.
- Brian, Kellock, FIVER MAN, THE LIFE STORY OF DR. DENIS BURKITT. Belleville: Lion Publishing Corp.1985.
- Browne, Stanley G. · Davey, F. · Thomson, W. A. R. Heralds of Health. Christian Medical Fellowship.1985.
- Brown, Arthur J., One Hundred Year- A History of the Foreign Missionary Work of the Prebyterian Church in the U.S.A. With Some Account of Countries, Peoples and Politics and Problems of Modern Missions, New York, 1936.
- Buck, Peter. American Science and Modern China 1876-1936. 1980:26.
- Burrows, E. H., (1958) A History of Medicine in South Africa up to the end of the 19th century, Cape Town and Amsterdam; Balkema / Browne, Heralds of Health.
- Clark, Allen DeGrey. Avison of Korea. Yonsei University Press. 1983.

- Clark, M. N., An Outline of Christian Theology, T. and T. Clark, Edinburgh, 1899, sixth Ed.
- Clark, Allen DeGray, Avison of Korea, Seoul, Korea, Yonsei University Press, 1979.
- Coleman, James C. Abnormal Psychology and Modern Life. New York : Scott. Foresman and Company. 1956.
- Croizier, Ralph C. Traditional Medicine in China : Science, Nationalism and the Tension of Cultural Change. Cambridge. Mass. : Harvard University Press. 1968.
- Davey, F. T. and Thompson, W. A. R., The Contribution By Women Medical Missionaries : Heralds of Health, by Stanley G. Browne, London, CMF, 1985.
- Dietrick, Ronald B., Mordern Medicine and the Mission Mandate, Texas, Medical Benevolence Foundation.
- Doyal, Lesly. The Political Economy of Health, Medicine and Imperialism. Pluto Press. 1983.
- Fenwick, Malcolm C., The Church of Christ in Corea(1911), New York. George H. Doran Company, 1967.
- Friesen, Garry. Decision-Making and the Will of God. Portland. Oregon : Mult- nomah Press. 1980.
- Gale, James S. Korea in Transition. New York: Eaton & Mains.1909.
- Georges Ducrocq, Pauvre et Douce Coree. Paris. H. Champion, Libraire, 1904.
- Gifford, Daniel L., Every Day Life in Korea, 1897.
- Gilmore, G. W., Korea from its Capital, Philadelphia, 1892.
- Gutzlaff, Charles, Journal of three voyage along the coast of China in 1831, 1832 & 1833 with notice of Siam, Corea and Loo-Choo islands, London, Frederic Wesley & A. H. Danis, 1834.
- Grout, Donald J. A History of Western Music. 3rd ed. New York : W. W. Norton Co.. 1980.
- Harrington, F. H., God, Mammon and the Japanese, Madison, the University of Wisconsin Press, 1944.
- Hall, R. S., The life of W. J. Hall(1897), Virginia, MCL Associates, 1897.
- Henthorn, William E., A History of Korea, New York, The Free Press, 1971.

- Hewat, Elizabeth G.K., Vision and Achievement, Edinburgh : Nelson, 1960.
- Hicks, John D., George E. Mowry and Robert E. Burke, The American Nation - A History of the United States From 1865 to the Present, (Boston : Houghton Mifflin Company, 1965)

4. 외국 번역 책

- 기젤라 그라이헨. 「사라진 문명의 치료지식을 찾아서」. 박혜경 역. 이가서. 2005.
- 노이베르거. 「의학사」. 옥스퍼드. 1910.
- 다니엘 기포드. 「조선의 풍속과 선교」. 심현녀 옮김. 한국기독교역사연구소. 1995.
- 도히 아키오(土肥昭夫). 「일본기독교사」. 김수진 역. 기독교문사. 1991.
- J. D. Douglas. 「New Bible Dictionary」. 나용화 · 김의원 역. 기독교문서선교회. 1996.
- David J. Seel. 설대위 지음. 「상처받은 세상, 상처받은 치유자들」. 김민철 역. IVP. 1997.
- Lester S. King. 「의사들의 생각 그 역사적 흐름」. 이홍규 역. 고려의학. 1997.
- 레지널드 체리. 「기도치유」. 한재남 역. 아가페. 2004.
- 로버트 몰간. 「교회사에 기록된 오늘의 역사보기 365」. 엄성옥 역. 은성출판사. 1998.
- 린 페이어. 「의학 : 과학인가 문화인가」. 이미애 역. 몸과 마음 2004.
- 릴리어스 호튼 언더우드, 「언더우드부인의 조선 생활」. 김 철 역. 뿌리깊은나무. 1984.
- 마사 O. 루스토노 · 엘리사 J. 소보. 「건강질병의료의 문화분석」. 김정선 역. 한울 아카데미. 2002.
- 마서 헌트리, 「한국 개신교 초기의 선교와 교회 성장」. 차종순 역. 서울목양사. 1985.
- 마르타 헌트리, 「To Start A Work」, 차종순 옮김. 「새로운 시작을 위하여」쿰란출판사. 2009.
- 馬伯英 · 高晞 · 洪中立.「中外醫學文化交流史」. 정우열 역. 전파과학사. 1997.
- 마포삼열, 「마포삼열 목사의 선교편지」. 김인수 역. 장로회신학대학교출판부. 2000.
- 마틴 로이드 존스. 「의학과 치유」. 정득실 역. 생명의 말씀사. 1997.
- 말콤 펜윅. 「한국에 뿌려진 복음의 씨앗」. 이길상 역. 예영커뮤니케이션. 1994.
- 바바라 G. 앤더슨 · 조지 M. 포스터. 「의료인류학」. 구본인 역. 한울. 1994.
- 벳맨겔리지, F. 「물, 치료의 핵심이다」. 김성미 역. 물병자리. 2004.
- 새뮤얼 노아 크레이머. 「역사는 수메르에서 시작되었다」. 박성식 역. 가람기획. 2003.
- 셔우드 홀. 「Dr. 홀의 조선회상」. 김동열 역. 좋은씨앗. 2003.

278

- 스탠 롤랜드. 「지역사회 보건선교전략을 통한 빛과 진리의 확산」. 정길용 역. CMP. 2001.
- 스티븐 닐. 「기독교 선교사」. 홍치모 · 오만규 역. 서울. 성광문화사. 1979.
- 애너벨 니스벳. 「호남초기 선교역사」. 한인수 역. 도서출판 경건. 1998.
- 아더 J. 브라운. 「韓 · 中 · 日 宣敎史」. 김인수 역. 쿰란출판사. 2003.
- 아펜젤러 H. G.. 「자유와 빛을 주소서」. 노종해 역. 서울. 대한기독교서회. 1988.
- H. G. 언더우드. 「한국개신교수용사」. 이광진 역. 일조각. 1989.
- 릴리아스 호튼 언더우드. 「언더우드부인의 조선 생활」. 김 철 역. 뿌리깊은나무. 1984.
- 앙드레 슈라키. 「성서 시대 사람들」. 박종구 역. 부 · 키 출판사. 1999.
- J. 앤더슨 · E. 스미스 · J. M. 테리. 「선교학대전」. 한국복음주의선교신학회 역. 기독교 문서선교회. 2003.
- 앤드류 머레이. 「하나님의 치유」. 장진욱 역. 기독교 문서선교회. 2002.
- 앨버트 벨. 「신약시대의 사회의 문화」. 오광만 역. 생명의 말씀사. 2001.
- 에비슨 O. R.. 「舊韓末秘錄(上)」. 에비슨기념사업회 역. 대구대학교 출판부. 1984.
- Elizabeth A. McCully. 「케이프 브레튼에서 소래까지」. 유영식 역. 대한기독교서회. 2002.
- 외르크 블레흐. 「없는 병도 만든다」. 배진아 역. 생각의 나무. 2004.
- 오페르트 E. J.. 「금단의 나라 조선」. 신복룡 · 장우영 역주. 서울. 집문당. 2000.
- 요하힘 예레미아스. 「예수시대의 예루살렘」. 한국신학연구소번역실. 한국신학연구소.1988.
- John Wilkinson. 「성서와 치유」. 김태수 역. 기독교연합신문사. 2001.
- 유진 A. 니다. 「인간언어에 담긴 하나님의 말씀」. 〈성경번역의 비화〉. 대한성서공회역. 제7장 땅 끝까지. 2003.
- 이사도르 로젠펠트. 「대체의학」. 박은숙 박용우 역. 김영사. 1999.
- 佐藤剛藏. 「朝鮮醫育史」. 이충호 역. 형설출판사. 1993.
- 이키 사카에. 「조선의학사 및 질병사」. 1962.
- J. M. 테리, E. 스미스, J. 앤더슨 편저. 「선교학대전」. 한국복음주의 선교신학회 역. 서울. CLC. 2003.
- 자크 르 고프 · 장 샤를 수르니아. 「고통받는 몸의 역사」. 장석훈 역. 지호. 2000.
- 자크 주아나. 「히포크라테스」. 서홍관 역. 도서출판 아침이슬. 2004
- 제임스 게일. 「코리언 스케치」. 장문평 역. 서울. 현암사. 1971.
- 제임스 M. 필립스 & 로버트 쿠트 편저. 「선교신학의 21세기 동향」. 한국복음주의신학회 선교분과회 편역. 이레서원. 2001.
- 조르주 뒤크로. 「가련하고 정다운 나라, 조선」. 최미경 역. 서울. 눈빛. 1988.

- 존 J. 필치. 브루스 J. 말리나. 「성서 언어의 사회적 의미」. 이달 역. 한국장로교출판사.1998.
- John Van Neste Talmage. 「한국 땅에서 예수의 종이 된 사람」. 마성식 · 채진홍 · 유희경 역. 한국장로교출판사. 1998.
- 찰스 반 엥겐. 「미래의 선교신학」. 박영환 역. 바울. 2004.
- 토마스 매큐언. 「의학의 한계와 새로운 가능성」. 손명세 · 정상혁 역. 한울. 1994.
  ──────── . 「질병의 기원」. 서일 · 박종연 역. 동문선. 1996.
- 클라크 A. D.. 「에비슨 전기」. 서울. 연세대학교 출판부. 1983.
- Paul Star. 「의사, 권력 그리고 병원」. 이종찬 역. 명경. 1996.
- 프란시스 맥너트. 「치유」. 변진석 · 변창욱 역. 도서출판 무실. 1992.
- 하워드 테일러 부부. 「허드슨 테일러의 생애」. 오진관 역. 생명의말씀사. 1992.
- 해링톤 F. H.. 「개화기의 한미관계」. 이광린 역. 서울. 일조각. 1973.
- 호레이스 N. 알렌. 「알렌의 조선체류기」. 윤후남 역. 예영. 1996.
  ──────── . 「朝鮮見聞記」. 1908. 신복용 역. 서울. 박영사. 1979.
- 호레이스 언더우드. 「한국 개신교 수용사」. 이광진 역. 일조각. 1989.

5. 국내간행물 및 잡지

- 「그리스도신문」, 5권 7호(1901.2.14), 40호(1901.10.3).
- 「그리스도회보」, 1911.10.15.
- 「대한 그리스도 신문」, 48호(1897.12.30).
- 「대한 그리스도인 회보」, 3권 29호(1899.7.19).
- 「대한 매일 신보」, 1910.
- 「성경번역의 비화」, 제7장 땅 끝까지, 대한성서공회.
- 「承政院 日記」, 高宗 22년 · 24년.
- 「신학월보」, 1권 3호, 1901.
- 「연세의학사」, 3권1호. 1999.
- 「醫學公報」, 1910년 제135. 129.
- 「조선 그리스도 회보」, 13호(1897.4.28), 30호(1897.8.25).

- 김대원. 「강명길의 제중신편」. 「한국 보건사학회지」. 제3권 1호. 1995
- 김승태. 「일본을 통한 서양의학의 수용」. 한말서양의학수용사. 국사편찬위원회. 1989.
- 김형석. 「한말 한국인에 의한 수용」. 한말서양의학수용사 . 국사편찬위원회. 1989.

———. 「눈에서 벼 이삭이 나」. 기독신보. 1925.

———. 「대한예수교장로회독노회록」 제1회 (1908) 8. 郭安連 · 咸台永.

———. 「대한 매일 신보」. 1910.

• 〈平壤監理報告書〉 「議政府訓令 제15호」. 光武10년

• 郭安連 · 咸台永 편. 「敎會史典彙集」. 朝鮮耶蘇敎書會. 1918.

• 매일신보 「齒科醫專門學校 에비슨씨가 50萬圓을 내어 설립한다고 해」. 제 4887호.

• 백낙준. "한국 교회의 핍박". 「신학논단」. Vol.7. 1964.

• 서울대학교치과대학. 「경성치과의학교」. 서울대학교치과대학사.

• 신동아. 「개업일주년 여의 남수희씨」. 1932.

• 안종서. 「우리나라 치과계의 今昔談」. 대한칫과의학사연구회지. 1960

• 옥성득. 〈한국 장로교회 초기 선교정책. 1884-1903.〉 「한국기독교와 역사」. 제9호.

• 이만열. 「한말 기독교 思潮의 兩面性 試考」. 「한국 기독교와 민족의식」. 지식산업사. 1991.

———. "한국기독교인의 민족주의형성과정". 한국사론. 서울대학교. 1973.

• 이위만. "남감리교회의 의료사역." 「남감리교 삼십주년 기념보」.

• 전세일. 「동 · 서의학과 대체의학의 건강지혜」. 2006년 2월. 연세대학교 치과대학 심포지움.

• 주시경. 〈대동강 물지게〉. 「가뎡잡지」. 1권 4호(1906.9)

• 주시경. 〈물독을 자조 가실 일〉. 「가뎡잡지」. 2권 2호(1906.7).

———. 「조선총독부 조사보고(朝鮮總督府 調査報告)」. 1934.

———. 「Yonsei Medical Center News」. No.538. 2006년 1월 23일자

———. 「朝鮮醫書誌」 大阪. 1973. 淸 嘉慶22년(1817)에 간행. 三木榮..

• 中西醫學報1910년 제4기. "近代中西議論爭史"

• 垣見庸三. 「경성치과의학교의 연혁개요」. 43-46쪽. 대한칫과의사학회지. 1961.

• 羅嵩翔. 「日本近世醫學敎育의 沿革」. 醫育. 1936년 제1기.

• 朱笏云 · 畢宣谷 · 이정란. 「진이불통 , 개이불식, 中醫가 前進하는 길은 어디에 있나?」. 제9차 의사회보고. 1990.

6.국외잡지 및 간행물

• Annual Report of the Board of Foreign Missions of the Presbyterian Church in the United States of America(N. P. Report), Mission House,1884-1903.

• Annual Report of the Board of Foreign Missions of the Methodist Episcopal Church, Korean Mission (M. E. C. Report), 1885-1903.

- Annual Report of Missionary Society of The Methodist Episcopal Church (ARMS),1888-1891.
- Annual Report of Women Foreign Mission Society of The Methodist Episcopal Church(WFMS) for 1890-1909.
- Annual Report of Seoul Station Presented to the Korea Mission of the Presbyterian Church in the United States of America at its Annual Meeting, 1904.
- Annual Report of the Women's Missionary Council of the Methodist Epicospal Church. South for 1911-1912.
- James E. Adams. 「Annual Personal Report to the Board of Foreign Missions of the Presbyterian Church U.S.A.」. Taegu. Korea;1910-1911.
- E. W. Anderson. 「Early Days of Korea Medical Missionary Association」. KMF. May. 1939.

　　　　　　　. 「Address at the Foreign Missions Conference of North America」. January 9. 1936.

　　　　　　　. 「Annual Report of Seoul Station Presented to the Korea Mission of the Presbyterian Church in the United States of America at its Annual Meeting, September」. 1904 at Seoul ; News Calender.

　　　　　　　. Korean Review 4. 1904.
- O. R. Avison. 「Tuberculosis in Korea」. KMF. May. 1930.

　　　　　　　. 「A Tribute to Dr. J. W. Hirst」. KMF. Apr.. 1934.

　　　　　　　. 「Some High Spots in Medical Misson Work in Korea-Part II」. KMF. May. 1939.

　　　　　　　. 「Some High Spots in Medical Misson Work in Korea-Part III」. KMF. Jun. 1939.
- D. B. Avison. 「The Korea Medical Missionary Association」. KMF. Apr. 1929.
- William Axling,「in The Watchman-Examiner」. June 20. 1935.
- Belloc. N. B. 「Relationship of Health Practices and Mortality, Preventive Medicine」. 1973.
- J. D. Bigger. 「Evolution of Medical Work in Pyengyang」.
- Dorothy Walton Binder. 「The Forgotten Woman of Japan」. in me Churchman.
- April I. 1935.

- Louis C. Brand. 「Tuberculosis in Korea Today and Tomorrow」. KMF. May. 1928.
- John T. Boots. 「The Dental Situation. The Korea Mission Field」. 1922.
  _____ . 「The Dental Condition」. KMF. Jul. 1922.
  _____ . 「Korean Weapons and Armor」. RAS. 1934.
  _____ . 「Diet and Dental Conditions in the Korea」. JADA. 1935.
  _____ . 「The Progress of Dentistry in Korea」. 경성치과의학회잡지. Vol.3.
- Lynda Bray's Report. WEC Report. 1923~1924.
- A. J. Bromhall. 「Hudson Taylor and China's Open Century」. Vol.Ⅶ. (London : Hodder & Stoughton. 1989)
- J. D. Van Buskirk. 「Present problems」 KMF. Oct. 1925.
  _____ . 「Christian Medical Education. Its Place and Opportunity」. KMF. Jul.1914
  _____ . 「Annual Report of Seoul Station Presented to the Korea Mission of the Presbyterian Church in the United States of America at its Annual Meeting」. September. 1904 at Seoul
- Arthur Brown. 「Japanese Nationalism and Mission School in Chosen」. International Review of Mission . Vol.6. 1917.
- Hugh A. Becking. 「A History of United Canada's South Church in China Mission」 1902-1925. B. D. thesis. Edmonton: 181university of Alberta. 1955.
- Ruth Boxberger. 「A Historical Study of the National Association for Music Therapy」. Music Therapy. XII 1962 Chinese Repository. Vol.Ⅱ.
- W. T. Cook. 「Koreans Starving in the Vicinity of Moukden」. KMF. Feb. 1921.
- S. K. Dodson. 「The Kwangju Hospital Church」. KMF. Dec. 1917.
- Paul Henry Lang. 「The Role Music Plays Among the Arts」. Musical Quarterly. XXXV (October. 1949)
- John Albert McAnlis. 「The Korea Mission Field」. 1938-1939.
- C. P. Report for 1903.
- Report of F. M. C.. 1902.
- A. G. Fletcher. 「Concentration and Efficiency」. KMF. Feb.. 1916.
- E. D. Follwell. 「Pyeong Yang Medical Report」. MEKAC Journal. 1912.
  _____ . 「MEKAC Journal」. 1914.

_____ . 「Hall Memorial Hospital Report」. MEKAC Journal 1915~1916.

• F. M. CA. G. Fletcher. 「Tuberculosis : The Medical Problem of Korea」.

_____ . 「Taiku Leper Hospital」. KMF, Nov. 1924.

_____ . 「Taiku Leper Hospital」. KMYB, 1928.

_____ . 「A Celebration at Taiku Leper Hospital」. KMF. Feb., 1925.

• Letters and Report No.80 Report of Seoul Station, 1900-1901.

• M. E. C. South Report for 1899-1902.

• Minute of the Seventh Annual Meeting, Korea Mission Methodist Episcopal Church, South, 1903.

• M. E. C. Report for 1886 -1922.

• M.E.K.A.C. Journal. 1912 -1916.

• The Missionary. Oct.. 1918.

• N. P. Minutes for 1904.

• 가와와 토요히코(賀川 豊彦)의 보고. 「Address at the Foreign Missions Conference of North America」. January 9. 1936

• The Foreign Missionary, Vol. 43, No. 1(June, 1884).

• J. Campbell Gibson. 「Mission Metbods and Mission Policy in South China」.

_____ . 「Hospital Experiences. Neglected Arabia」. No.78. 1911.

• R. K. Harrison. 「ISBE(1979). vol.1.」. art. 'Disease'. See also Short.

• Rosetta S. Hall. 「Korean Food for the Sick」. KMF. Sep. 1933.

• H. B. Hullbert. 「Religion and Superstition, The Passing of Korea」, NY. Double Day Page. 1906.

• J. W. Hirst. 「The Obstetrical Condition in Korea」. KMF. July 1922.

_____ . 「Haiju Medical Report」. MEKAC Journal. 1914.

• Mrs. R. S. Hall. 「Women's Hospital of Extended grace, Pyeng Yang」. KMF. Aug.. 1912.

• R. S. Hall · M. M. Cutler. WFMS Report. 1915.

• Mosely, W. Henry. 「Book review describing the role of the non-physician in Africa, INTERNATIONAL FAMILY PLANNING PERSPECTIVES」. Jan.. 1983.

• E. V. Hulse. 「The nature of Biblical Leprosy and the Use of Alternative Medical

• Terms in Modern Translations of the Bible」. Palestine Exploration Quarterly. vol. 107 (1975)「In Memoriam」. KMF. Mar.1920.

- The Korean Mission Field (KMF), 1904-1936.
- The Korean Repository, 1892-1897.
- A. I. Ludlow. 「The Crisis in Medical Missions」. C M J K F. 1920.
  ───────. 「Personal Report 1922-1923」. KMF. Aug. 1923.
  ───────. 「The Research Department of Severance Union Medical College,
      Seoul」. KMF. May. 1930.
- Mrs. Theresa Ludlow. 「Is It Worth While to Train Korean Nurses?」. KMF. Oct. 1919.
- Paul Henry Lang. 「The Role Music Plays Among the Arts」. Musical Quarterly.
  XXXV (October. 1949).
- C. D. Morris' report. MEKAC Journal. 1914.
- T. D. Mansfield. 「Tuberculosis : Its Menace and Its Cure」. KMF. Jul. 1922.
- J. Noble Mackenzie. 「Leper Work in Fusan」. KMF. Apr. 1921.
- S. Haviland Martin. 「Correspendence」. KMF. May. 1919.
- S. H. Martin. 「Our Doctor Makes Midnight Rounds」. KMF. May. 1930.
  ───────. 「The Tubercular Problem in Korea」. JMYB. 1932.
- S. A. Martin. 「Tuberculosis in Korea」. KMF. Dec. 1928.
- McCracken, K. Scottish Medical Missions in Africa. Medical History. 17, 1973.
- M. J. Mellink. 「Archaeology in Asia Minor」. AJA 74 (1970)
- Florence J. Murray. 「The Ministry of Healing」. KMF. Feb. 1934.
  ─────────. 「The Tiger Year in the Hamheung Hospital」. KMF. Sep. 1939.
  ─────────. 「Skirmishes With Tuberculosis」. KMF. Oct. 1940.
  ─────────. 「Medical Work in the Canadian Mission」. KMF. May. 1941.
- 「Miss Rosa Lowder's Report」. WEC Report. 1918~1919.
- Bruno Meinecke.「Music and Medicine in Classical Antiquity」. Music and Med-
  icine. ed. by Dorothy.
- M. Schullian and Max Schoen(New York : Henry Schuman. Inc.. 1949)
- Ralph G. Mills. 「Wanted, Information Photographs Specimens.」. KMF (Feb. 1918).
- I. M. Miller. 「Medical Report of Yeng Byen Hospital,」. MEKAC Journal. 1912.
  ───────. 「Medical Report of Yeng Byen Hospital」. KMF. Oct. 1912.
  ───────. 「MEKAC Journal」. 1913.
  ───────. 「Medical Work in Pyeng Yang」. Fifty Years of Lights. Woman's

Foreign Missionary Society.1938.

_____ . 「Mission Report of Pyongyang Station」. P.C.U.S.A. for 1920.

- T. D. Mansfield. 「Tuberculosis : Its Menace and Its Cure」. KMF. Jul. 1922.
- G. Napier. 「At Grips with Cholera」. KMF. Mar. 1921.

_____ . ⟨News Calender⟩. 「Korean Review 4」. 1904.

- K. S. Oh. 「The Native Doctor」. KMF. Jul. 1914.
- Peter Kong-ming New.「Traditional and modern healthcare: An appraisal of complementarity」. International Social Science Journal XXIX1977.
- Purviance. 「Chung Ju Hospital」. KMF. Feb. 1913.
- C. S. Park. 「Protestant Christians and Politics in Korea」. 1884-1980's.
- Quoted by D. C. 「Holton in The Japan Advertiser」. January 8. 1936.
- Fred Rosner. Medicine in the Bible and Talmud (New York: Ktav Publishing House. 1977)
- Mrs. Cyryl Ross. 「Personal Work in Hospital」. KMF. May. 1919.
- A. F. Robb. 「What One Life Accomplished」. KMF. June. 1922.
- W. E. Reid . 「The Annual Meeting of the Korea Medical Missionary Association」. KMF. Dec.
- Record of Board of Foreign Missions of the Presbyterian Church of U.S.A., Korea,
- Report of Foreign Mission Committee (F. M. C.), 1898-1925.
- Report of Foreign Mission Committee of the Presbyterian Church in Canada (C. P. Report), 1901, 1903.
- Reports of the Southern Presbyterian Mission in Korea(S. P. Report), 1899-1903. 1913.
- C. P. Report for 1901.
- N. P. Report for 1896 - 1911.
- Report of Leper Asylum, 1911-1912. KMF. Nov.1912.
- Rankin, HandBook and Incidents of Foreign Missions.
- Report of Foreign Mission Committee. 1898.
- W. J. Scheifley. 「The Dental Situation」. The Korea Mission Field. 1922.
- R. T. Schields. 「Medical Mission in China」. International Review of Missions 33. 1944.
- S. P. Minutes for 1914-1923.
- Lula Mclane Smith. 「Tuberculosis Prevention in Pyeong」. KMF. Oct. 1940.

─────────── . 「Miracles of Healing」. KMF. Apr.1939.
- W. J. Scheifley. 「Severance College Dental Department」. Korean Mission Field. Vol 12(2) 1916.
- A. M. Sharrocks. 「Medical Works-Its Aim」. KMF. July 1916.
─────────── . 「Severance Hospital Medical Church,」 KMF. June 1913.
─────────── . 「Severance Union Medical College, Clinical Staff, Catalogue,
- Roy E. Shearer. 「Wildfire : Church Growth in Korea」.
- W. B. Scranton.「 Report in 1886」.
- S. P. Tipton. 「Why I Am a Medical Missionary」. KMF. Jul. 1916.
- H. L. Timmons. 「The Opening of Alexander Hospital, Sonnchun, Korea」. The Missionary. July 1916.
- William Tayler. 「Paton Memorial Hospital」. Chinju. KMF. July 1934.
- The Annual Report of the American Bible Society for 1884.
- The Foreign Missionary. Vol. 44. No. 1
- The Korean Repository. 1895. Oct.
- The China Mission Year Book. 1916.
- The Missionary. Nov. 1910.
- The Missionary. Mar. 1908.
- WEC Report. 1924~1925.
- S. Wells Williams. 「Middle Kingdom」.
- R. M. Wilson. 「Medical Work in Kwang Ju」. KMF. Jul.. 1912.
─────────── . 「Hygiene and Sanitation in Chosen」
─────────── . 「Prevention of Leprosy」. KMF, Mar., 1922.
─────────── . 「Industrial Work in the Kwangju Leper Home」. KMF. Jul.. 1922.
─────────── . 「Leper Work in Korea」. CMJKF. 1917.
─────────── . 「Sunday School at the Leper Hospital」. KMF. Mar.. 1918.
- P. S. Woo. M.D. Follwell. 「Yeng Byun Hospital」. MEKAC Journal. 1915.
- V. M. Wachs. 「MEKAC Journal」. 1916.
- Andrew H. Woods. 「Union Medical Work in Canton」. Chinese Recorder 1915.
- Yuet-wah chung. 「Medical missionary in china. University Press of America」. 1988.
- T. H. Yun. 「The Divine Name in Holy Scripture」. BIW. Oct.. 1932.

7. 한글 논문

• 기덕근.「병원선교가 복음증거에 미친 영향」: 광주 선교부를 중심으로", 호남신학대학교, 석사논문, 2000.

• 金大源.「18세기 民間醫療의 成長」, 서울대학교 석사학위논문, 1998.

• 金大源.「강명길의 제중신편」, 「한국 보건사학회지」, 3권 1호, 1995.

• 김승태.「1894년 평양 기독교인 박해사건」, 「한국기독교사연구」, 15·16호, 한국기독교역사연구소, 1987.

• 김양수.「조선후기 醫官의 顯官實職 진출-경기도 守令등 지방관을 중심으로-」, 「清大史林」, 제6집, 1994.

• 김윤성.「개항기 개신교 의교선교와 몸에 대한 인식들의 '근대적' 전환」. 서울대석사논문. 1994.

• 김흥수.「19세기 말-20세기 초 서양 선교사들의 한국종교이해」, 「한국기독교와 역사」, 제19호, 2003.

• 김유광.「초기 한국 감리교 의료선교에 관한 연구(1885-1935년까지)」, 감리교 신학 대학교 석사논문, 2001.

• 문광한.「한국 개신교 초기의 선교방법론 연구」, 장로회신대학교 신학대학원 석사논문, 1996.

• 박노철.「캐나다선교사들이 한국교회에 끼친 영향」, 총신대 석사논문, 1998.

• 박종철.「한국 의료선교의 현주소」, 「의료와 선교 」, 30호, 2000.

• 박형우·여연석.「제중원 일차년도 보고서」, 「延世醫史學」, 3(1), 1999.

• 변정환.「조선시대의 역병에 관련된 질병관과 구료시책에 대한 연구」. 서울대학교 박사논문. 1984.

• 손영규.「내한의료인 의료선교사 현황(1998)」, 「의료와 선교 」, 34호, 2001.

• 송길섭.「한국교회 초기선교의 민족사적 의의」, 「신학과 세계」, 8호, 감신대, 1982.

• 신동원.「일제의 보건의료 정책 및 한국인의 건강상태에 관한 연구」. 서울대 학교보건대학원 석사학위논문. 1986년.

• 신재의.「제중원 신앙공동체 연구」, 「한국기독교와 역사」, 한국기독교역사연구소, 10호, 2002.

• 魚丕信.「小傳(二三)사십년전 조선의 위생상태(속)」, 「기독신보」, 865호, 1932.

• 여인석·노재훈.「최한기의 의학사상」, 「의사학」, 제2권 1호, 1993.

• 옥성득.「무어의 복음주의 신학」, 「한국기독교와 역사」, 한국기독교역사연구소, 19호, 2003.

• 이덕주.「스크랜튼 가족의 선교활동」, 「상동교회를 중심으로 활동한 나라와 교회를 빛낸이들」, 상동교회, 1988.

- 이상규.「부산지방에서의 기독교전래와 교육, 의료활동」, 향만부산, 제11호.
  ———.「한국에서의 의료선교사역에 관한 고찰」, 고신대 논문집, 제20편, 1993.
- 이위만.「남감리교회 의료사업의 역사」.
  ———.「초기 한국감리교 의료선교에 관한 역사」.
- 이주연.「조선시대 말과 일제 시기의 서양식 치과 의료의 도입에 관한고찰」, 연세대학교
  대학원 치의학과 석사 논문. 1998.
- 장병일.「유형학적 입장에서 본 기독교와 샤머니즘」,「기독교사상」, 61호, 1962.
- 장현주.「여성세례와 여성해방」,「한국기독교와 역사」, 기독교문사, 창간호, 1991.
- 전삼덕.「내 생활의 약력」,〈승리의 생활〉, 서울 조선예수교서회, 1927.
- 전순흥.「대만의 기독교」, 2001.
- 정대위.「기독교와 유교의 유사성에 관한 문제」,「신학연구」, 한국신학대, 7집, 1991.
- **정약용.「麻科會通」, 오견편, '李蒙叟傳'**
- 차신정.「A Study on the Early Works of the Medical Missionaries in Korea」(1884-
  1903), Minnesota Graduate School of Theology, 2003.
  ———.「A Study on the Works of the Medical Missionaries in Korea」(1904-1924),
  Minnesota Graduate School of Theology, 2006.
- 차종순.「호남교회사 연구」, 1권.
- 한숭흥.「초기선교사들의 신학과 사상」,「한국기독교와 역사」, 기독교문사, 제1호, 1991.
- 허재혜.「18세기 의관의 경제적 활동 양태」,「한국사연구」, 제71호, 1990.
- 호남신학대학교편.「신학이해」, 12집, 광주, 글벗출판사, 1994.

의료선교사별 색인

선교회별 의료선교사 색인

Medical Missionaries
in Korea for Christ